经济管理学术文库·管理类

客户协同创新对服务创新绩效的影响机理研究

Study on the Influencing Mechanism of Customer Collaborative Innovation on Service Innovation Performance

岳 英／著

图书在版编目（CIP）数据

客户协同创新对服务创新绩效的影响机理研究/岳英著.—北京：经济管理出版社，2019.6
ISBN 978-7-5096-6597-8

Ⅰ.①客… Ⅱ.①岳… Ⅲ.①企业创新—影响—企业—绩效—研究 Ⅳ.①F273.1 ②F272.5

中国版本图书馆 CIP 数据核字（2019）第 089113 号

组稿编辑：杨国强
责任编辑：杨国强　张瑞军
责任印制：黄章平
责任校对：王淑卿

出版发行：经济管理出版社
　　　　　（北京市海淀区北蜂窝 8 号中雅大厦 A 座 11 层　100038）
网　　址：www.E-mp.com.cn
电　　话：（010）51915602
印　　刷：三河市延风印装有限公司
经　　销：新华书店
开　　本：720mm×1000mm/16
印　　张：12.75
字　　数：222 千字
版　　次：2019 年 8 月第 1 版　2019 年 8 月第 1 次印刷
书　　号：ISBN 978-7-5096-6597-8
定　　价：68.00 元

·版权所有　翻印必究·

凡购本社图书，如有印装错误，由本社读者服务部负责调换。
联系地址：北京阜外月坛北小街 2 号
电话：（010）68022974　邮编：100836

前 言

复杂多变的市场环境,对企业开展服务创新提出了更高的要求。客户协同创新作为一种整合客户资源的开放创新模式,近年来被很多企业(如 Google、Dell 和 IBM 等)应用于服务创意产生、功能设计、测试评价等阶段,以开发创新性服务。虽然客户协同创新模式具有广阔的发展前景,但其应用推广仍存在一些亟待解决的问题。其中,如何构建恰当的客户协同创新模式以提升服务创新绩效,已成为企业管理者面临的关键问题。在学术研究领域,关于客户协同创新的研究刚刚起步,学者主要从客户参与、互动等视角探讨客户参与创新对企业管理活动的影响,尚缺乏对客户协同创新的维度构成,及其对创新绩效的影响路径和外部情境作用等问题的深入研讨。上述理论研究不足,使企业在开展客户协同创新活动过程中,难以把握其本质特征和作用机理,导致创新绩效提升缓慢。

针对企业创新实践需求及现有理论研究不足,本书主要分析了客户协同创新对服务创新绩效的影响机理。以协同、资源依赖、价值共创及知识基础理论等为基础,解析了客户协同创新的维度构成,构建了客户协同创新对服务创新绩效的影响机理模型。选择知识密集型服务业为研究背景,进行大样本问卷调查,综合运用因子分析、结构方程模型、回归分析、方差分析等方法,对所提的理论模型及研究假设进行了检验。具体而言,本书的主要工作和创新点体现在以下四个方面:

第一,辨析并验证了客户协同创新的维度构成,且开发出相应的测量量表。现有研究对客户协同创新维度构成及测量的说法不一,且大多从客户参与/互动等单一视角展开分析,难以系统地反映其本质特征。本书基于"协同系统"视角,通过理论分析、多案例研究及实证分析相结合的方法,得出客户协同创新由协同关系嵌入、协同资源投入和规范协调机制三个维度及八个要素构成,这些维度和要素分别反映了系统的关系、行为和控制层面特征，是构建客户协同创新模式的基本要件。同时，借助多种统计分析方法，验证了本书开发的测量量表具有较好的信度、效度和稳定性。本书在客户协同创新的维度构成、测量方法和应用实践方面，较之现有研究有所深入，为后续探究客户协同创新对服务创新绩效的影响提供了分析依据。

第二，提出并验证了客户协同创新各维度间、客户协同创新对服务创新绩效的影响，并比较了三个维度对服务创新绩效影响的强度差异。现有研究虽指出了客户协同创新对企业创新绩效有多种可能的影响，但在服务创新背景下两者的影响关系有待回答。本书对比分析了客户协同创新各维度对服务创新绩效的不同影响，发现协同关系嵌入、规范协调机制对服务创新绩效有显著的正向影响，且规范协调机制的影响作用更强；协同资源投入对服务创新绩效的影响不显著。同时，发现三个维度间的相关关系，即协同关系嵌入、规范协调机制对协同资源投入有显著的正向影响。本书从系统视角揭示了客户协同创新各维度间相互作用而实现协同效应的机理，深化了现有研究对客户协同创新影响服务创新绩效的认识，也为企业差异化管理客户协同创新活动提供了更具运营性和针对性的建议。

第三，系统地剖析并检验了客户知识转移对客户协同创新与服务创新绩效关系的中介作用。现有研究主要基于企业层面，构建了"客户参与—知识转移—创新绩效"的理论框架，缺乏从项目层面，更为深入、全面地探讨客户协同创新各维度如何通过客户知识转移的不同过程，进而影响不同创新绩效的关键路径。研究结果表明，客户协同创新不是参与性合作，而是基于协同关系嵌入、协同资源投入和规范协调机制维度的专门设置，通过知识获取和知识吸收这两条路径，分别对服务创新过程及结果绩效产生了正向影响。本书将已有理论框架拓展为"客户协同创新—客户知识转移—创新绩效"，突出了客户协同创新三个维度设置对客户知识转移的促进作用，深化了对客户知识转移形成机制的理解，为企业探究客户协同创新活动机理，把握关键路径作用提供了理论依据。

第四，分析并揭示出知识特性作为影响客户协同创新的关键情境因素，对知识转移效率产生了重要影响。现有研究虽强调了知识特性对知识转移有影响，但并未深入分析知识特性影响知识转移效率及效果的作用机理。本书结合现有研究和创新实践，选取知识可表达性和知识嵌入性两类知识特性变量，并实证其对客户协同创新与客户知识转移关系的调节作用。结果表明，当创新所需知识可表达性较高时，协同资源投入、规范协调机制对客户知识获取的影响会增强，但协同关系嵌入对客户知识获取的影响会减弱;当创新所需知识嵌入性较高时,协同关系嵌入、协同资源投入对客户知识吸收的影响会增强。同时,考虑创新项目所需知识类型及特性,构建了客户协同创新三维度设置模式,以期促进知识转移效率及创新绩效的提升。本书揭示了知识特性对客户知识转移的作用机理,深化了关于客户协同创新作用情境的认识,为企业根据创新项目及知识特性,制定和管理客户协同创新模式提供了决策支持。

目 录

第1章 绪论 ·· 1

 1.1 研究背景 ·· 1
  1.1.1 现实背景 ·· 1
  1.1.2 理论背景 ·· 5
 1.2 研究问题提出 ·· 7
  1.2.1 研究问题提出的依据 ·· 7
  1.2.2 主要研究问题 ·· 12
 1.3 研究思路、方法及结构安排 ·· 14
  1.3.1 研究思路 ·· 14
  1.3.2 研究方法 ·· 15
  1.3.3 研究结构安排 ·· 15

第2章 相关理论与研究综述 ·· 18

 2.1 相关理论基础 ·· 18
  2.1.1 协同理论 ·· 19
  2.1.2 资源依赖理论 ·· 21
  2.1.3 价值共创理论 ·· 22
  2.1.4 知识基础理论 ·· 24
  2.1.5 理论视角整合的必要性 ·· 24
 2.2 客户协同创新的相关研究综述 ·· 25
  2.2.1 客户协同创新的概念发展及构成 ···································· 25

2.2.2 客户协同创新的影响因素 ·· 33
　　2.2.3 客户协同创新对企业创新绩效的影响关系 ························· 35
　　2.2.4 客户协同创新的实施流程及技术 ······································· 42
2.3 客户知识转移的相关研究综述 ·· 44
　　2.3.1 客户知识定义及分类 ·· 44
　　2.3.2 客户知识转移定义及过程 ··· 46
　　2.3.3 知识特性对客户知识转移的影响 ······································· 47
2.4 现有研究评述与启示 ·· 49
本章小结 ·· 52

第3章 客户协同创新的维度构成研究

3.1 研究设计及方法 ·· 53
　　3.1.1 研究设计 ·· 53
　　3.1.2 研究方法 ·· 55
3.2 理论分析 ·· 59
3.3 案例分析 ·· 61
　　3.3.1 初始编码 ·· 61
　　3.3.2 聚焦编码 ·· 63
　　3.3.3 理论编码 ·· 65
3.4 实证分析 ·· 66
　　3.4.1 量表设计 ·· 66
　　3.4.2 数据收集 ·· 67
　　3.4.3 客户协同创新维度构成探索 ·· 69
　　3.4.4 客户协同创新维度构成验证 ·· 71
3.5 结果讨论 ·· 73
本章小结 ·· 75

第4章 概念模型与研究假设提出

4.1 概念模型提出 ··· 76
　　4.1.1 研究变量界定 ··· 76
　　4.1.2 概念模型构建 ··· 79

4.2 客户协同创新维度之间关系及其对服务创新绩效的影响
　　　研究假设 ………………………………………………………… 83
　　4.2.1 客户协同创新对服务创新绩效的影响 …………………… 83
　　4.2.2 客户协同创新各维度之间的关系 ………………………… 88
4.3 客户知识转移的中介作用研究假设 ……………………………… 90
　　4.3.1 客户协同创新对客户知识转移的影响 …………………… 90
　　4.3.2 客户知识转移对服务创新绩效的影响 …………………… 93
　　4.3.3 客户知识转移对客户协同创新与服务创新绩效关系的
　　　　　中介作用 …………………………………………………… 95
4.4 知识特性的调节作用研究假设 …………………………………… 97
　　4.4.1 知识可表达性的调节作用 ………………………………… 98
　　4.4.2 知识嵌入性的调节作用 …………………………………… 100
本章小结 …………………………………………………………………… 103

第5章 实证研究设计与数据质量检验 ……………………………… 104

5.1 调研问卷设计及变量测量 ………………………………………… 104
　　5.1.1 调研问卷设计 ……………………………………………… 104
　　5.1.2 变量测量 …………………………………………………… 107
5.2 样本选取及数据收集 ……………………………………………… 112
　　5.2.1 调研行业及样本选择 ……………………………………… 112
　　5.2.2 调研过程 …………………………………………………… 112
　　5.2.3 样本数据描述性统计分析 ………………………………… 114
5.3 样本数据质量检验 ………………………………………………… 117
　　5.3.1 样本可靠性分析 …………………………………………… 117
　　5.3.2 样本正态性分析 …………………………………………… 118
　　5.3.3 单一维度检验 ……………………………………………… 120
　　5.3.4 信度分析 …………………………………………………… 122
　　5.3.5 效度分析 …………………………………………………… 124
5.4 数据分析方法 ……………………………………………………… 125
　　5.4.1 结构方程模型 ……………………………………………… 125
　　5.4.2 中介作用检验 ……………………………………………… 127

5.4.3 调节作用检验 …… 128

本章小结 …… 129

第6章 实证分析与结果讨论 …… 130

6.1 客户协同创新维度之间关系及其对服务创新绩效的影响检验 …… 130

6.2 客户知识转移的中介作用检验 …… 132

    6.2.1 整体结构方程模型检验 …… 132

    6.2.2 中介作用检验 …… 135

6.3 知识特性的调节作用检验 …… 137

    6.3.1 知识可表达性的调节作用检验 …… 137

    6.3.2 知识嵌入性的调节作用检验 …… 140

6.4 假设检验结果讨论 …… 143

    6.4.1 客户协同创新维度之间关系及其对服务创新绩效的影响 …… 143

    6.4.2 客户知识转移对客户协同创新与服务创新绩效关系的中介作用 …… 145

    6.4.3 知识特性对客户协同创新与客户知识转移关系的调节作用 …… 147

    6.4.4 基于知识类型的客户协同创新模式比较 …… 149

本章小结 …… 152

第7章 结论与展望 …… 154

7.1 主要研究结论 …… 154

7.2 研究创新点 …… 157

7.3 实践意义 …… 159

    7.3.1 服务企业在邀请或吸纳客户参与创新项目时，需要基于项目全生命周期阶段任务及知识情境，设计及规划出包含三种协同要素的协同模式 …… 159

    7.3.2 企业需要提高客户知识获取和知识吸收的水平，从而更好地发挥客户知识转移的关键路径作用 …… 161

    7.3.3 企业需要针对不同的创新任务和知识情境，设计配套的客户协同模式 …… 161

7.4 研究局限及未来研究方向 …………………………………………… 163

附录 A ……………………………………………………………………… 165
附录 B ……………………………………………………………………… 168
参考文献 …………………………………………………………………… 172

第1章 绪 论

1.1 研究背景

1.1.1 现实背景

随着全球经济一体化的发展,世界经济结构发生了巨大变革,呈现出由制造业主导向服务业主导转变的趋势,服务业正在把全球经济带入"服务经济时代"。很多发达国家已经把服务业当作主导产业,相关统计数据表明,北美、西欧等发达国家的服务业,生产值占国内生产总值(GDP)的比例已达70%以上,提供的岗位数占就业总人数的60%~80%[1]。中国作为世界经济的亮点,其服务业在国内社会经济发展中的地位和作用日益提升,服务业生产值从1978年的872.5亿元,上升到2014年的306038.2亿元[2],年均增长率在10%以上,对GDP的贡献率已达45%以上。此外,中国政府也意识到服务业发挥的重要作用,将发展服务业作为产业结构调整的重要战略举措之一。2015年10月,中共中央发布的《国民经济和社会发展第十三个五年规划纲要(2016~2020年)》中,进一步明确了我国服务业未来发展的方向。文件强调"加快发展现代服务业行动,放宽市场准入,促进服务业优质高效发展"。服务企业能否成功把握发展机遇,提升企业核心竞争力成为其可持续发展的关键。

随着全球化竞争的加剧,服务企业面临的竞争环境已经发生了根本性改变。

不断变化的客户需求、快速更迭的信息技术以及难以预测的市场趋势，使企业面临的外部环境不确定性及复杂性陡增。如何在极具动荡的市场环境下，快速地做出响应策略，提升创新生命活力，提供客户满意的服务产品，成为服务企业生存和发展的关键问题。服务创新是服务企业为了创造价值而进行的有目的的创新活动[3]，涵盖服务产品创新、过程创新、传递创新、市场创新、技术创新等多种创新形式[4]。服务创新不仅能够提高服务企业的生产效率、获取更高的市场份额和利润水平，而且还是优化服务产业结构、促进服务产业升级的重要手段[5]。

然而，服务创新作为一项极为复杂的活动，其成功与否受到各种外部环境的影响。具体表现在：首先，经济形态的转变提高了服务企业的竞争强度。随着网络经济和全球化经济的到来，企业竞争环境呈现出全球化、动态化、信息化和智能化等特征，企业商业活动的内涵或外在表现形式发生了改变。竞争者数量剧增、竞争手段多样化、竞争边界模糊，这些都对企业开展服务创新活动提出了新的挑战。其次，客户需求模式的转变使企业创新的重心发生了变化。服务经济背景下，客户需求更趋个性化和多元化，消费观念不再局限于对实体产品功能的追求，转变为对消费体验和心理满足的追求。客户需求模式的转变改变了企业创新的重心：从关注"企业提供价值"，转变为"与客户共创价值"，再到"客户资源的有效管理与充分利用"[6][7]；从关注"客户的产品和服务需求"，转变为满足"客户体验需求"[8]等。最后，环境动态性增加了服务创新的不确定性。动态变化的环境意味着技术、客户需求、竞争对手及供应商行为的变化更加频繁，创新环境呈现出高度不确定性和难以预测性。这就要求企业在服务创新过程中，充分获取、挖掘并预测客户的潜在个性化需求，从而降低创新风险，减少服务创新活动的不确定性。

为更好地应对外部环境的动态变化，越来越多的服务企业意识到单纯依靠自身内部力量实现服务创新，正变得越来越困难，它们纷纷通过模糊和延伸创新组织边界，吸纳外部主体来共同开展创新。正如保洁（P&G）公司首席执行官Alan G. Lafley[9]所说："今天的任何一家企业，无论其如何庞大、全球化程度如何之高，都无法依靠自身的力量来实现更快更大的创新。与客户协作、与供应商和商业伙伴协作以及组织内部的协作正变得越来越重要。"在这股以大规模协作生产为核心的浪潮中，企业必须掌握如何借助外部人力资源来共同开展创新，从而满足客户的个性化需求。

对企业而言，客户作为重要的合作伙伴，谁利用和整合好了客户潜能，谁就能真正掌握持续竞争优势[10]。很多企业已敏锐地觉察到其中蕴含的商业价值，纷纷发起一系列客户关系管理活动，加强与客户的互动、对话，共同创造客户的个性化体验，从而顺利完成创新任务，并实现创新目标[11]。这种创新方式被称为客户协同创新[12]，即客户以其独有的信息资源和专业技术，参与到企业创新的各个环节，通过分享智力资源和相互学习，促进企业创新绩效的提升。客户协同创新已成为我国企业提升服务创新的重要途径。例如，阿里巴巴公司推出的余额宝业务，被认为是典型的金融服务创新案例，其创意来源于客户对"利息"的需求。通过收集客户个人信息、交易数据、偏好、消费习惯等基本信息，并与客户互动来获取产品和服务的反馈，阿里巴巴公司专门设计了一款针对支付宝用户的余额增值服务。截至 2014 年底，余额宝平台吸纳的资金规模达 5789.36 亿元，用户数突破 1.85 亿人，迅速取得国内货币基金市场第一的地位。

信息技术及基于 Web 2.0 的新型社交平台迅速发展，更是为企业与客户合作提供了技术可行性，大大推动了客户协同创新活动的开展[9]。很多企业纷纷借助新型社交平台，甚至建立自己的企业虚拟社区平台，通过与客户开展合作交流，以获取客户的知识资源和集体智慧。典型的如 Linux、MySQL Database、Firefox Browser 等，利用开放源代码社区来进行系统开发；Wikipedia、百度百科社区，亚马逊依托 Mechanical Turk 众包社区平台实现网上交易。即使是传统制造企业，如宝洁、戴尔、海尔等也在探索如何利用网络技术手段，以提升企业创新、决策及知识管理等方面的表现。

在客户协同创新实践方面，不少国际知名企业已成功地以多种交互模式、激励机制，吸纳目标市场客户，参与到企业的创意产生、功能设计、测试评价等阶段，通过对客户显性和隐性知识的挖掘、吸收、整合和应用，取得了较好的创新绩效[13][14]。目前，国内服务企业在开展客户协同创新实践方面还存在一些问题，鲜有相关的成功案例报告出现。笔者在采访 C 软件开发公司项目经理的过程中，他提到一个 DWG 绘图系统项目失败的案例，或许能揭示出问题所在。他指出："DWG 绘图系统项目是方便我公司 CARD/1 软件出图的灵活性和可扩展性而开展的。项目开发周期历时 1 年，抽调 20 多名高级工程师进行开发，项目投资金额达 150 多万元。由于是自主研发且没有明确的客户需求，我公司研发团队基于客户反馈和市场分析，以确定客户需求。市场人员与技术支持工程师，通过走访一些客户，来了解他们对此类新产品是否感兴趣，或者还有哪些功能需求。为了快速投放市场,项目团队在需求分析阶段,对客户需求的把握并不准确;在子系统设计与开发阶段,对相关客户的意见和反馈也没足够重视,意见反馈中提到的核心功能和插件并没有进行系统设计。系统内部集成测试一完成,就投放市场,没有邀请客户参与测试。该产品投放市场后,客户反响普遍不好,认为系统很难操作且存在不少的缺陷,客户投诉和售后服务次数比往年高出很多。该系统推出市场仅1年,就匆匆下线,给公司造成了100多万元的损失。"通过该案例不难发现,企业在邀请客户参与协同创新的过程中,若不能充分获取、吸收和利用客户知识,将很难取得较好的创新绩效。

理论学者也认为,企业开展客户协同创新活动的本质目的,是通过对客户相关知识的获取、共享、转移和应用,来实现知识增值[15]。由于这种知识及智力资源存在于客户和企业两端,具有分布式特征,使跨越企业—客户组织、文化及认知边界,以获取与吸收知识变得异常困难[16]。一方面,企业为了深入理解客户的显性与隐性需求,需要与客户之间建立弹性、灵活的跨组织联系,从而促进双方多样化和异质性知识和能力资源的碰撞,促进新颖创新想法的出现;另一方面,客户知识作为创新的重要资源,其有用性不在于知识存量的多少[17],而在于能否被有效地挖掘和整合,这就需要企业与客户建立紧密、受控的跨组织联系,从而降低多样化、异质性知识整合的难度,保证新颖想法能够被企业有效地吸收和整合。作为一种跨组织联系,客户协同创新需要在追求柔性与快速适应,满足客户个性化需求的同时,还需要相对稳定,以减少创新的不确定性,确保创新性想法最终能够在企业行动层面实现。因此,探索如何借助客户协同创新这样一种"桥梁策略",以提升服务创新绩效,成为当今服务企业亟待解决的关键问题。

要回答这个关键问题,需要进一步明确四个基本问题:①客户协同创新活动是否存在不可或缺的要素?若有,这些要素特征有哪些?②它们对服务创新绩效的作用关系是怎样的?③这些要素是通过怎样的关键路径来产生协同效应,提升服务创新绩效的?④哪些外部环境因素会影响客户协同创新效果的发挥?为了回答这些问题,本书需要从理论上分析客户协同创新的概念内涵、维度构成,对客户协同创新影响服务创新绩效的内在机理进行探讨,从而更有效地指导企业设计和管理客户协同模式。

1.1.2 理论背景

在产品创新领域，随着信息技术的飞速发展及客户知识水平的提升，使具有潜力的客户能够很清晰地表达需求，并尝试直接解决个性化需求问题，或主动寻求产品研发人员，将其需求信息准确传递给他们。Von Hippel首次将这部分客户称为"领先客户"（Lead User）[18]，并提出"客户创新"（Customer Innovation）[19]的概念。相关研究发现，超过一半的创新成果发生在企业与客户的结合点，以领先客户为主导的客户创造力，对产品创新的实现具有重要的作用。随后，学者对客户协同创新的概念框架、知识管理、协同平台及环境等方面展开了深入研究。该领域国内研究较深入的是重庆大学杨育教授及其研究团队，主要聚焦于制造领域，重点探究客户协同产品创新的效率及关键因素[20]、伙伴选择[21]、概念设计建模[22]、冲突协调与消解[23]等。

在服务创新领域，由于服务的生产和消费具有"不可分离性"，使在此过程中客户需亲自参与其中，并与企业员工进行交互和互动。早期研究认为，在这一交互过程中，客户会对企业服务活动的生产进行物理性干预，因此其被企业管理者限定在一定的范围内[24]。随着企业逐渐意识到客户主动参与服务生产所能带来的好处，他们开始鼓励客户积极协助服务生产。Vargo和Lusch[4]首次提出服务主导逻辑范式，以解释新服务所遵循的思想，即将服务的定义从市场提供的一种产品类型，转化到一种价值创造的层面，强调情境中的客户体验和共创价值。在服务主导逻辑下，客户对营销、消费以及服务传递的过程，有重要的贡献。企业可能会越发觉得他们已经别无选择，不得不将客户纳入其服务生产和传递之中，客户与企业之间的关系更加密切，客户在服务企业中担当的角色也开始变得越发复杂。现代研究认为，客户是价值的共同创造者，即通过客户协同来共创有形及无形的资源，并将其整合到客户的消费或使用过程中，以产生价值[5][25]。

围绕研究主题，学者主要基于共同生产、客户互动、客户参与、价值共创、客户协同等角度，对客户协同创新的概念进行了界定。目前，学术界对客户协同创新的概念尚未达成共识，相应地对其维度构成也有不同的理解。主要研究视角有：①基于参与或互动的内容视角，将其分为二维、三维、四维，如Fang[26]、Claycomb[27]、Ennew和Binks[28]、彭艳君[29]等学者的研究；②结合参与创新阶段和参与创新深度（深度和广度）两个视角，对客户协同创新进行测量，如

Kanho[30]、Bolmer[31]、Fang[32]的研究；③从多维度视角剖析客户协同创新的维度构成，如Alam[33]、Horst[34]的研究。研究背景涉及制造业、酒店、信息技术（IT）、金融、旅游服务等多个行业。研究情境的多样性：一方面，从某种程度上解释了以往研究中客户协同创新维度测量的不一致等问题；另一方面，也表明后续研究在对客户协同创新重新定义及维度解析时，需要考虑具体的研究情境。

学者还重点关注了客户协同创新对企业创新绩效的影响关系。相关的研究成果层出不穷，但研究结论却趋于多样化，主要有积极影响、消极影响和无影响三个方面。积极影响的学者认为，通过客户协同创新，能够为企业带来诸如销量、品牌知名度、产品上市速度提升等经济价值[35,36,37]，以及诸如客户忠诚度、信任、对产品的积极评价等关系价值[39,40,41]，以及诸如产品质量、个性化定制产品、匹配客户价值等研发价值[10,25]。另一些学者则质疑客户协同创新的有效性。Ives和Olson[42]认为，如果企业未能处理好与客户的关系，将客户纳入创新过程将会带来风险。也有学者指出，与客户合作时，客户对核心信息的掌握将会提升，若客户将此信息提供给竞争对手，将会加剧行业竞争[43]。此外，与客户合作还会降低企业对客户的议价能力[44]，而客户突然中止合作，也将严重影响新产品的开发成效[45]。还有些学者认为，客户协同创新对企业创新绩效没有影响。这类学者认为客户通常只具备有限的能力，来为创新过程提供信息和知识投入，将客户纳入企业创新过程，并不是必需的[46]。出现客户协同创新对企业创新绩效影响不一致的现象，一方面表明客户协同创新相关领域的研究尚未完全成熟，另一方面表明需要进一步探究上述研究结论产生差异性的原因。

通过文献梳理发现，现有研究主要从知识管理、关系管理、信息处理等视角分析客户参与创新对企业创新绩效的影响机理。基于知识管理视角，学者主要研究客户与企业互动、客户参与，如何通过知识管理的某一方面（如知识共享[32]、知识获取[47]、知识整合[48]、知识转移[49,50]等），作用于创新绩效；基于组织关系视角，学者主要研究客户参与创新，如何通过关系嵌入[51]、关系管理[52]，以影响企业创新绩效；基于信息处理视角，学者研究表明，客户协同对企业创新产生作用的根本原因，是客户通过提供信息，降低了创新的信息不确定性[53]。还有些学者讨论其中的调节机理，如基于产品视角，探究服务产品新颖性、项目模糊性和不确定性情境下，客户参与创新对企业创新绩效的影响[32,48,54]；基于关系视角，探究关系营销[55]、关系质量[56]、关系历史[57]、关系网络[32]等，对客户参与创新与企业创新绩效间关系的影响。

还有学者对客户协同创新的影响因素展开深入研究。现有研究主要从客户参与创新的意愿[59][60]、参与动机[61][62]、领先客户类型[63][64]等方面展开研究。还有学者关注客户协同创新的实施流程和技术，如合作框架、技术工具及技术平台的设计等。合作框架方面，如 Ojanen[65]、Etgar[66]、Greer 和 Lei[12]重点考察了客户协同创新过程的驱动和限制因素、前置条件及战略等。Payne[67]、Grönroos[68]则给出了具体的企业—客户价值共创模型，关注将企业与客户卷入其中的交互界面过程，为产生新产品或服务概念，提供了学习机会。技术工具方面，学者主要研究如何向特定的目标客户群体，开发并提供用户创新工具箱，帮助其自行设计新功能的产品[69,70,71]。还有学者围绕具体技术平台，重点研究客户虚拟社区的系统设计[14][69]、客户社区与组织网络的融合[14]等。

综上所述，客户协同创新作为企业提升创新能力的新途径，受到了不同领域学者的广泛关注，但学者主要从创新活动的某一方面，如交互技术、合作关系、参与行为、动机及激励等焦点问题展开，现有研究较分散和局部化。并且现有研究对客户协同创新缺乏清晰、严格的界定，对客户协同创新维度的辨识缺乏一致性，导致在客户协同创新的研究中，还缺乏为学术界所普遍接受的概念和维度构成。而正是缺失比较全面、系统的客户协同创新概念和维度，学术界在客户协同创新对企业创新绩效的影响机理研究中还存在片面性，难以完整地刻画出该领域客户协同创新系统的逻辑体系。为了更好地进行客户协同创新活动，国内理论还需与国际前沿研究同步，尤其是结合中国国情和人文社会环境，在该领域开展突破性的研究。

1.2 研究问题提出

1.2.1 研究问题提出的依据

学术界围绕客户协同创新的相关主题开展了广泛的研究，研究方法主要包括理论研究、案例研究和实证研究等，研究内容涵盖客户协同创新的概念界定、内容构成、影响因素、其与企业创新绩效之间的关系、实施框架及技术手段等方面。虽然客户协同创新的相关研究已经取得了一些成果,但仍然存在很多局限和尚未解释的空白区域,难以完整地展现出客户协同创新活动的整体逻辑。研究成果还未能有效地解答企业开展客户协同创新活动中的一些问题,严重滞后于企业实践需求,使客户协同创新活动产生的实际绩效与预期期望之间相去甚远。

第一,虽然企业界已经意识到客户协同创新的重要性,并开始了产业实践,但对客户协同创新活动及其基本要素的认识,尚不明晰。学术界对客户协同创新的概念和维度构成方面,尚缺乏深入研究,严重制约了客户协同创新的理论发展和应用推广。

现有研究主要是围绕不同研究主题,如创新、企业战略、管理、市场营销和信息技术等,从共同生产、客户参与、客户互动、价值共创等角度进行了定义。已有定义从多个角度给出了客户协同创新的定性概念,也为探究客户协同创新的概念及维度提供了切入点。例如,从行为视角看,客户协同创新是通过外部创新资源导入创新过程[32],借助合作关系管理来提升创新绩效。这个概念强调了客户协同创新的要素包含合作关系、资源导入形式、保障机制等。从过程视角看,客户协同创新是围绕创新组织、创新技术而展开的一系列过程[72],这个概念强调了客户协同创新的要素包含载体(如产品、服务)、任务及资源、知识创造性运用、制度规范等。从结果角度看,客户协同创新的本质是共创价值[6],并指出创新各阶段双方价值共创所需要的资源,这说明客户协同创新具有目标一致性的特点。

现有研究在客户协同创新的具体维度构成、各维度的准确界定、维度包含的具体要素等问题上还未能达成共识。变量界定和维度辨识的问题影响了客户协同创新的概念建构,导致"具体的、系统的、可供实证检验的客户协同创新测量指标体系"的缺乏。由于客户协同创新是一种协同系统,是为了实现企业创新目标,企业各部门与客户相互合作和配合,自发地实现时间、空间和功能上的有序结构[15]。要构建这个协同系统,核心外部特征如系统目的、结构关系、核心资源、功能、适应性机制等需要被识别。如何从多角度、系统地刻画客户协同创新的基本要素和本质特征,目前仍停留在初步探索阶段,缺乏实证研究。因此,本书基于"协同系统"视角,全面分析客户协同创新的概念内涵、要素特征,进而明确客户协同创新的维度构成,实现客户协同创新的可操作化测量。

第二,客户协同创新对企业创新绩效提升的重要作用,虽然得到学术界和企业界的关注,但现有研究对于客户协同创新与企业创新绩效关系的研究结论,还存在不一致,影响了企业对开展客户协同创新活动的正确认识和理解。

现有研究虽指出客户协同创新对企业创新绩效有重要的影响,但其研究结论还存在不一致,且缺乏服务创新背景下的实证研究。大多数研究认为,在企业创新过程中,客户协同将会为企业带来诸如经济价值、关系价值及研发价值等创新绩效。然而,也有部分学者认为,客户协同创新会对企业绩效产生消极影响,如开发成本提升、竞争加剧、不确定性增加、创新风险等。还有学者认为,客户协同创新对企业创新绩效没有显著的影响作用,将客户纳入企业创新过程并不是必需的。随着客户协同创新研究的不断深入,学者发现,由于行业背景、参与群体、创新类型等差别,客户协同创新的基本要素会有所不同,以及这些要素对企业管理活动也会产生不同的影响。此外,过度关注某一协同要素往往会有适得其反的效果,例如,由于协同关系嵌入过于关注双方关系,而缺少合作的规范性考虑;由于协同资源投入过于关注参与行为,而忽视了自身的知识处理能力;由于规范协调机制过于关注合规性,而缺少相应的灵活性和效率考虑。需要指出,当这些问题与具体的客户协同创新活动结合起来时,笔者认为有必要针对具体情境刻画客户协同创新的维度构成,并从系统和全局的角度分析不同维度要素对企业创新绩效的差异化影响。

需要注意的是,现有研究主要讨论了客户协同创新对组织或客户的态度、行为和绩效的影响。部分研究虽然考察了客户协同创新的前因变量(哪些因素促进了协同行为),以及具体提升的策略和手段(如怎样更有效地促进协同),但忽视了对客户协同创新不同维度之间关系的讨论。由于客户协同创新是由相关维度要素相互作用、相互配合来实现协同效应的系统,各维度不能简单割裂开来进行单独研究。因此,为了帮助企业正确认识和理解客户协同创新活动的作用机理,还需要对其维度间的关系进行全面、深入的分析。

第三,目前企业界已经意识到客户知识对创新实践的重要影响,然而对于客户协同创新如何影响客户知识转移进而促进创新绩效的作用机理还不够清晰,还未能找出客户协同创新作用于创新绩效的关键路径。学术界对客户协同创新影响企业创新绩效的机理还有待进一步的实证研究。

现有研究大多关注客户协同创新对企业创新绩效的直接影响,及知识管理对企业创新绩效的直接作用[73][74];部分学者试图论证客户协同创新对创新绩效之间的影响机理,但主要从客户参与视角构建了"客户参与—知识转移—创新绩效"的理论框架。由于学者对客户协同创新的概念和维度构成还存在不一致的问题，导致关于客户协同创新对企业创新绩效关系的理解比较片面。现有研究主要关注客户参与行为对企业创新绩效的影响，而忽视了客户协同创新的其他要素特征对企业创新绩效的作用机理。与此同时，以"客户协同创新"为对象的研究还处于起步阶段，现有研究难以全面回答"客户协同创新影响企业创新绩效的内在机理是什么"。

目前，知识资本作为企业价值增值和保持竞争优势的战略性资源，俨然成为企业可持续发展的稀缺资源。而客户知识作为充分识别、评估、挖掘市场机会进行企业创新的核心资源，需要对其进行重点关注。企业需要建立客户知识收集、获取、整合、共享、应用和转化的渠道和手段，强化客户知识的价值增值，以提升企业的创新绩效。企业只有通过制定合理的客户协同创新管理战略和措施，才能有效地获取和吸收客户知识，并将其应用到企业创新实践中，取得持续的竞争优势。为了确保企业在创新过程中更有效地开展客户协同创新活动，亟须正确地认识和理解客户知识转移在客户协同创新对企业创新绩效关系中的关键路径作用。此外，现有研究主要基于企业层面，研究客户协同创新对创新绩效的影响机理，尚缺乏从创新项目层面，更为细化、全面地探讨客户协同创新各维度，如何通过知识转移的不同过程，作用于不同创新绩效的关键路径。因此，本书基于创新项目层次，将服务创新绩效细分为过程绩效和结果绩效，并深入研究客户协同创新不同维度对企业创新过程绩效和结果绩效的影响机理，以完善现有研究的不足。

第四，企业亟须掌握针对不同创新项目，构建有效客户协同创新模式和组合的方法，继而更好地发挥协同效果（知识转移效率和质量）。由于创新项目的本质区别在于项目任务所需的知识内容和特性不同，学术界针对知识特性的调节作用尚缺乏深入研究，需要进一步的理论分析和实证检验。

现有研究主要关注于客户知识转移的影响因素，如客户主体特性（客户参与意愿、客户知识发送能力等）、知识接收企业特性（企业知识接收意愿、企业知识吸收能力等）、知识特性（显隐性知识、复杂知识、系统知识等）、转移渠道（人际化方式、网络沟通方式等）等[75]。还有些研究关注合作管理和方式，如知识联盟[76]、企业关系网络[77]、合作结构[78]。现有研究缺乏针对服务创新所需知识特性调节作用的研究。事实上，由于企业与客户之间存在组织、文化、认知、利益机制、管理模式等方面的差异，知识特性（本书重点关注的知识可表达性和嵌入性）会明显地对协同创新过程中的客户、员工行为和决策产生影响，进而影响客户知识转移的效率和质量。

现有研究还关注了客户协同创新的实施流程和技术手段。在实施流程方面，学者主要从宏观的角度关注客户协同创新过程的驱动和限制因素、前置条件及战略等。这些研究大多属于概念性的框架研究，缺乏针对具体创新项目的深入分析，导致企业很难借鉴和实践其研究成果。在技术手段方面，主要针对产品创新领域，围绕创新目的、任务、阶段等内容，展开技术、方法及协同机制方面的研究。这些研究从技术角度，尝试解决客户协同创新的关键问题，忽视了企业创新各阶段所需的知识特性与客户协同创新活动的匹配关系，从而无法把握在特定的知识情境下，什么样的客户协同创新模式和技术手段能够更好地提高知识转移效果。如果企业对客户协同创新活动的认知含混不清，那么依此制订的技术方案，难免会影响企业的整体运作和最终的创新效果。因此，对知识特性在不同维度的客户协同创新活动与不同过程的客户知识转移间关系的调节作用，还需要进一步的深入研究。

第五，目前国内服务企业主要沿袭着制造业的传统创新模式，迫切需要针对服务领域的客户协同创新理论和方法指导。学术界在客户协同创新方面，大多针对产品创新领域，缺乏专门针对服务创新领域的研究。

与产品创新领域面临的如何更好地管理和利用客户协同创新问题相似，服务创新领域的相关研究也存在该焦点问题。但是，服务创新领域有以下不同：首先，从创新形式及内容角度，服务创新是一种概念性、过程性的创新活动，与制造业创新有明显不同；其次，服务生产与消费具有"不可分离性"，客户需要积极参与到整个服务生产和传递过程，并与企业员工进行频繁的沟通和互动；最后，人力资本及其所拥有的知识资源是服务企业的核心竞争优势，具有创造力和创新精神的员工是企业的宝贵资源，也是服务创新的关键驱动因素。这些差别导致产品创新领域的客户协同创新研究结论和管理经验很难适用于服务创新领域。

知识密集型服务业（Knowledge Intensive Business Services，KIBS）作为一类特殊的服务行业，其服务创新具有"技术专门化"和"客户互动性"特征，即创新发生在 KIBS 企业与客户合作来为客户提供服务的过程[79]。KIBS 企业服务创新复杂性较高，且大部分是非结构化和高定制化的，与其他服务行业相比，其客户协同创新行为更为频繁和普遍。KIBS 企业作为探究客户协同创新相关问题的典型背景，在以往的研究中较少被关注。因此，很有必要在该领域开展客户协同创新维度构成、影响服务创新绩效机理等方面的理论分析和验证。

从以上分析可知，现有研究无法有效地解答服务企业设计和管理客户协同创新活动的基本问题，理论研究严重滞后于企业实践需求，成为企业有效开展客户协同创新活动的"瓶颈"。这些不足，很大程度上影响了服务企业管理者对客户协同创新重要性的认识，从而制约了客户协同创新相关研究的进一步开展。然而，正是这些研究不足的存在，恰恰表明了本书所具有的理论价值和现实意义。

1.2.2 主要研究问题

从前面的现实背景可知，在当前全球化市场竞争与协同环境背景下，客户协同创新已经成为我国服务企业提升创新能力、获取持续竞争优势的关键战略路径。然而，目前国内服务企业在开展客户协同创新实践中，仍面临着一个核心问题，即如何构建恰当的客户协同模式，以理解和响应客户的差异化需求，进而提高企业的服务创新绩效。对于创新性仍存在不足的国内服务企业而言，这个问题的解答尤为迫切。理论背景表明，客户协同创新已成为创新管理领域的重要研究方向，但现有研究仍然存在很多局限和尚未解释的空白区域，如制造领域的客户协同创新结论很难适用于服务领域，对客户协同创新概念界定和维度构成的理解还存在差异，对客户协同创新影响创新绩效的内在机理还未充分了解，对于如何改善和提高客户协同创新的途径和技术手段还不够清楚。

针对企业创新实践问题及现有理论研究不足，本书围绕"客户协同创新对服务创新绩效的影响机理"这一焦点问题，通过解析客户协同创新的维度构成，探究了不同维度间的作用关系，揭示了客户协同创新过程中的关键作用路径及影响机理，并探讨了外部情境的具体作用。研究结论有助于服务企业有效地实施客户协同创新活动，以提升其创新水平和竞争能力。具体而言，本书主要从以下四个方面进行探讨：

第一，客户协同创新的维度构成问题。要回答这个问题，首先，要给出客户协同创新的概念内涵。为此，本书在对已有定义进行梳理的基础上，基于协同理论，将客户协同创新界定为一种吸纳客户资源进行创新的协同工作系统，并给出了具体的定义和特征描述。其次，通过理论分析和多案例研究，初步归纳并提取出客户协同创新的基本要素及特征。以此为基础，设计和开发客户协同创新测量

第 1 章 绪 论

量表,通过实证分析来探索和验证客户协同创新的维度构成,以弥补过去仅针对客户参与内容和阶段进行研究的局限。需要指出的是,客户协同创新维度构成是本书研究的基础,对后续的影响机理剖析起到非常重要的作用。

第二,客户协同创新各维度如何影响服务创新绩效的问题。针对现有研究关于客户协同创新对企业创新绩效的影响结论不一致的问题,本书选择知识密集型服务业为研究背景,从资源依赖理论、价值共创理论和协同理论视角,深入地论证客户协同创新各维度对服务创新绩效的影响关系,并具体分析了客户协同创新各维度对服务创新绩效影响的差异。需要指出的是,本书还分析了客户协同创新维度间的影响关系,补充和完善了现有研究关于各维度间关系缺乏实证检验的不足,深化了企业对客户协同创新影响服务创新绩效的认识,为深入理解客户协同创新对服务创新绩效的作用机理,提供了理论基础。

第三,客户协同创新通过怎样的关键路径来影响服务创新绩效提升,及客户知识转移会对服务创新绩效产生怎样的影响问题。继得出客户协同创新各维度对服务创新存在作用关系后,本书进一步揭示出客户协同创新对服务创新绩效的影响机理。部分学者试图打开客户协同创新与服务创新绩效之间的影响机理"黑箱"[6][7],通过理论分析得出客户知识转移在客户参与创新对服务创新的影响关系中起中介作用。以往学者主要从行为视角,来分析客户参与创新或合作生产活动,仅关注客户协同创新中实际发生的动态活动,却忽略了客户协同创新作为协同系统,本身具有的结构形态,需要从系统化视角考察其中的作用机理。现有研究难以全面回答"客户协同创新影响服务创新绩效的内在机理是什么"。为此,本书立足项目层面,将客户协同创新、客户知识转移和服务创新绩效进行进一步的维度划分,更为细化、全面地探讨客户协同创新各维度如何通过客户知识转移的不同过程,进而影响不同创新绩效的关键路径。

第四,不同知识特性情境下,客户协同创新对客户知识转移的影响发生怎样的变化,及相应的客户协同模式问题。继证实客户知识转移是客户协同创新维度作用于服务创新绩效的关键中介路径后,本书进一步地分析了服务创新过程中,知识特性差异对此作用成效的影响。客户协同创新的本质,是对客户相关知识进行获取、共享、转移和应用,而服务创新所需的知识特性(如可表达性、内隐性、复杂性、嵌入性等),制约了客户协同创新过程中客户知识转移的效率和效果。现有研究主要关注于知识特性对知识转移的直接影响,缺乏深入地论证所提知识特性到底如何影响客户知识转移效率和效果的机理。基于此,本书重点分析了知识可表达性和知识嵌入性,分别在客户协同创新与客户知识转移关系中的调节作用,并具体分析了不同知识情境下,客户协同创新要素强度的差异性,为企业有针对性地构建客户协同创新模式提供了参考。

最后,本书选择 KIBS 企业作为研究背景,进行概念模型的实证。KIBS 企业首次由 Miles(1995)提出,是指依赖于新兴技术和专业性知识,向客户和社会提供以知识为基础的中间产品和服务的公司或组织[80]。KIBS 企业服务创新具有高度的客户导向性和客户参与性,与一般服务创新相比在创新投入、创新过程和创新产出上有显著的不同[81]:①创新投入体现为"高知识密集度",表明 KIBS 服务产品是领域内的专业性知识,它的产生不仅来自服务提供商本身,也可能来自具有较高专业素养的客户,甚至可能源于服务提供商与客户间的互动过程;②创新过程表现出"高交互性",KIBS 企业提供的专业化服务,需要与客户进行频繁的信息沟通和高强度的互动,自身必须不断吸收、整合来自各种渠道获取的创新资源,进而创造出适合客户的产品和服务;③创新产出体现为"高客户导向性",KIBS 企业创新依赖于客户的积极参与和支持,同时创新的产出作为要素,会影响客户的知识创造和知识整合过程。因此,该类企业能够将客户协同创新理论较好地应用和推广,是深入探究客户协同创新相关问题的典型背景。此行业开展的研究结论,可以很好地将客户协同产品创新理论拓展到服务行业,丰富服务创新的理论研究成果。

1.3 研究思路、方法及结构安排

1.3.1 研究思路

首先,根据研究问题的理论及现实背景,指出当前研究的不足,进而提出本书的主要研究问题。

其次,通过对文献资料收集及整理,厘清相关研究理论发展脉络,在掌握理论发展前沿的基础上,找出已有研究成果的缺失及不足,从而明晰本书研究问题之间的关系以及研究逻辑。以客户协同创新为切入点,围绕"客户协同创新影响服务创新绩效的作用机理"这一焦点问题,综合运用理论分析、案例研究和实证分析相结合的方法,得出客户协同创新的基本维度构成。在此基础上,整合协同理论、资源依赖理论、价值共创理论和知识基础理论,构建出"客户协同创新—客户知识转移—服务创新绩效"的概念模型,并分析了知识特性发挥的调节作用。具体而言,分别从以下方面展开研究:①客户协同创新维度关系及其对服务创新绩效的影响;②客户知识转移在客户协同创新对服务创新绩效影响关系中的中介作用;③知识可表达性和嵌入性在客户协同创新与客户知识转移关系中的调节作用,并以国内KIBS创新项目为实证样本数据,对本书提出的概念模型进行实证检验,对研究结果展开深入讨论。

最后,阐述本书的主要结论、创新点及实践意义,并指出研究局限和未来研究方向。

1.3.2 研究方法

借助中国知网期刊全文数据库、Elsevier、EBSCO、Google 学术等数据库与期刊资料,回顾了相关理论基础、客户协同创新的发展趋势以及客户知识转移的研究成果。通过相关研究评述指出现有研究的不足,进而明确本书研究的切入点。围绕研究主题,首先,本书采用理论分析、案例研究和实证分析相结合的方法,来探索并验证客户协同创新的维度构成。其次,通过文献研究,构建出客户协同创新对服务创新绩效的影响机理概念模型。再次,通过大样本的数据收集,借助计算机统计软件,对样本数据进行初步分析和质量检验(如描述性统计、可靠性分析、正态性分析、单一维度检验及信度效度分析)。最后,对提出的模型进行实证检验。

首先,运用结构方程模型方法,实证客户协同创新维度间的影响关系及其对服务创新绩效的直接影响。其次,运用结构方程模型和多元回归分析方法,实证客户协同创新、客户知识转移和服务创新绩效之间的影响关系,以及客户知识获取和吸收在其中发挥的中介作用。最后,运用分层回归分析方法,分别检验知识可表达性和嵌入性在客户协同创新与客户知识转移间关系中的调节作用。

1.3.3 研究结构安排

根据研究思路,本书共分为七章,具体内容安排为:

第1章绪论。首先阐述理论与现实背景，指出开展本书研究的紧迫性和必要性。在此基础上，针对现有研究不足，明晰本书的关键研究问题，并给出本书的研究思路、方法和结构安排。

第2章相关理论与研究综述。围绕研究主题，对协同、资源依赖、价值共创、知识基础等理论进行分析、回顾和总结，为本书的研究问题提供理论基础。随后，对客户协同创新的相关研究进展进行梳理，从而为后续理论模型与研究假设的提出提供理论支撑。最后，对客户知识转移的理论研究进行综述。

第3章客户协同创新的维度构成研究。在梳理现有研究的基础上，通过理论分析构建客户协同创新的维度模型，在分析四个知识密集型服务企业案例的基础上，采用初始编码、聚焦编码和理论编码等手段，归纳并提取出客户协同创新的要素及特征；在此基础上，开发出正式测量量表，并综合运用多种统计分析方法，验证了客户协同创新的维度构成。

第4章概念模型与研究假设提出。在对以往研究文献进行梳理的基础上，综合多种理论视角，构建本书的概念模型，并分析客户协同创新维度关系及其对服务创新绩效的影响，客户知识转移在客户协同创新与服务创新绩效间关系中的中介作用，以及知识特性在客户协同创新对客户知识转移间关系中的调节作用，给出具体研究假设。

第5章实证研究设计与数据质量检验。首先，对调查问卷、变量测量进行设计。其次，论述了调研样本选择及调研过程。再次，对样本数据进行质量检验，包括可靠性分析、正态性分析、单一维度检验、信度及效度分析。最后，对本书使用的数据分析方法进行了简要介绍。

第6章实证分析与结果讨论。首先，通过结构方程模型，实证出客户协同创新维度间的影响关系及其对服务创新绩效的直接影响。其次，运用结构方程模型和多元回归分析方法，实证出客户协同创新、客户知识转移和服务创新绩效之间的影响关系，以及客户知识获取和吸收发挥的中介作用。再次，运用分层回归分析方法，分别检验知识可表达性和知识嵌入性在客户协同创新与客户知识转移之间关系的调节作用。最后，对实证研究结果进行讨论。

第7章结论与展望。根据研究结果，归纳本书的主要研究结论，阐述了本书的创新点、实践意义，并指出研究局限及未来研究方向。

本书的研究框架如图1.1所示。

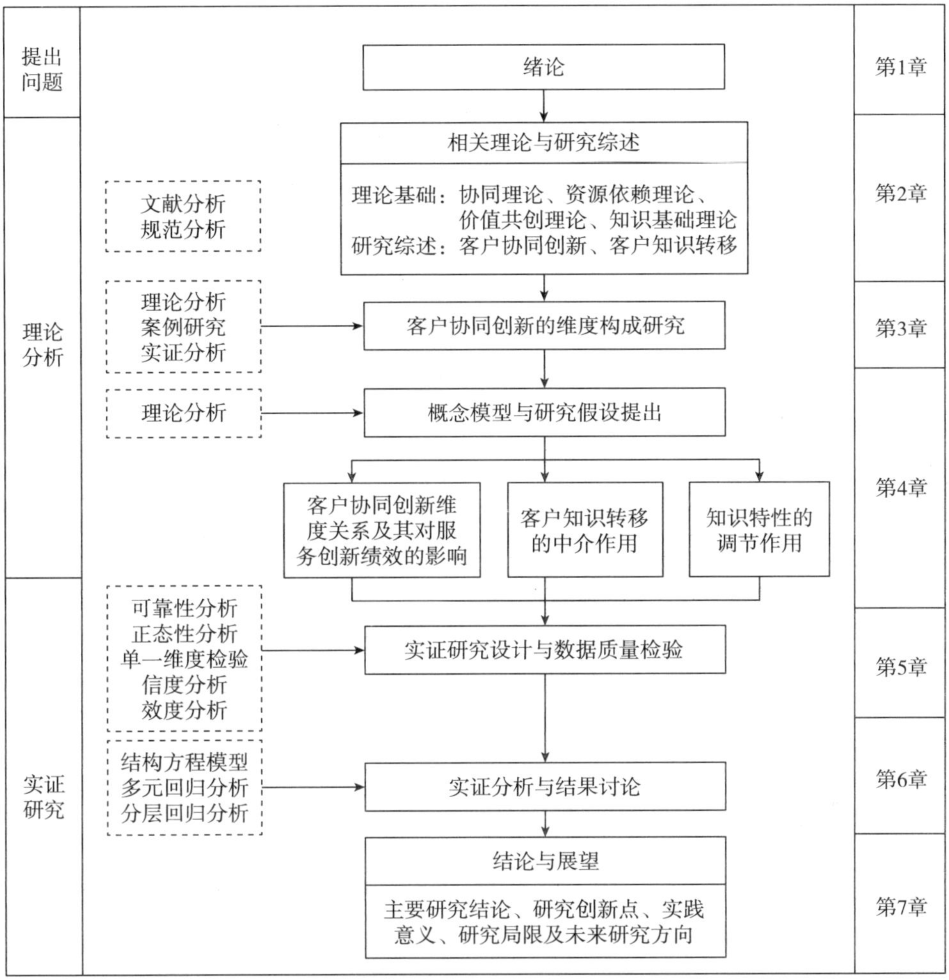

图 1.1 研究框架

第 2 章 相关理论与研究综述

客户协同创新（Customer Collaborative Innovation，CCI）作为一种新的企业竞争战略和管理模式，受到国内外相关领域学者的广泛关注。基于第 1 章提出的主要研究问题，首先，本章对相关理论基础进行梳理和理论回顾，从而形成本书的思路，明确本书所涉及的理论基础和出发点。其次，对客户协同创新的国内外研究文献进行梳理和总结，加深对本书研究问题的理解和认识。再次，对本书应用的客户知识转移理论进行了回顾分析。最后，对现有研究进行评述，发现现有研究的不足，进而明确本书研究问题的切入点。

2.1 相关理论基础

目前关于客户协同创新的研究还处于初级阶段，缺乏统一的内在逻辑体系（Bogers，2010）[81]。以往研究基础主要包括熊彼特创新理论（Schumpeterian Innovation）、代理理论及交易成本理论。其中，熊彼特创新理论用于解释现有公司如何被新成立公司所替代的问题[65]；代理理论用于解释企业是否会选择内部创新或外部创新[69]；交易成本理论则侧重讨论客户协同创新过程中客户忠诚与企业绩效的关系[12]。上述理论虽然有助于解释企业为什么会向外部寻求创新，但缺乏如何指导和实施客户协同创新活动的策略建议。基于此，学者试图从协同理论、资源依赖理论、价值共创理论和知识基础理论等角度阐述客户协同创新对企业创新绩效的影响机理，为具体指导和实施客户协同创新活动提供建议。

2.1.1 协同理论

协同（Synergy）的概念首次由 Ansoff（1965）[82]提出，他认为协同是将各个相对独立的个体按照某种规则和机制约束，形成一个总体，通过资源共享和协作，以实现整体的业务表现。基于 Ansoff（1965）的思想，德国理论物理学家 Haken 于 1970 年创立"协同学"[83]，它以突变论、信息论、控制论等为基础，采用统计学与动力学相结合的方法，揭示出各子系统形成空间、时间或功能有序结构的条件、特点及演化规律。

协同理论是关于各子系统如何通过协同作用，产生出超出自身的单独作用，自发形成时间、空间和功能上有序结构的管理理论。这种协同作用的外在表现形式是系统自组织，即远离平衡态的开放系统，如何在外界环境、内部各子系统的非线性作用下，自发由无序向有序或低端有序向高端有序转变的过程。系统要形成自组织，需要满足的条件为[83]：开放性、远离平衡态、非线性作用、突变等。源于物理学中的协同作用，现已广泛应用于企业创新领域，阐述创新主体（企业、研究机构等）如何发挥自身能力优势，吸收和整合外部互补性资源，以提升创新绩效。

国内外学者基于研究层次和视角，主要关注于：①组织内部要素的协同，主要围绕企业内部创新核心要素（技术和市场），及若干支撑要素（如战略、文化、制度、组织、管理）等的协同创新影响、作用机制、过程机理及管理模式等展开研究[84]；②组织间协同，具体围绕产业内、相近产业、创新网络（供应链协同创新、客户协同创新、企业协同创新网络）中的组织影响因素、作用机制、过程机理及管理模式等展开研究[85][86][87]；③产、学、研、用组织协同，具体围绕企业与高校、科研院所、政府及中介机构等其他创新主体协同创新的模型、模式及绩效等展开研究[88]；④区域或国家协同创新，即围绕某一区域内或国家内，各创新主体间的创新行为而形成的运行机理、模式及绩效等展开研究[89]。

客户协同创新作为吸纳外部客户资源进行创新的协同工作系统，也属于一种协同系统。该系统符合形成自组织的条件，即远离平衡态的开放系统、存在非线性作用、有正反馈和负反馈效应、涨落及突变等，其发展演变符合自组织规律。

首先，客户协同创新位于开放的经济和社会环境中，是远离平衡态的开放系统[15]。该系统需要与外界进行物质、能量和信息的交换。具体体现在：企业主体需要从外界收集市场信息、产品信息，购买产品所需的原料，添置生产所需的设备资源；客户主体需要从外界获取相关的技术、技能、价值、经验及需求（想法）的描述工具等。

其次，客户协同创新系统存在非线性作用[20]。客户协同创新不是协同各要素功能的简单叠加，而是通过各要素之间协同运作和配合，来发挥整体系统的功能和作用。要实现协同效应，系统内各要素之间要相互联系、相互制约、相互依存。

再次，客户协同创新系统存在正反馈和负反馈作用，它们调节着物质循环和能量流动，为形成新结构或功能创造了积极（或消极）的条件。在正反馈的作用下，系统内部各子系统间互相配合和促进，有助于形成良性循环和协同效应，促使系统向有序化方向发展。反之，在负反馈的作用下，系统内部子系统间互相牵制和阻碍，造成恶性循环和消极效应，不利于系统向有序化发展。

最后，客户协同创新系统会依靠内部的相互作用，或外部环境参量的影响，引起系统某一变量的涨落。这种涨落会经过正反馈作用进一步放大，而当放大到临界点时，会导致系统突变。在此情形下，系统会产生新的结构，并向着新的方向演化。

通过以上分析可知，协同理论能很好地解释客户协同创新过程的复杂性、动态性及系统性特征，为深入分析客户协同创新系统特征、作用机理、关键路径及控制机制等提供了新的研究视角。

借鉴协同理论，本书从关系、行为、控制层面来对客户协同创新的要素进行解析，将其划分为协同关系嵌入、协同资源投入和规范协调机制。其中，协同关系嵌入强调企业和客户如何通过自发形成的关系网络进行知识分享、转移及吸收等，反映出系统的自组织过程；协同资源投入关注于行为层面，强调以信息和知识、经验、技能等为载体，客户参与创新的程度，反映出系统的自适应特征；规范协调机制关注控制层面，强调借助规则、规范等程序化手段，以及沟通协商机制、风险管控方式等，支配系统从无序向有序的方向发展，反映出系统的协同效应特征。

借鉴正反馈原理，本书认为，客户知识转移在客户协同创新正反馈循环中发挥着中介作用。由于客户协同创新的本质是以"知识增值"为核心，通过不同创新主体（客户和企业）之间互动而进行价值创造的过程[15]。而服务创新是从不可编码知识向可编码知识的转化，即不可编码知识通过学习形成可编码知识，可编码知识通过积累和整合形成新的不可编码知识，如此循环往复的过程[90]。因此，客户协同创新与服务创新绩效的正反馈过程很可能表现为客户知识的转移过程。

借鉴突变和涨落原理，为了实现高水平的服务创新绩效，企业的客户协同创新策略和模式应该与其所处的外部环境相匹配。本书认为，知识特性是影响客户协同创新过程中客户知识转移发挥的重要情境变量。客户知识是以不同的形式和方式存在的，并存储在不同的个人、工具、系统及网络之中。要实现有效的客户知识转移，企业需要根据知识特性来动态调整客户协同创新模式，促进企业和客户间更好地信息流动，从而实现企业创新绩效的提升。

2.1.2 资源依赖理论

在组织管理领域，资源依赖理论主要用于解释企业组织如何降低环境的依赖性和不确定性[91,92]。该理论认为，企业组织与环境是相互依存的，企业很难拥有实现其战略目标所需的所有资源，所以需要从外界环境中获取关键而稀缺的资源，如资金、人才、信息等，这种对资源的需求促使企业对外界环境产生了依赖性。Preffer 和 Salancik（1978）[91]认为，这种依赖性取决于：资源对企业生存的重要性、外部组织对资源的分配和使用的控制力、其他可替代资源的可选择程度。对企业来说，如果非常需要这种专门知识和资源，而这种资源难以从企业内部获取，并且不存在可替代的知识来源，那么企业将非常依赖掌握这种知识的组织或个人。

利用资源依赖理论，可以从三个角度解释服务创新过程中客户协同创新的重要性：首先，企业邀请客户协同创新的本质原因是企业需要与外部环境建立正式或非正式的战略合作关系，以提升信息交流、承诺和交易的稳定性，降低资源依赖性和各种不确定性问题。客户知识资源（如客户需求、偏好、反馈、评价等）作为服务创新过程的关键外部资源，对其获取有助于降低服务产品开发的不确定性，提高服务产品被市场接受的程度。其次，客户对这些资源具有判断和处理的权利。在新服务设计和开发的过程中，项目研发人员和客户往往需要共同完成许多高度依赖对方的专业化任务，如服务产品的架构选择、相关功能设计、接口规格要求、NPD 的过程优先级和度量等。若客户主动参与其中，有助于产生富有建设性的新服务创新或改进建议，进而确保服务创新的效率和质量。最后，与客户相关的知识只能从客户那里去获取和挖掘,不存在其他可替代的知识来源。

企业为了减少对客户知识资源的依赖,会主动地与客户开展合作。通过与客户建立正式或非正式联系并将其纳入创新过程,双方人员及时地为对方提供所需的信息、专业技能和知识等资源,以保证服务创新的实施。企业与客户的关系越紧密,交流越频繁,获取资源的能力越强。从这个视角看,客户协同创新被认为是获取客户知识和资源的"桥梁策略",对服务创新绩效产生积极的影响。

2.1.3 价值共创理论

价值创造是企业和客户进行经济交换的主要目的及中心流程[7]。价值共创理论是基于服务主导逻辑(Service Dominant Logic,SDL)范式所提出的,与此相对的是传统的产品主导逻辑(Good Dominant Logic,GDL)。在GDL范式下,创造价值被视为离散的过程:企业通过生产活动将价值嵌入到产品,产品通过投入市场与客户进行价值交换,以实现产品的交换价值(Value in Exchange)。在SDL范式下,价值创造则被视为连续的过程,该观点强调价值由企业和客户共同创造,企业提供产品只是创造价值的一个环节,只有当客户利用自身知识和技能,消费(或使用)产品(或服务)产生使用价值(Value in Use)后,价值创造才完成。SDL范式把关注焦点从GDL范式的交换价值转向了使用价值,一经提出便引起营销领域极大的变革。

Vargo 和 Maglio(2008)[6]进一步地提出了"客户是价值的共同创造者"这一基本命题。目前,价值共创的内涵分为狭义和广义两种视角。狭义的价值共创,以 Lusch 和 Vargo(2004)[7]为代表,专指客户在产品或服务使用与消费阶段的使用价值共创。有学者对其进行拓展,认为价值共创还包括客户和企业在产品设计、生产和消费等价值创造全过程的交互和合作。Romero(2010)[14]研究指出,价值共创是企业通过和有经验、创造型客户的密切合作和交互,从而挖掘他们的智力资本,来共同创造产品、服务和经验的合作流程。Doorn(2010)[93]提出,价值共创是企业与客户通过共同采取创意、设计和管理价值创造活动的合作行为。广义的价值共创,既包括客户作为资源拥有者参与企业的"价值主张形成"过程,也包括企业作为资源拥有者参与客户的"价值使用"过程[11]。

目前国内外对"创造价值"过程的理解,存在三个研究视角:

(1)企业是价值创造的主导者,客户是协同参与者[94][68]。客户参与到企业的产品创新、产品生产、品牌营销等活动阶段，通过互动性合作，企业向客户学习，并获取客户的偏好、期望、需求等专门信息资源，企业将客户期望价值嵌入产品中，生成价值主张（Value Proposition），客户通过使用和消费产品来获得使用价值。本书属于此视角的研究。

（2）客户是价值创造的主导者，企业是协同参与者。企业参与到客户的产品组合定制、使用消费、维护保养等阶段，通过提供指导咨询建议、及时补救措施等，帮助客户提升感知价值，从而提高客户满意度和忠诚度[95][96][97]。Prahalad等（2004）[95]认为，价值共创的核心是共创独特的客户体验，并构建DART模型来激发企业和客户共创价值。其中，对话（Dialogue）不仅强调企业和客户间的知识共享，还鼓励客户将其价值观念融入到企业的价值创造过程，促进双方关系及理解达到更高水平；体验（Access）通过关注企业和客户在多个交互过程的感受和经验，以发掘服务创新的机会；风险评估（Risk Assessment）认为，如果客户成为价值的共同创造者，那么他们会要求企业提供更多关于产品和服务的潜在信息，不利于企业风险的管控；透明性（Transparency）是指企业和客户的信息是透明的，这主要基于双方的信任而成立。

（3）整合上述研究视角的成果，有学者提出基于资源和角色的企业—客户价值共创过程。如Payne（2008）[67]提出了由客户价值创造流程、企业价值创造流程、互动流程组成的价值共创框架。Andreu（2010）[98]在Payne研究基础上，进一步指出，企业、客户在不同流程中承担价值推进者、价值共创者的角色，并以家具零售业为背景，诠释企业、客户在价值共创中的角色。

综合以上分析，价值共创理论为理解客户和企业价值创造过程及合作行为机理提供了研究基础。在服务主导逻辑范式下，"以企业为中心"的封闭式创新范式，逐渐转变为"企业—客户协同创新"的开放式创新范式（Mullel and Zenker, 2001）[99]。在此范式下，不能将客户简单地视为营销对象，而应被视为企业的主控资源，在企业产品生产、营销、交付和使用等过程中，提供知识来源；企业也不再单纯地制造产品或服务，而应积极地参与到客户的产品组合定制、使用消费、维护保养等价值创造过程中，共创独特的客户体验（Vargo and Maglio, 2008）[6]。这意味着企业不仅要以客户为导向，还需要与客户合作和相互学习，以创造满足客户差异化、动态化需求的新产品和服务。基于这一理论视角，客户协同创新被视为企业与客户共同创造价值的"战略路径"，对企业创新绩效产生积极的影响。

2.1.4 知识基础理论

在组织管理研究领域，知识基础理论用以解释企业组织如何通过知识转移和创新，来获取核心竞争力的理论。该理论将知识作为影响企业价值创造最重要的战略资源。基于知识基础理论，企业为了构建核心竞争力，需要从外部获取互补性知识、信息和资产，通过消化、吸收、整合并创造新知识，促进新产品或服务的推出，从而为企业创造价值（Nonaka，1994；Nonaka，1996）[90][100]。因此，如何有效地获取互补性知识，以及如何通过内部管理机制，以创造新知识并应用于新产品或服务中，是企业保持持续创新能力的关键所在。

创新实践所需的客户知识依附在特定服务对象——客户身上，这需要企业能够有效地获取和吸收客户知识（Strambach，2001）[101]。客户知识具有显性和隐性之分：显性知识可以通过传统市场调研方法来获取，隐性知识往往嵌入在个人、工具、客户组织或合作网络中，无法与特定服务情境分离。因此，为了促进对这类知识的转移和共享，企业需要客户积极参与到服务创新活动中，通过与特定客户互动及管理互动发生的界面，快速响应客户需求。Strambach（2001）[101]指出，客户协同创新的本质是实现知识的生产和扩散。因此，客户协同创新是实现客户知识获取和吸收的关键路径，对企业创新绩效产生积极的影响。

2.1.5 理论视角整合的必要性

综上所述，国内外学者采用不同的理论视角，对服务或产品创新过程中开展客户协同创新的重要性、客户协同创新对企业创新绩效的关系进行了理论解释和分析。已有研究主要基于上述一种或两种理论视角，对客户协同创新与企业创新绩效之间的关系进行理论阐述和实证研究。但从整体来看，这些理论都不足以全方位地解释客户协同创新与服务创新绩效之间的影响机理，有必要从多元化的理论视角，综合运用上述理论构建客户协同创新对服务创新绩效的影响机理模型。

基于此，本书综合运用协同理论、资源依赖理论、价值共创理论和知识基础理论，解析客户协同创新的维度构成，构建客户协同创新维度关系及其对服务创新的影响、客户知识转移的中介作用及知识特性调节作用的概念模型。通过整合不同理论视角的研究，丰富客户协同创新的相关研究成果。

2.2 客户协同创新的相关研究综述

在服务管理、市场营销、市场导向、创新管理等领域,国内外学者采用理论探讨、定性研究、案例研究、实证研究及技术设计等方法,从多个层面诠释了客户协同创新的内涵、影响因素、对企业创新绩效的作用机理、客户协同创新提升策略及方法等。本节围绕研究问题,主要从四个方面展开论述:①客户协同创新的概念发展及构成;②客户协同创新的影响因素;③客户协同创新对企业创新绩效的影响关系;④客户协同创新的实施流程和技术。本节是本书最直接相关、最重要的研究基础。

2.2.1 客户协同创新的概念发展及构成

客户协同创新作为创新领域的一个研究分支,也在其他领域如企业战略(Strategy)、服务管理(Service Management)、市场营销(Marketing)和信息技术(Information Technology)等取得了较快发展。学者采用不同的名称来表示这种行为,国外学者将其表述为"Customer/Consumer Participation""Customer Involvement""Customer Orientation""Customer/User Innovation""Customer Co – Creation""Customer Co – Production""Customer Interaction""Customer Collaborative Product Innovation(CCPI)""Collaborative Innovation with Customer(CIC)";国内学者表述为"客户参与创新/新产品研发""客户共同生产""企业—客户交互/互动""企业—客户合作创新""客户协同产品创新"等。

上述概念反映出学者对所研究对象的概念理解,是研究的基础和起点。由于时间、研究领域、外部情境等差别,客户协同创新这一概念的内容和范围不断地发生着变化。基于此,本节沿着产品创新和服务创新领域这两条主线,对客户协同创新的概念发展进行梳理。

2.2.1.1 客户协同创新在产品创新领域的概念发展

在全球经济一体化和竞争产品日趋同质化的今天,企业突破传统的封闭创新模式,向吸纳整合外部创新资源的开放创新模式转变。而信息技术的飞速发展及客户知识水平的提升，使具有潜力的客户能够很清晰地表达需求，并尝试自己设计方案来满足个性化需求，或主动寻求产品研发人员并准确地传递需求信息，进行产品创新。Von Hippel（1986）[18]首次将这部分客户称为"领先客户"（Lead user），并指出领先客户作为产品创新的重要来源之一，具有两种典型特征：①从创新条件来看，这类客户能在产品的新需求出现前几月甚至前几年，就能预料出这种需求；②从创新动机来看，通过创新，这类客户能够获得相应的有形或无形收益，这也激发他们更好地提供一些需求解决方案。

以此为基础，Von Hippel（2002）提出"客户创新"（Customer Innovation）的概念[19]，指出领先客户会针对自己的使用目的及需求，对产品或加工工艺进行创新。然而，领先客户作为创新主体，往往需要付出极大的时间成本和智力成本，并且他们只能有限地解决产品开发过程中的一些技术难题。为此，越来越多的客户群体愿意参与到企业的产品创新过程当中，将其创新性需求与企业的专业技术优势进行有效的结合。学者发现，客户参与产品创新逐渐被工业制造或消费品企业所认可[19]，超过50%以上的创新产品发生在客户和企业的结合点。

网络化协同环境及技术的快速发展，使协同创新的手段和途径也不断丰富和完善。在产品创新领域，客户协同产品创新（Customer Collaborative Product Innovation，CCPI）应运而生，相比其他产品创新设计方式，它能更高程度地发挥客户的潜力。杨育（2008）[72]将其定义为利用网络化协同环境、技术工具等手段，加强客户与专业设计人员之间的协同和互动，发挥双方在知识结构和创新技能等方面的互补资源优势，实现群体创造力，从而开发出创新性新产品的过程。在制造产品领域，杨育和其研究团队，对客户协同产品创新的效率及关键因素[20]、伙伴选择[21]、概念设计建模[22]、冲突协调与消解[23]等方面，展开了深入的研究。

2.2.1.2 客户协同创新在服务创新领域的概念发展

在服务创新领域，由于服务生产和消费具有不可分离性，客户需要亲自参与到服务生产和传递过程，并与企业员工进行交互和互动。早期研究认为，在这一交互过程中，客户会对企业服务活动的生产进行物理性干预，因此被企业管理者限定在一定的范围内（Levitt，1972）[102]。随着企业逐渐意识到客户主动参与服务生产所能带来的好处，他们开始鼓励客户积极协助服务生产。Lovelock 和 Young（1979）[103]最早提出客户参与可以促进生产效率，并建议企业改变其服务方式，通过邀请客户参与使服务能以更高效和经济的方式交付。进一步地，

Fitzsimmons (1985)[104]也强调了这种认识，认为将一些服务活动交由客户完成能够提高服务生产效率和产量。

随后，客户协同创新的概念逐渐涵盖服务过程中的多种客户角色、行为和资源。Kelley (1990)[105]将客户参与的角色界定为"企业员工"（Employees），认为客户不仅作为企业服务传递的参与者承担着员工的工作，还扮演着共同生产者的角色。此外，客户参与也包含多种行动，Silpakit 和 Fisk (1985)[106]将其定义为客户在智力、体力及情感方面的努力与投入等行为。基于客户资源角度，Bettencourt (2002)[107]认为，客户参与提供的资源包括有形资源、信息、显性及潜在知识、客户能力等。

近年来，相关概念拓展到客户学习和体验，与客户积极地对话、合作及与企业共同研发。Vargo 和 Lusch (2004)[7]首次提出服务主导逻辑范式来解释新服务所遵循的思想，即将服务定义为从市场提供的一种产品类型，转化到一种价值创造的层面，强调情境中的客户体验和共创价值。在服务主导逻辑下，客户对营销、消费以及服务传递的过程有重要的贡献。企业可能会越发觉得他们已经别无选择，不得不将客户纳入其服务生产和传递之中，客户与企业之间的关系更加密切，客户在服务企业中所担当的角色也开始变得越发复杂。Lusch 和 Vargo (2006)[7]指出，客户通过共享创造力、协同设计或共同生产来参与企业的核心产品提供。Prahalad 和 Ramaswamy (2005)[95]也有相似的观点，并指出客户是企业竞争力的源泉，通过与客户积极地对话，分享客户的知识和技能，有助于新服务创新的成功。

现代研究则认为，客户参与能够共创有形及无形的资源，企业需要将其整合到客户消费或使用过程中，以产生价值（Grönroos and Ravald，2011）[108]。综合以上分析，服务领域客户协同创新的概念发生巨大的变化，从最开始的"对服务生产活动进行干预"转向为"客户是价值创造过程中各种资源的整合者"。

2.2.1.3 客户协同创新的概念定义

关于客户协同创新的定义，目前学术界还没有取得一致性的意见，主要从客户共同生产、客户参与、客户互动及价值创造等不同视角对这一概念内涵进行讨论。具体而言：

（1）基于客户共同生产（Customer Co-Production）角度，客户协同创新可理解为企业和客户联合生产的过程。Jari Kuusisto (2004)[109]将其定义为一种联合努力的结果，最终产品的质量主要依赖双方互动和沟通的质量。Chen（2011）[110]定义为客户和企业人员之间的联合生产过程，通过联合设计、共同生产以及共同创新，目的在于获得未来价值。Suchultze（2007）[111]、Etgar（2008）[66]、李清政（2014）[112]也给出了相关的定义。

（2）基于客户参与（Customer Participation）角度，学者强调客户在企业创新过程中的行为涉入程度。Silpaki 和 Fisk（1985）[106]认为，客户参与是客户的一些具体行为，包括精神、智力和情绪方面的努力和投入。进一步地，Fang（2004）[26]将其定义为在服务或产品设计、生产和交付等方面，客户参与企业决策和问题解决的程度。周冬梅（2009）[113]、卢俊义（2011）[50]、姚山季（2011）[51]、Ngo（2012）[114]也给出了相关的定义，如表2.1所示。

（3）基于客户互动（Customer Interation）角度，客户协同创新可解释为企业与客户在创新过程中的沟通和互动过程。Matting 等（2004）[115]认为，是企业与当前或潜在客户合作，从而学习市场并改变组织行为的过程、事件和互动，目的是促进对市场的学习与感知。Carbonell（2009）[53]认为，是企业与当前（或潜在）客户在新产品或服务开发的各个阶段，进行互动的程度。王琳（2012）[116]也给出了相关的定义。

（4）基于价值共创（Customer Co – Creation）角度，学者们认为，是企业和客户共同创造价值的过程[7]。Prahalad 和 Ramaswamy（2005）[95]认为，是通过企业和客户间的成功交互来共同创造价值。David Romero（2011）[11]也给出了相关的定义。

（5）基于客户协同（Customer Collaboration）视角，客户协同创新被视为围绕创新组织、创新技术而展开的一系列过程。这个概念强调客户协同创新的要素包含载体（如产品、服务）、任务及资源、知识创造性运用、制度规范等。杨育（2008）[72]给出的定义如表2.1所示。

表2.1 客户协同创新的概念定义

视角	作者	概念定义
客户共同生产	Schultze[111]	为客户参与生产而创造的服务情境，即方便客户参与设计、传递和营销企业的产品和服务
	Etgar[66]	客户在生产过程中参与各种各样的活动，包括客户和服务提供者之间所有的协作形式
	李清政[112]	在服务生产过程中，客户积极参与服务设计、服务传递、服务营销等活动，通过与企业之间持续和动态的沟通和协同合作，实现与企业共同创造价值

第 2 章 相关理论与研究综述

续表

视角	作者	概念定义
客户参与	周冬梅[113]	根据企业创新战略，选择恰当的时机、参与方式，将相关客户纳入企业服务创新过程中
	卢俊义[50]	基于服务产品开发项目层次，企业与目前（或潜在）客户开展合作，通过满足客户的现实及潜在需求，来开发新服务
	姚山季[51]	凭借相关创意、信息和知识等资源，客户与企业合作开发新产品，通过共同设计、测试评价、优先使用等方式，参与到企业产品创新的活动当中
	Ngo[114]	在适当的创新阶段，企业以合适的方式，邀请客户参与到服务创新过程当中
价值共创	Ramaswang[11]	通过与有经验、创造型客户的密切合作，挖掘他们的智力资本，来共同创造产品、服务和经验的合作流程。作为交换，企业根据实际的共同生产、制造、研发、设计、服务、加工程度来奖励客户
客户协同	杨育[72]	利用网络化协同环境、技术工具等手段，加强客户与专业设计人员之间的协同和互动，发挥双方在知识结构和创新技能方面的互补资源优势，实现群体创造力，从而并发出创新性新产品的过程
客户互动	李清政等[112]	基于共创价值导向，围绕特定创新任务的实现，企业和客户协同配合而形成的行动系统

综上所述，学术界基于不同视角对客户协同创新进行了定义，为探讨客户协同创新的本质提供了不同的切入点。学者对客户协同创新的定义主要有以下特点：①从行为视角看，客户协同创新是通过外部创新资源导入创新过程[32]，借助合作关系管理来提升创新绩效；②从过程视角看，客户协同创新是围绕创新组织、创新技术而展开的一系列过程[72]，强调客户协同创新的要素包含载体（如产品、服务）、任务及资源、知识创造性运用、制度规范等；③从结果角度看，客户协同创新的本质是共创价值[6]，并指出创新各阶段双方价值共创所需要的资源，这说明客户协同创新系统具有目标一致性的特点。

通过前文的讨论，客户协同创新是一种吸纳外部客户资源进行创新的协同工作系统。基于协同理论和已有定义，本书将客户协同创新界定为客户以其独有的信息知识（结构）和创新技能等，嵌入到企业创新过程中形成社会化关系网络，借助多种网络化协同工作环境、创新工具及知识融合等手段，通过客户和企业专业设计人员的互惠知识共享、协调及互动等行为，以整合资源实现资源优化配置，形成协同效应及优势，以实现产品或服务创新成功的目的。

根据上述定义，客户协同创新系统的内涵体现在：

第一，客户协同创新的本质目的是共创价值。这主要包括两个层面的影响：对企业而言，客户作为生产资源和内部成员，参与企业的需求分析、创意产生、概念设计、测试评价等阶段的决策活动，能够对企业创新绩效、创新能力及品牌影响起到积极作用；对客户而言，客户与企业合作完成创新项目，有助于创造客户的独特价值体验，进而提升客户的满意度、忠诚度，甚至在服务补救方面也有积极的影响。

第二，客户协同创新是复杂自适应大系统。客户协同创新不是协同各要素功能的简单叠加，而是通过各要素之间相互联系和协同运作，超越自身的功能作用，发挥整体功能作用的结果。客户协同创新会随着时间自发地发生演化，其演化过程不受企业的控制。这种系统具有开放性、非线性、突变及涨落等自组织特征，协同作用也体现出丰富的层次性、交叉性、因果性。

第三，客户协同创新是一种社会化关系网络。随着客户在企业服务创新决策中的地位日益凸显，客户协同关系对企业实现其创新和获取竞争优势，具有至关重要的作用。企业和客户之间由仅关注服务或产品的价格、质量、功能等简单交易关系，逐渐向合作伙伴关系演化，双方为达到共同目标而进行知识交流和共享，通过互利合作，来提高企业竞争优势和技术能力，进而降低交易成本。

第四，客户协同创新是资源投入过程。客户信息知识（结构）以不同的形式，存在、表示及存储在不同的系统及网络中，要实现协同环境下的知识共享机制，企业需要邀请客户参与并积极贡献知识，也可以与其合作共创新知，来解决创新难题。为此，企业必须要有支持多样性知识表示、存储、交流和增值的资源共享环境。

第五，客户协同创新是动态变化的协调过程。客户协同创新是开放式创新系统，子系统通过相互作用，形成由无序到有序、由混沌到稳定的过程。在客户协同创新的各个阶段中，客户和企业成员间具有局部和不精确的关于整体系统的视图，当两者产生信息冗余、冲突或不一致时，需要进行相应的协调来使两者达到一致，以保证协同行为的顺利进行。

2.2.1.4 客户协同创新的维度构成

维度构成是对概念的内涵进行抽象与概括形成的明晰要则结构。目前关于客户协同创新的测量还没有一致可接受的成熟量表，大多借用了共同生产、客户参与、客户互动等概念的成熟量表。根据研究内容主要存在以下三种视角：

（1）基于参与创新的内容视角，将客户协同创新分为二维、三维、四维等。Silpakit 和 Fisk（1985）[106]认为，客户参与包括智力方面的投入（客户在知识、信息资源共享方面，与企业展开合作和交流）、体力方面的投入（有形的实物和无形的劳力）及情绪方面的投入（客户与企业员工建立良好关系，从而传播正向口碑）。类似地，Ennew 和 Binks（1999）[28]认为，客户参与包括：信息分享，即客户将相关信息资源传递给企业，以确保其需求能够被满足；责任行为，即客户是服务产品的协同生产者，有些服务内容需要客户亲自去履行；人际互动，即客户与企业人员进行交流和沟通，相关人际要素如信任、可靠性、承诺、支持等将影响到服务效果及客户感知。Alison E. Lloyd（2003）[117]将客户参与分为感知努力（Perceived Effort）、任务定义（Task Definition）及信息搜寻（Information Seeking）。

Kellogg（1997）[118]对三维进行进一步拓展，基于关键事件分析法，得出客户在服务提供过程中的 4 种参与形式：事前准备（Preparation），即客户会收集市场信息、产品信息、竞争者信息等，参与服务创新的准备过程；关系建立（Relationship Building），即用微笑、友善言辞与服务提供者建立良好的关系；信息交换（Information Exchange），即企业通过与客户进行互动来互相交换信息，企业能更好地理解客户的需求，进而明确服务期望；干涉行为（Intervention Behaviors），即当不好的服务发生时，客户提供反馈意见及采取干预行为，与企业共同进行问题的诊断及解决。类似地，彭艳君（2008）[29]基于美发服务行业实证出客户参与的维度构成为事前准备、信息交流、合作行为、人际互动。虽然术语不同，但维度内涵与 Kellogg（1997）有高度的相似性。

通过上述分析，虽然学者对客户协同创新的维度划分有所侧重，但客户信息的收集分享及客户应履行的行为是一致认同的，因此，Fang（2008）[32]、姚山季（2011）[51]将客户参与创新分为信息资源提供及联合开发。前者是指客户将新产品需求、市场信息、开发信息等提供给企业来进行创新；后者是客户被作为企业"内部员工"，与企业有关人员共同开发新产品和服务。

（2）结合客户参与创新阶段和参与深度这两个维度对客户协同创新进行测量。Kanho（1998）[30]基于纵向和横向两个角度来构建维度模型，其中纵向维度是客户参与新产品开发的各阶段，如规格设计、概念开发、详细设计、原型设计及最终产品交付等，横向维度为客户参与创新的程度，包括"为谁设计""和谁设计"以及"由谁设计"。类似地，Bolmer（1999）[31]按照协同创新阶段和客户互动程度进行划分，将创新阶段进一步概括为早期阶段（概念产生、概念形成、产品规格形成以及产品成型）和晚期阶段（产品测试和产品启动），并通过接触频率、双向互动程度、共同解决问题程度以及参与程度对每个阶段的客户互动强度进行测量。Gruner 和 Homburg（2000）[119]与 Bolmer（1999）研究结论类似，只是将创新阶段细分为产品创意产生、概念提出、原型设计、工艺设计、样品测试及市场投放六个阶段。基于相同的思想，Fang（2008）[32]将其分为客户参与新产品开发的"广度"和"深度"。参与广度是指客户参与新产品开发的范围，包括客户参与新产品开发的一个阶段、多个阶段到所有阶段的互动；参与深度表示客户参与新产品开发的程度，包括有限参与、一般参与及深度参与等。

（3）从多维度视角来对客户参与创新的维度结构进行解构。典型的有：Alam（2002）[33]运用案例分析得出客户参与服务创新，包括"参与目标""参与阶段""参与强度""参与模式"四个方面。客户参与目标包括提供卓越和差异化的服务、降低研发周期、客户教育、快速渗透、提高公共关系及长期关系五个方面；参与阶段包括战略规划、创意产生、创意筛选、商业分析、跨职能团队形成、服务/流程/系统设计、人员培训、服务测试和预试、目标市场测试、商业化运行十个方面；参与强度包括消极的信息获取、特定问题的信息反馈、与客户的广泛沟通、客户加入创新团队四个方面；客户参与模式包括面对面访谈、用户访谈和会议、头脑风暴、用户观察和反馈、电话传真和邮件、焦点小组访谈六个方面。Alam（2002）的研究并没有给出具体的测量题项，基于 Alam（2002）的研究，Vander Horst（2008）[34]以金融服务开发为背景设计出测量量表，通过信度和效度分析得出客户参与创新包括参与目标、参与程度、参与方式三个维度。

综上所述，关于客户协同创新的维度构成，国外在此方面的研究相对较多，国内研究主要参照和借鉴国外研究的成果。国内研究的测量量表主要是在国外成熟量表的基础上进行修改和设计的，国外量表适不适合本土化情境值得考虑。另外，从研究内容来看，研究中对客户协同创新测量的不一致问题比较突出，大多借用了客户参与、客户互动、共同生产等概念的测量量表。随着创新环境和创新主体日趋多元化，使客户协同创新过程呈现出复杂性、动态性和系统性等特征，单一视角很难揭示出客户协同创新的本质，因此有必要从系统的视角对这一概念进行测量。

2.2.2 客户协同创新的影响因素

为了让客户积极参与到企业创新过程中来，一定的前提条件是必不可少的。现有学者关注于客户特征和客户类型、客户参与动机和激励两个视角，以研究影响客户协同创新的因素。具体而言：

（1）基于客户特征视角，主要关注领先用户的参与作用。领先用户方法，起源于 Von Hippel 的纲领性研究，并成为创新研究的重要分支。Alam（2002）[33]使用前沿客户、创新客户、随潮流客户等词语来描述领先客户。一些研究关注领先客户对新产品创新的影响，如 Gruner（2000）[119]、Lüthje（2004）[120]、Luteberget（2005）[121]、Van der Horst（2008）[34]、苏楠（2011）[122]的研究。他们认为，领先用户能够提出创造性的新产品思想，比普通客户更能增加新产品成功率，更有利于提高企业绩效和客户满意度，具体研究成果如表2.2所示。

表2.2 领先客户特征对企业创新的影响

相关研究	研究方法	研究背景	研究结论
Gruner（2000）[119]	案例及实证研究	德国机械制造业	在特定阶段的客户互动对新产品成功具有积极影响。同时用户特征（如领先用户）也对新产品成功具有积极的影响
Lüthje（2004）[120]	文献和实证研究	德国户外运动产品	领先用户在新产品开发中的角色，解释了用户特征和能力差异的不同作用。创新用户和非创新用户在获得创新收益及对产品体验方面存在差异
Luteberget（2005）[121]	文献和实证研究	挪威的服务业	相对于普通用户，领先用户具有更高的创新质量，领先用户也可像普通用户一样，对客户价值和市场绩效做出贡献。这两种客户相互补充，来提高客户价值和市场绩效
Van der Horst（2008）[34]	案例研究	荷兰的ICT（信息与通信技术）开发	创新用户和非创新用户在获得创新带来的好处以及对产品的体验方面存在差异。具有技术知识的用户会带来最具可行性的思想，而不具技术知识的用户则产生各种原始的创意
苏楠（2011）[122]	案例研究	中国制造业（神华集团）	提出用户主导创新模式，并分析了客户在其中起到的关键作用和该模式创新的识别

（2）基于客户参与创新的意愿、动机及激励等视角，现有学者主要基于网络平台的个人客户参与创新意愿和动机研究。如 Nambisan（2002）[45]、Wang

(2005)[123]、Jeppesen（2006）[124]、Nambisan（2007）[62]、Fuller（2010）[126]、王莉（2008）[127]、常静（2009）[128]、何建民（2011）[129]、杨波（2011）[130]的研究，参与动机主要为感知利益、支付报酬、提供未来服务预期、提供早期访问、产品设计决策、机会选择、享受、刺激及乐趣等。客户参与创新的动机及引导策略具体研究成果，如表2.3所示。

表2.3 客户参与创新的动机及引导策略

相关研究	研究背景	参与动机	引导策略
Nambisan（2002）[45]	虚拟环境开发	与产品或服务、社区以及中介系统有关的利益	及时提供给创新者新产品信息、给予特殊头衔奖励、创造具有驱动力的环境等
Wang（2005）[123]	开源软件社区	经济、社会、技术动机	向客户提供物质报酬、营造具有归属感、娱乐性的网络开发环境、提供技术学习和意见反馈平台等
Jeppesen（2006）[124]	理论研究	企业认可、自身参与兴趣以及首要客户特征动机	提供与客户能力相匹配的开发环境，提高参与兴趣、及时对客户的贡献进行评级，并通过多种方式公开奖励、尽量满足首要客户对新产品在特色或功能上的需求等
Nambisan（2007）[62]	虚拟客户整合	感知利益、支付报酬、提供未来服务预期和系统的早期访问	除了为客户研发提供物质激励外，邀请领先客户进行预测试等
Fuller（2010）[126]	虚拟客户整合	提供报酬、创新兴趣、提供帮助、产品改进意愿	提供报酬，提高客户的创新兴趣，鼓励客户参与产品改进并为客户研发提供帮助
王莉（2008）[127]	实证研究	工作相关性、感知有用性、感知易用性等动机	为客户配备专用参与工具、建立友好的用户界面、提供产品开发丰富的多媒体动态展示等
常静（2009）[128]	实证研究	实用价值动机、兴趣动机、胜任性动机、交往动机以及求知动机	提供客户物质和精神双重激励、让网站内容丰富多元化
何建民（2011）[129]	实证研究	感知有用性、易用性、企业能力、诚信和善意的内部动机和沉浸需要、自尊需要、社交需要和自我实现需要的外部动机	根据产品及其开发过程不同阶段的特点，与激励内部动机、外部动机产生的要求，来制定有关的策略
杨波（2011）[130]	实证研究	独特性需求、认知动机、利益动机、产品生产控制	满足领先客户的认知需求，加强与领先用户之间的知识共享，建立共同的信息平台

注：参考何建民（2011）[129]进行的改编。

2.2.3 客户协同创新对企业创新绩效的影响关系

关于客户协同创新对企业创新绩效的影响，学者主要有三种不同的观点：一是客户是企业创新过程中的生产资源和组织内部成员，客户协同能够为企业带来较好的经济价值、关系价值和研发价值，从而改善企业创新绩效；二是企业很难规范和要求客户的相关行为，客户协同可能导致不确定性增强、企业员工压力增加、投入成本及感知风险增加等，从而对企业创新绩效产生消极的影响；三是客户仅有有限的能力参与到企业的创新过程当中，客户协同创新对企业创新绩效的影响无显著相关关系。具体而言：

2.2.3.1 客户协同创新对企业创新绩效的积极影响

市场导向、关系营销及用户创新等领域的相关研究，都肯定了客户协同创新对企业创新绩效的积极作用。相关研究文献都表明，企业与客户的紧密合作[69][110]，有助于客户的信息交流和共享[116]，这种基于客户导向的新产品或服务开发，能提高企业创新的成功率，并带来优秀的创新成果[131]。具体体现为诸如销量、品牌知名度、产品上市速度提升等经济价值[35,36,37]，及诸如客户忠诚度、信任、对产品的积极评价等关系价值[39,40,41]，以及诸如产品质量、个性化定制产品、匹配客户价值等研发价值[10,25]。

（1）经济价值。早期关于客户协同创新的研究，强调企业将生产任务的一部分转移给客户，能够提升服务生产效率。Lovelock 和 Young（1979）[35]通过对美国零售业及快递服务业进行案例分析，发现客户参与服务的生产与传递过程，能够提高服务生产的效率。Lengnick-Hall（1996）[133]研究了客户对服务生产过程的贡献，并将客户角色分为资源提供者、共同生产者、服务消费者等，认为企业通过整合客户的这些角色能够产生竞争优势。

此外，也有学者指出，通过客户参与，会为企业带来其他经济价值，如客户价格敏感度降低、客户感知控制提升，甚至在服务补救方面也发挥着重要作用。Hsieh 和 Chang（2004）[134]以快餐和理发行业为研究背景，分析了客户参与对服务价格敏感度的影响关系，并比较了此关系在两个行业间的差异。研究结果表明，客户参与的交换信息和建立关系维度有助于降低客户的价格敏感度，而客户参与的事前准备、干预行为维度对客户的价格敏感度没有直接的影响；同时，理发行业背景下客户参与对价格敏感度的影响比快餐业的影响要大。Dabholkar

(1990)[135]认为,通过客户参与,客户将获得更多关于服务的信息,进而感知其能完全控制整个服务的生产和消费过程,这将有助于提升客户的感知控制水平。

在服务补救效果方面,学者认为,客户参与服务生产过程中,会将服务失败归因于自身,进而降低对服务商的不满,也会提供准确信息,帮助企业设计合适的服务补救措施,进而降低服务补救成本。Bendapudi和Leone(2003)[136]通过情景实验模拟了客户参与的心理反应和归因,结果表明,客户在参与过程中会有自我归因倾向,不论服务结果良好或不佳,都会将其结果归因于自己而非商家,对商家的表现没有未参与的反应强烈。

(2)关系价值。企业—客户交互为共同创造产品流程提供了双向交流的机会,为企业带来较好的关系价值。Bloemer和Ruyter's(1999)[39]对924个客户进行实证研究,发现在高参与度的服务情境下,客户愿意花费足够多的时间参与企业创新过程中,这种体验会导致较高的客户满意度。Youngdahl和Kellogg(2003)[40]具体分析了客户参与的三种形式(事前准备、关系建立及信息交流)对客户满意度的积极影响。国内学者彭艳君(2008)[29]、汪涛(2008)[41]也有相同的结论,同时,汪涛(2008)还发现,这种影响关系受客户自律倾向及参与方式的调节作用。王晶(2008)[137]研究了个人计算机用户定制过程中客户参与对客户满意度的影响,并构建了基于客户参与的定制满意度模型,结果表明,要最大化地提高客户满意度,企业应该鼓励客户更多、更早地参与产品的创新过程。

此外,客户协同创新也与客户忠诚度、信任和产品的积极评价有关。如Grissemann(2012)[138]以高接触服务的旅游行业为研究背景,通过185个旅游客户数据,实证得出企业与客户的共创程度,能积极地影响客户对服务企业的满意度、客户忠诚和服务消费。Casaló(2007)[139]的研究发现,客户参与可以培养客户的信任感和忠诚度。Chen(2008)[140]以航空服务业为背景,具体分析客户参与对不同维度客户忠诚之间的关系,研究发现,客户参与可以提高客户的态度忠诚度和行为忠诚度。

(3)研发价值。客户协同创新还有利于企业的研发活动,能够帮助企业提高其产品的技术质量,个性化定制产品以支持卓越的客户价值。Grönroos(2008)[68]认为,企业与客户在创新过程中的交互和互动行为,有助于更好地实现企业价值创造与客户价值创造过程的匹配。Prahalad和Ramaswamy(2005)[95]认为,客户竞争力是其所掌握的知识、技能、学习意愿及积极对话的函数,客户参与的最根本贡献在于促进新服务成功。Horst(2008)[34]认为,企业创新大部分是由客户需求所推动,而创新思想和概念通常源自客户,客户参与能够促进创新成功甚至支配下一次的新产品或服务创新。

Taiwen Feng(2012)[131]以中国制造企业为背景,通过对176家企业数据分析得出客户导向下的三维度:客户主导(Customer Focus)、客户嵌入(Customer Involvement)和客户沟通(Customer Communication),能够缩短新产品的上市时间。而IT支持作为调节变量,影响客户嵌入和客户沟通对新产品上市时间的影响。

Grissemann(2013)[132]进一步将创新概念分为产品创新性(Innovativeness)和创新行为(Innovation Behavior)两个维度,创新绩效分为财务绩效、客户保持和口碑效益。通过对澳大利亚203位酒店经理的问卷调查,研究发现,客户导向对产品创新性的影响要高于创新行为(财务和非财务绩效)的影响。创新行为部分中介绍了客户导向与企业绩效的关系。

Ngo(2012)[114]发现,服务企业创新能力(技术和非技术能力)通过客户参与影响企业的服务质量进而影响企业绩效。以广东省电子信息行业为背景,马文聪(2013)[141]分析了客户参与技术创新对企业创新绩效的影响关系,研究发现客户参与技术创新对创新绩效有显著的正向影响。

2.2.3.2 客户协同创新对企业创新绩效的消极影响

也有一些学者质疑客户协同创新的有效性,主要体现为实施难度、所需的成本及面临的风险。例如,Ives和Olson(1984)[44]对客户参与管理信息系统设计及研发的项目进行元分析,发现客户协同创新未给企业带来显著的收益,反而由于未处理好双方关系而给创新过程带来风险。虽然与客户合作往往被企业所信奉,但Kimmy(2010)指出,与客户合作时,客户对核心信息的掌握将会提升,若客户将此信息提供给竞争对手,将会加剧行业竞争[43]。此外,与客户合作还会降低企业对客户的议价能力[44],而客户突然中止合作也将严重影响新产品开发成效[45]。

虽然,很多企业邀请客户参与服务过程,目的是降低服务生产的复杂性和结果不确定性。但事实恰好相反,这种参与会加剧服务创新的复杂性和不确定性。Bowen和Ford(2002)[142]深入探讨了客户参与创新对服务绩效及员工压力的负向影响,研究指出:首先,客户仅有有限的能力参与服务创新过程,对其扮演的角色和承担的责任并不明晰,为此,企业需要花费大量的时间、精力和经费培训客户,使客户能够胜任相应的工作。这种由客户参与而节约的创新成本,很可能被额外的培训费用所抵消,甚至导致企业的整体成本增加,从而对服务绩效产生负面影响。其次,客户参与创新,也会给企业员工带来更大的工作压力,这种压力感会随着客户参与创新程度的提高而增加。

在客户协同创新面临的风险方面,Prahalad(2005)[95]、Enkel(2005)[143]、杨育(2010)[144]进行了深入分析。Prahalad(2004)[95]认为,如果客户成为价值的共同创造者,那么他们会要求企业提供更多关于产品和服务的潜在信息,不利于企业风险的管控。Enkel(2005)[143]对客户协同创新涉及的创新风险及其管理战略,进行了详细的阐述。杨育(2010)[144]针对客户协同创新环境中,设计活动复杂、交叉风险难以控制的问题,从环境、人因、技术、组织等角度,提出了面向客户协同创新实现的风险管理模型。

2.2.3.3 客户协同创新对企业创新无显著相关关系

还有些学者认为,客户协同创新对企业创新绩效没有影响关系。这些学者认为,客户通常只具备有限的能力来为创新过程提供信息和知识投入,将客户纳入企业创新过程并不是必需的[46]。基于客户和企业员工双向角度,Chan(2010)[145]具体分析了不同文化背景下,客户参与在价值创造中发挥的作用。该研究将文化背景分为集体主义和个人主义文化、高权力距离和低权力距离文化,将价值创造分为关系价值和经济价值,分析指出:在不同的文化背景下,客户参与对价值创造有不同的影响,即集体主义和高权利距离文化,正向调节着客户参与对关系价值影响,但反向调节着客户参与对经济价值的影响;在个人主义和低权利距离文化中,这种作用恰好相反,客户参与会带来较高的经济价值,却会给员工造成压力,从而破坏了双方的关系价值。

综上所述,学者在客户协同创新对企业创新绩效的关系研究中,虽然取得了一定的研究进展,而研究结果却有积极、消极及无影响等多种结论。这种差异性的出现,一方面说明该领域的研究尚未完全成熟,另一方面说明需要进一步探究上述研究结论产生不一致的原因。通过深入分析客户协同创新影响企业创新绩效的作用机理,识别客户协同创新过程中的协同要素、转化为企业创新绩效的关键中介变量及调节变量,打开客户协同创新与企业绩效之间关系的影响机理"黑箱",进而更好地发挥客户协同创新的关键作用。

基于此,有学者指出,客户协同创新与企业创新绩效间的关系并不是简单直接相关,而是通过各种中介变量影响着两者的关系机理[146]。学者试图打开客户协同创新与企业绩效之间关系的影响机理"黑箱"，主要从知识管理、关系管理、信息处理等视角分析其中介机理。

（1）知识管理视角，这类研究主要以案例及理论研究居多。Matthing（2004）[147]系统考察了在新服务开发中向客户学习的新方法，并将客户角色界定为"贡献知识、技术及经验，满足其分享挫折、要求、问题和期望的意愿"。Strambach（1997）[101]针对客户协同创新过程提出了三阶段知识处理模型：知识获取，强调在协同及互动过程中，获取客户的显性和隐性知识；知识整合，强调将获取的客户知识和企业现有知识进行整合，产生新知识的过程；知识扩散，强调企业将新知识应用到新产品或服务开发的过程中。

还有些学者采用实证分析方法，研究企业与客户互动、客户参与如何通过知识管理的某一方面（如知识共享、知识获取、知识吸收、知识整合、知识转移等）对企业创新绩效产生影响。Fang（2008）[32]从知识共享角度，探讨了客户参与创新对服务创新的影响，认为客户信息提供和共同开发通过影响知识共享，从而对服务创新绩效产生影响。王琳（2011）[48]从知识整合角度，探讨 KIBS 企业—客户互动对服务创新绩效的作用机制，结果表明，共同组织、共同决策、信息分享和任务协作通过影响内部知识整合和外部知识整合，继而影响服务创新绩效。郭锐和汪涛（2007）[148]从知识共享角度，探讨客户参与对新产品开发绩效的影响机理，构建了"客户参与—关系涉入—知识分享—新产品开发绩效"的概念模型，并指出客户知识异质性在"知识分享—新产品开发绩效"关系中发挥的正向调节作用。Pilar Fidel（2015）[149]基于知识管理过程视角，通过对 210 个德国中小型企业样本进行实证检验，结果表明，客户合作创新通过影响客户知识管理过程，进而对企业市场绩效产生了促进作用。

（2）关系视角，强调客户参与创新通过关系嵌入、关系管理等途径影响创新绩效。基于关系嵌入视角，姚山季（2010）[51]具体分析了关系嵌入中的共享活动、共同解决问题、联系强度、相互依赖性如何作用于客户参与创新，来提升创新项目的时间绩效和产品绩效。Ming-Ji（2013）[52]基于组织间关系视角，分析了客户参与如何通过组织间关系影响新产品开发绩效，结果表明，客户信息资源提供和合作开发，会影响组织间关系，进而会正向影响新产品开发的效率和效果，但会反向影响产品创新性。

（3）信息处理视角，强调客户协同创新对企业创新产生作用的根本原因在于客户提供了信息，降低了创新的信息不确定性。Alam 和 Perry（2002）[33]分析了在新服务开发各个阶段如何获得客户资源投入,结果表明,客户几乎全程参与新服务开发过程,以为企业提供信息,参与强度最大的阶段为概念产生与筛选、市场测试与商业化阶段。Bonner(2010)[54]分析了客户信息质量在客户共同生产对新产品开发绩效之间关系的中介作用,发现双向互动、信息共享、客户参与等通过客户信息质量,对新产品开发绩效产生正向的促进作用。

(4)其他视角,Racela(2014)[150]构建了客户导向、创新能力和企业绩效的概念模型。理论分析表明,客户导向通过影响创造力(Creativity Capability)和创新力(Innovation Capability),从而对企业绩效产生正向的促进作用,但笔者并没有给出相应的实证检验。基于行为—价值—结果框架,Ching – Fu Chen(2016)[151]提出了一个概念框架,即客户参与通过影响客户的感知价值(娱乐价值、经济价值和关系价值),以对客户满意度和忠诚度产生积极的影响。进一步地,Mingli Zhang(2016)[152]基于客户创造视角,通过对中国新浪的260个用户进行调查,实证分析得出客户参与的三维度(持续参与、娱乐体验、社会交互),通过影响客户价值创造的三维度(功能价值、享乐价值和社会价值),对网站聚集性(Stickiness)和网站口碑(Word of Mouth)产生积极的影响。

由于企业创新活动的类型和风格是高度情境化的,客户协同创新现象不是凭空出现的,而是嵌入在具体的服务活动中。为此,有学者试图研究客户协同创新活动会受到什么情境因素的影响。现有研究主要从产品、关系等视角分析两者关系间的调节作用。

(1)基于产品视角,探究服务产品的标准化程度、产品新颖性、项目模糊性和不确定性情境下客户参与创新对创新绩效的影响。Bonner(1999)检验了产品新颖性在客户参与新产品开发与项目绩效间的调节作用。该研究将产品新颖性分为对企业的新颖性和对客户的新颖性,将项目绩效分为产品绩效、符合日程表、市场绩效及开发团队满意度,结果发现,当产品对企业的新颖性较高时,早期互动强度对产品绩效、符合日程表的正向影响更强;当产品对客户的新颖性较高时,晚期互动强度对产品绩效、符合日程表之间的影响更强。进一步地,Bonner(2009)[54]验证了产品新颖性和产品嵌入性在客户参与对新产品开发绩效之间关系的调节效应,结果表明,客户参与通过影响客户信息质量,而间接影响新产品开发绩效,产品新颖性和产品嵌入性在客户参与对客户信息质量之间关系中发挥着调节作用。与此类似,Cragin(2003)[56]的研究表明,产品新颖性和关联性越高,客户参与对客户接受新产品程度的正向关系越强。Fang(2008)[32]研究了创新活动过程中的相互依赖性与过程复杂性的调节作用，分析结果表明，当创新过程的相互依赖性较高时，联合开发对新产品创新程度的正向影响会增强，但联合开发对新产品上市速度的正向影响会减弱；过程复杂性的调节作用未被证实。王琳（2011）[116]基于服务创新项目层面，具体分析了在不同的过程互依性和项目不确定性情境下，KIBS 企业—客户互动对知识整合的影响机理，结果表明，过程互依性正向调节着企业—客户互动的共同组织、共同决策及任务协作维度对内部知识整合的影响，项目不确定性正向调节着共同组织、资源共享对外部知识整合的影响。

（2）基于关系视角，探究关系营销、关系质量、关系历史、关系网络等，对客户参与创新和创新绩效关系的调节作用。Lagrosen（2005）[55]基于案例研究，分析了关系营销活动对客户参与新产品开发绩效的调节性影响，研究结果表明，高水平的营销活动，能够使客户对产品提供商有更高水平的信任度，客户对企业的产品忠诚度更高，则客户流失率较小。Cragin（2003）[56]基于关系质量视角，探究客户参与新产品开发对客户接受新产品程度的影响，结果表明，当关系质量较低时，客户参与新产品开发与客户接受新产品程度之间存在正向关系；当关系质量提高时，两者之间的关系会变为负向。Athaide（2003）[57]探讨了关系历史在联合开发新产品与满意度关系间的调节作用。其中，关系历史类似于关系质量，反映双方合作关系的紧密程度；联合开发新产品类似于客户参与新产品开发。Fang（2008）[32]基于关系网络视角，分析客户参与创新对新产品开发绩效的影响，结果表明，客户关系网络越紧密，信息提供对新产品创新程度的影响会减弱，但信息提供对产品上市速度的影响会增强。

（3）其他视角，如外部环境、创新导向、知识吸收能力发挥的调节作用。Cheung（2011）[154]以中国银行业为研究背景，分析了共同生产程度在客户交互与感知服务绩效间的调节作用，结果表明，共同生产程度调节了客户交互与服务有形性、可靠性、反应性、同理心和服务保证的影响。Nima Heirati（2016）[155]分析了外部环境在客户合作对服务创新绩效关系中发挥的调节作用，结果表明，竞争强度（Competitive Intensity）会正向调节客户参与对服务创新绩效的影响，环境动荡性（Environmental Turbulence）会反向调节客户参与对服务创新绩效的影响。李清政（2014）[112]考虑了创新导向在客户共同生产对服务创新绩效关系的调节作用，结果表明，创新导向正向调节客户共同生产对客户知识转移的影响，同样也正向调节着客户知识转移对服务创新绩效的影响。戴智华（2014）[156]分析了企业吸收能力在客户参与对技术创新绩效关系中的调节作用,通过对 475 家国内企业进行调查,研究发现,企业吸收能力在新产品开发的各阶段具有相继交替的调节效应,客户参与逐步形成了信息提供和共同开发两种模式;吸收能力在人际互动对企业技术创新绩效的关系中不存在调节作用。

综合上述分析,客户协同创新对企业创新绩效的研究成为学者广泛关注的课题。现有关于客户协同创新对企业创新绩效的研究结论存在比较突出的不一致问题。这表明,客户协同创新可能通过中介变量最终影响企业创新绩效,所以需要寻找两者之间的关系传导机制。此外,在不同情景和环境因素的影响下,两者的关系机制也会发生变化,为此不能简单地分析两者的相关关系,未来研究应该深入具体情境,更多地探讨客户协同创新与创新绩效的中介作用和调节作用。

2.2.4 客户协同创新的实施流程及技术

有一些学者从实施流程框架、技术工具及技术平台等方面探讨提升客户协同创新的方法和途径。具体而言:

2.2.4.1 客户协同创新的实施流程框架

关于客户协同创新的实施流程框架,Etgar(2008)[66]将创新过程分解,提出了五个阶段的共同生产(Co – Production)模型,将创新过程中的消费、配送和物流、装配过程排除在框架外。Payne(2008)[67]提出了价值共创框架,强调客户价值创造流程、企业价值创造流程和交互流程。Ojanen 和 Hallikas(2009)[65]通过分析知识密集型企业中的技术咨询行业,提出了客户协同创新模型来指导企业的创新流程。而 Greer(2012)[12]在综合已有模型和研究的基础上,提出了整合的概念框架,包括驱动和限制因素、可行性分析、实施、未来发展等方面,具体实施框架如表 2.4 所示。

表 2.4 客户协同创新的实施流程框架

学者	研究框架
Etgar(2008)[66]	①第一阶段:前置条件、宏观环境(文化环境、技术变化等);消费者相关、产品相关及情境因素 ②第二阶段:主导逻辑和激励,客户个性化层面,心理激励(内在和外在价值)社会收益 ③第三阶段:成本—收益分析 ④第四阶段:激活阶段、设计阶段、启动阶段 ⑤第五阶段:评价阶段

续表

学者	研究框架
Payne（2008）[67]	①客户价值创造流程：关系体验、客户学习 ②交互流程：交互类型、交互设计 ③供应商价值创造流程：共创机会；技术革新、产业主导、客户偏好变更；计划、实施和测量，组织学习
Ojanen 和 Hallikas（2009）[65]	①驱动和限制因素：组织、战略/结构、沟通相关、个人层面、技术相关及外部因素 ②关系发展阶段：首要阶段：可行性分析；第二阶段：实施分析；第三阶段：未来发展 ③测量和反馈 ④目标 ⑤挑战 ⑥必需的运营 ⑦必需的知识
Greer（2012）[12]	①驱动和限制因素：客户个性化的需求，技术相关的因素（技术变化、产品模块化），个人、消费者或个人层面（知识的广度和深度、合作激励），战略结构：战略、网络，组织（合作文化、时间可用性、信任、同理心） ②可行性分析：成本和收益比较、客户整合流程 ③实施：合作潜力指标、学习和知识转移（领先用户、参与设计） ④未来发展：共同学习、流程重组

2.2.4.2 客户协同创新的技术工具和平台

关于客户协同创新的技术研究主要是通过向特定的目标客户群体开发并提供一系列技术工具，帮助客户自行设计和开发新产品的功能。Jeppesen（2003）[124]专门针对视频游戏设计了一套工具箱，方便创新用户能够完成特定产品和服务类型的需求开发任务。Griffith 开发出面向全球风筝冲浪运动用户的网站，网站用户能够利用这个协同创新平台设计风筝款式，共享风筝设计和制造的相关知识和工具[22]。单初（2003）[71]则专门对基于工具箱的用户创新模式进行了研究。

虚拟客户社区的研究主要集中在系统设计、客户社区与组织网络的融合（Romero，2011）[14]。例如，Nambisan（2002）[45]建议虚拟客户环境的设计应当考虑交互模式、知识创新、客户积累和虚拟客户社区与新产品研发团队的整合。Romero（2011）[14]认为，虚拟客户社区需要与企业组织网络进行融合来更好地发挥协同创新的作用。杨育（2008）[72]构建了由基础理论与支撑技术、工作原理、工作模型与创新平台的客户协同创新系统框架。基于 Java 多线程同步和加锁机制的"归并请求"算法,张磊(2010)[157]构建了基于网络拓扑结构的客户协同产品创新平台,用于处理协同创新主体的归并请求。

2.3 客户知识转移的相关研究综述

2.3.1 客户知识定义及分类

对客户知识(Customer Knowledge)进行界定,首先需要了解它与客户数据、客户信息的区别。客户数据是指企业数据库和员工头脑当中,对客户事实进行记载的符号或组合;当客户数据在一定情境中赋予有意义的内涵后,就成为客户信息;当客户信息被专门的组织进行整理和分析,形成以文档或交互的形式在组织内部或外部共享后,就转变为客户知识[158]。Gebert(2002)[158]认为,客户知识是企业与客户互动过程中,产生或需要的经验、价值、情境信息和专家洞察力的组合。郭清(2004)[159]从组织的角度给出了客户知识定义,认为客户知识就是客户对组织有价值的知识。欧伟(2008)[160]从客户知识形态、价值等方面,对客户知识的特征进行分析,他认为:①客户知识是对企业组织有价值的知识;②具有动态性;③边际成本递减,但边际收益不减;④含有推断成分;⑤可转化为知识资本。

参考以上定义,本书基于客户协同创新视角,将客户知识定义为在客户协同企业创新过程中,被传递、吸收、内化的客户信息和经验集合。为了更好地辨析客户知识,需要深入分析客户知识的类型。目前学者对客户知识还没有形成统一、认可的分类方法,典型的分类如下:

根据客户对知识的掌握程度,Alba 和 Hutchinson(1987)[161]将客户知识分为熟悉(Familiarity)和专长(Expertise)两部分。其中,熟悉是指客户对产品积累的经验,这将影响客户对服务质量的期望;专长是指客户操作产品,完成任务的能力。

根据知识的特性,Polanyi(1966)[162]将客户知识分为显性客户知识(Explicit Customer Knowledge)和隐性客户知识(Tacit Customer Knowledge)。其

中，显性客户知识容易被获取、体系化，可通过报纸杂志、网络媒体、数据库等方法加以传播，方便他人学习；隐性客户知识则存在于头脑中的经验、感悟、技巧等，难以通过物质载体进行展示和传播，主要采用人际互动方式来进行分享。

根据知识的流向，Garcia–Murillo 和 Annabi（2002）[163]将客户知识分为：客户拥有的相关产品或服务的知识；公司拥有的帮助客户完成购买决策的知识。对此，Gebert（2003）[158]进行进一步细分，基于客户关系管理角度，将客户知识分为客户需要的知识、关于客户的知识、来自客户的知识。Smith 和 Mckeen（2005）[164]在 Gebert（2003）划分的基础上，基于客户知识管理角度，将其扩充为四类：客户需要的知识（Knowledge for Customers）、关于客户的知识（Knowledge about Customers）、来自客户的知识（Knowledge from Customers）及共同创造的知识（Co–creating Knowledge）。其中，客户需要的知识是指企业与客户互动过程中需要满足客户需求的知识（如企业知识等），目的是方便客户做出购买决策；关于客户的知识是指客户的基本情况，如基本统计信息、购买记录或偏好等，是企业进行客户分析的重要基础；来自客户的知识是指客户对于企业及其竞争对手的产品和服务的反馈信息，企业通过与客户积极交流，可以获取此类知识，以革新产品、改善服务、调整营销策略，达到及时响应客户需求的目的；共同创造的知识是指企业和客户共同参与产品和服务开发时，创造的知识，此类知识对于企业新产品或服务的开发至关重要。这四类知识在双方间的互动作用[160]，如图 2.1 所示。

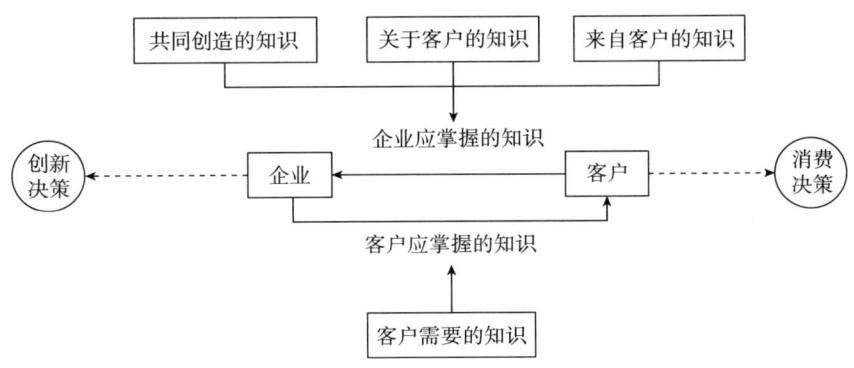

图 2.1　企业—客户间的知识交互过程

从上述分析可知，学者从不同角度对客户知识进行划分，有利于我们更深入地理解客户知识的形式和内涵。对企业而言，关于客户的知识、来自客户的知识和共同创造的知识是服务创新的重点。基于此，企业需要积极主动地与客户进行沟通互动，收集客户对产品或服务的需求信息，经知识发现后获取来自客户的知识。同时，企业需要建立数据库以记录客户特征、消费历史、投诉、建议等，经数据挖掘后获取关于客户的知识。此外，企业还需要与客户密切合作，来共创新知识。

2.3.2 客户知识转移定义及过程

2.3.2.1 客户知识转移的定义

知识转移概念首次由 Teece（1977）[165]提出，之后得到不断发展，学者从知识交换、知识利用、转移动力等视角对其进行定义。

基于交换视角，学者认为，知识转移是在组织内或组织之间，有计划地进行信息和技能交换的过程（Kogut and Zander，1992）[166]。基于知识利用视角，知识转移被定义为知识接收方对知识的吸收与内化，能够利用新技术对知识进行创造。Davenport 和 Prusak（1998）[167]认为，知识转移包含两层含义：一是将知识传递给潜在的接收者；二是个人或组织对接收到的知识进行消化和吸收。类似地，Szulanski（1996）[168]认为，知识转移是一个动态的过程，属于组织学习的一部分，必须经过知识的采用、接收直至知识同化后，才算真正地实现。卢俊义（2011）[8]认为，知识转移不仅是知识本身从知识源到知识受体之间的流动过程，更是知识吸收和再利用的过程。基于转移动力视角，学者认为，知识转移来源于知识内部产生的"知识落差"，是势能高的主体向势能低的主体进行转移的过程（左美云，2006）[169]。

虽然不同学者对知识转移的定义不同，但多数学者的共识体现在：知识转移包括知识在发送者和接收者之间的传输，以及接收方对知识的吸收和利用（Davenport and Prusak，1999；Szulanski，1996；O'Dell and Grayson，1998）[167][168][170][171]。综合上述定义，在服务创新情境下，本书将客户知识转移定义为企业从客户方获取所需要的知识，并对获取的知识进行抽象、编码、吸收等，从而与企业内部知识有效融合，应用于服务创新活动的过程。

2.3.2.2 知识转移过程

知识转移过程最早以信息传递理论为基础，Shannon 和 Weaver（1948）[173]提出了信息传递模型，描述了信息从信源出发由信道传递到信宿的全过程。其间，发送方要将信息通过采样、压缩、编码、加密等方式转为可传输的信号形式，而接收方对接收的信息进行解密、重购等来获取信息。Shannon 和 Weaver（1948）[173]提出的信息传递模型为研究客户知识转移机理和过程提供了开端，但其简单的线性模型制约了其进一步发展。

为此，Szulanski 将其进行修正，将知识转移机理的认识从原来的"单向动作"转变为"阶段过程"。Szulanski（1996）[168]认为，知识转移不是一个静态的过程，必须通过不断地动态学习和调整才能达到理想效果。Szulanski 将知识转移划分为四个阶段，初始阶段（Initiation）——产生知识转移的需求，知识发送方寻找接收方需要的知识；实施阶段（Implementation）——转移双方选择适宜的知识转移渠道，发送方对知识进行调整以满足接收方的需求；调整阶段（Ramp-up）——接收方根据新的使用环境对知识进行调整；整合阶段（Integration）——接收方对转移得到的知识进行内化，使其成为自有知识的一部分。

Nonaka 和 Takeuchi[90]引入知识种类及知识转移层次，提出了组织层次的 SECI 知识螺旋模型，即知识通过社会化（Socialization）、外部化（Externalization）、组合化（Combination）和内部化（Internalization）四个过程在企业内部螺旋状发展。其中，社会化是指将个人的隐性知识转化为组织内其他成员隐性知识的过程；外部化是将个人的隐性知识发展成为个人显性知识的过程；组合化是将个人的显性知识发展成为组织显性知识的过程；内部化是将组织的显性知识被组织成员吸收、消化转化为个人隐性知识的过程。

后续的相关研究与上述研究有紧密的联系，是对前面经典理论的进一步深化和情境化。例如，汪应洛（2002）[174]对知识转移的途径进行了研究，将其分为语言协调机制和联结学习方式。徐金发（2003）[175]在 Szulanski（1996）提出的知识转移阶段模型的基础上，增加了知识转移的情境变量。Nonaka 和 Toyama（2015）[176]进一步地将知识转移作为协同流程来进行管理和分析。

2.3.3 知识特性对客户知识转移的影响

知识特性是影响知识转移的重要因素之一[18]。Polanyi（1966）最早提出知识的隐性特质[162]，认为隐性知识是限定在某一特殊情境下，并根植于人的行动和相互关系中，难以实现跨情境交流。随后学者拓展了他的观点，并在此基础上进行了归纳总结[90][100]，使人们对显性知识、隐性知识的认识不断深入，有关对比分析如表 2.5 所示。

表 2.5 显性知识与隐性知识的比较[90][100]

	显性知识	隐性知识
定义	能够用文字、数字、符号等书面和系统化的语言清楚表达的知识	高度个体化的，难以用文字、语言及图像等形式描述和交流的知识
示例	蓝图、设计、公司、数据、计划书、说明书、工作手册、数据库、计算机程序等	个人的经验、技能、主观看法、情感、意图信念、个人技巧、组织文化和心智模式等
特性	相对较客观、独立和结构化；可被抽象与储存；易表达、可编码、易于处理、传递、储存和共享；可通过正式的和系统的方式实现转移，如官方声明、规则、程序等	较主观，与情境和知识所有者的经验密切相关；难以正式化和文档化，也不利于与别人沟通和交流；根植于行为和经验中，高度个人化，无携带者参与很难被交流、理解和共享，需要通过对人行为的观察才能获得
管理模式与工作过程	组织规定好任务、可控制的环境、编码化管理、注重信息技术的使用；在工作中反复学习和大量知识指导下的自我学习，已达到组织设定的工作目标	人本管理，鼓励人员交流、合作和人力资本培养；自发的、发散的、多变不可控制的环境；在经验丰富的员工或管理人员指导下学习，强调公开性和信任以达到知识的共享
思维模式	逻辑的、基于事实的、趋同性的思维，主要使用已证明的方法	创造性的、柔性的、发散性思维，主要采用未经验证的方法
获取方式	与客户交流中获得，编码、存储，需要使用时通过电子邮件、网上讨论、论坛等方式来获取	选择个性化信息工具，促进企业员工和客户的联系，获取方式有相互讨论、网上交流、面对面接触、电视会议、谈话等
组织关系	等级制，自上而下，从管理者到下属或团队领导到成员	松散开放，公开、友好、不强调严格的等级，自发地分享知识

继 Polanyi（1966）提出的知识内隐性研究后，许多学者对知识特性做了大量的探索，如 Winter（1987）[177]在讨论信息和技巧的区别时提出，将知识转移的难易程度从四个不同维度进行分析，即知识可表达性（隐性—可表达）、可观测性（可观测—难以观测）、复杂程度（复杂—简单）以及知识的系统依赖性（系统—独立）；Kogut 和 Zander（1992）[166]具体分析了影响知识转移的知识特性变

量，分别为知识可编码程度（Codifiability）、可教授程度（Teachability）、知识转移时的技术年龄（Age of the Technology at the Time of Transferred）、被转移的次数（Number of Times Transfer）。综合研究文献，知识特性的描述为知识内隐性、知识复杂性、知识嵌入性、知识系统性、知识专用性、经验性、知识可表达性等特性[168]。

除此之外，学者还具体分析了知识特性对知识转移的影响作用。例如，Zander和Kogut（1995）[170]认为，知识转移受到知识可成文性、可传授性、复杂性和系统依赖性等特性的影响。Alavi和Leidner（2001）[178]总结了前人的研究成果，认为知识的隐匿性、可传授性、复杂性和系统性对知识转移起到重要的作用。左美云（2004）[169]认为，知识的数量、质量和结构决定知识转移所具备的"知识势能"，并通过知识势能影响知识转移的效果。肖小勇和文亚青（2005）[179]发现，知识的模糊性、专用性和复杂性会通过知识应用影响到知识转移的难易程度，而知识的有用性则通过知识转移的动机影响知识转移效率。此外，还有学者研究发现，知识可表达性和知识嵌入性（Cummings and Teng，2003）[180]也会影响到知识转移的效率。

2.4 现有研究评述与启示

随着客户协同创新理论研究及相关实践活动的开展，客户协同创新已引起学术界和实业界的高度重视，并逐渐成为开放创新领域的重要研究分支。现有研究为认识和理解客户协同创新与企业创新绩效的影响关系提供了一些启示。研究学者从不同理论视角理解客户协同创新活动。学者从不同角度对客户协同创新的概念进行辨析，并对其内在的维度构成进行了探索，同时对客户协同创新与企业创新绩效的影响关系展开了大量研究，对其中的作用机理研究也不断深入。

通过对客户协同创新相关研究主题的梳理不难看出，相关研究还处于初级阶段，缺乏统一的内在逻辑体系。目前还有需要进一步深入研究的问题，这些问题若不能很好地加以解决，可能会限制企业开展创新的思路和意识，制约客户协同创新对企业创新绩效作用的发挥，阻碍客户协同创新相关研究的开展。目前存在的问题有：

第一，关于客户协同创新的概念内涵还没有达成共识，对客户协同创新的维度构成也存在不一致现象，一定程度上阻碍了客户协同创新相关主题的研究。现有研究大多认识到客户协同创新的重要性和必要性，但学术界对客户协同创新的概念尚未达成共识。学者主要基于共同生产、客户互动、客户参与、价值共创、客户协同等角度，对客户协同创新的概念进行了界定。现有研究在客户协同创新的具体维度构成、各维度的准确界定、维度包含的基本要素等问题上未能形成共识。定义界定和维度辨识的问题影响了客户协同创新的概念建构，导致缺乏"具体的、系统的、可供实证检验的客户协同创新测量指标体系"。有些研究使用相同的概念，但对概念的定义和测量有不同的操作，最终导致学者之间难以对话，研究结论缺乏可比性，也阻碍了客户协同创新理论的发展。因此，对客户协同创新进行更清楚、更确切的定义，从系统视角建构客户协同创新的维度是客户协同创新领域的重要努力方向。

第二，现有研究只是孤立地探讨了客户协同创新的某个因素（如参与、交互等）对服务创新绩效的影响，研究成果较分散和局部化，缺乏对系统整体结构和功能的考察，难以完整地刻画出客户协同创新系统活动的逻辑体系，也难以全面回答"客户协同创新具体包括哪些要素？这些要素间是如何相互作用的？这些要素对服务创新绩效的影响关系如何？"已有研究主要沿袭传统产品技术创新中"客户参与"的分析范式，低估或忽视了服务创新过程中创新主体间的复杂协同关系、知识和信息流转差异性及协同环境多样性等特性。总之，以"客户协同创新"为对象的研究还处于起步阶段。

第三，缺乏从知识转移视角深入研究客户协同创新对服务创新绩效的影响机理。已有研究大多关注于客户协同创新对服务创新绩效的直接影响及客户知识管理对服务创新绩效的影响；部分学者试图打开客户协同创新与服务创新绩效之间的影响机理"黑箱"，通过理论分析得出客户知识转移对客户参与创新与服务创新关系的中介作用。现有研究主要基于企业层面，构建了"客户参与—知识转移—创新绩效"的理论框架，缺乏从项目层面，更为深入、全面地探讨客户协同创新各维度如何通过客户知识转移的不同过程，进而影响不同创新绩效的关键路径。

第四，缺乏针对知识特性调节作用的研究。已有研究主要关注客户知识转移的前因变量，如客户主体特性（如客户参与意愿、客户知识发送能力等）、知识接收企业特性（如企业知识接收意愿、企业知识吸收能力等）、知识特性（如显隐性知识、复杂知识、系统知识)、转移渠道(如人际化方式、网络沟通方式)等[75]。还有些研究关注合作管理和方式,如知识联盟(Teece,1992)[76]、企业关系网络(Sven,2003)[77]、合作结构(Rachelle,2004)[78]。现有研究缺乏针对服务创新所需知识特性调节作用的研究。事实上,由于企业与客户之间存在组织、文化、认知、利益机制、管理模式等方面的差异,知识特性会明显地对协同创新过程中的客户、员工行为和决策产生影响,进而影响客户知识转移的效果。已有研究忽视了服务创新所需知识特性与客户协同创新活动的匹配关系,从而无法把握在特定的知识情境下,什么样的客户协同创新模式和组合能更好地提高创新绩效。因此,有必要深入研究服务创新过程中所需知识特性的调节作用。

第五,以往研究大多针对新产品创新活动,没有对新服务创新活动进行区分。事实上,服务创新的内涵更加丰富。具体表现为[1][2]:①服务创新以"客户需求为中心",客户需要参与服务的生产和传递过程;②服务创新的类型多样,包括技术创新、组织创新、结构创新、流程创新等;③由于服务的无形性,服务创新更多的是一种概念性、过程性创新;④服务创新的范围很广,既有可复制的创新,也有不可复制的专门针对某类客户定制的创新活动;⑤服务创新对市场需求的变化更敏感。因此,产品创新领域的研究成果将很难适用于服务领域,需要重新审视服务创新领域的相关研究。

第六,缺乏客户协同创新与其他理论视角的整合性研究。从现有研究来看,研究主题相关的理论基础有协同理论、资源依赖理论、价值共创理论及知识基础理论。已有研究主要运用上述一种或两种理论视角,对客户协同创新与企业绩效之间的关系进行理论阐述和实证研究。但从整体来看,这些理论都不足以全方位地解释客户协同创新与服务创新绩效之间的影响机理。有必要从多元化的理论视角,综合运用上述理论构建客户协同创新对服务创新绩效的影响机理模型,并在知识密集型服务企业进行实证检验。研究结论可为服务企业有效组织及管理客户协同创新模式,提升服务创新绩效实践提供参考。

目前,国内学者对客户协同创新的研究还不够深入和系统,相关研究起步较晚。在产品创新领域,重庆大学杨育教授及其领导团队对客户协同创新的相关问题开展了一系列研究,包括客户协同产品创新过程中效率及关键因素、伙伴选择、概念设计建模、冲突协调与消解等。然而在服务创新领域,客户协同创新的相关研究还比较缺乏,鲜有相关报告出现。

对客户协同创新影响服务创新绩效的机理研究,需要解决以下几个最基本的问题：①客户协同创新维度构成是什么？②各维度是如何相互作用来影响服务创新绩效的？③具体的影响机理和作用机制是怎样的？④还有哪些情境因素会对此作用机理产生影响？

基于此，本书将围绕这四个核心问题展开研究。首先，通过理论分析、案例研究和实证分析相结合的方法，系统探索出客户协同创新的维度构成。其次，通过理论分析，构建客户协同创新与服务创新绩效的影响机理概念模型，并深入研究客户协同创新维度间的相关性及其对服务创新绩效的直接影响，知识转移在两者关系中发挥的中介作用及知识特性的调节作用。最后，以知识密集型服务业为研究背景，采用实证调研的方式，对此概念模型进行检验，以期为服务创新领域客户协同创新的研究提供有效补充，也为本土服务企业在创新实践中构建和管理客户协同创新活动，提供可运营性的切入点和具体策略建议。

本章小结

首先，针对研究所涉及的相关理论，如协同理论、资源依赖理论、价值共创理论和知识基础理论进行分析和阐述，以厘清与本书相关的理论基础。其次，针对客户协同创新的具体研究问题，从其概念发展及构成、影响因素、对企业创新绩效的影响及实施流程和技术开展分析和整理，指明现有研究的不足之处。再次，对本书涉及的客户知识转移、知识特性等理论进行综述。最后，对现有研究进行总结和评述，明确本书问题的切入点，为后续概念模型建立和研究假设提出奠定了理论基础。

第3章 客户协同创新的维度构成研究

实证研究的基础是准确认识研究变量内涵,并给出科学合理的度量指标。现有研究在客户协同创新的具体维度构成、各维度的准确界定、维度包含的基本要素等问题上,未能达成共识。变量界定和维度辨识的问题,影响了客户协同创新的概念建构,导致缺乏"具体的、系统的、可供实证检验的客户协同创新测量指标体系"。本章在前一章提出定义的基础上,立足"协同系统"视角,采用理论分析、案例研究和实证分析相结合的方法,辨析并实证客户协同创新的维度构成,并给出客户协同创新的可操作化测量。

3.1 研究设计及方法

3.1.1 研究设计

基于前文的分析可知,学者基于不同视角及背景,对客户协同创新进行定义和测量。现有研究对客户协同创新的测量存在不一致问题,大多数学者借用了客户共同生产、客户参与、客户互动、价值共创等概念的国外成熟量表,没有专门针对服务领域设计客户协同创新测量量表,给后续研究在借鉴客户协同创新研究成果时,带来了极大的不便。

由于客户协同具有动机及内容多元性、方式及能力多样性、知识异构及流转差异性等特点,客户协同创新活动呈现出复杂性、动态性、系统性等特征,仅从单一视角很难揭示出客户协同创新的本质属性。因此,如何从多角度全面刻画客户协同创新维度特征,以帮助服务企业建立并深入认识和管理其客户协同创新活动,目前仍停留在初步探索阶段,缺乏实证研究。

本书基于协同理论探索客户协同创新的维度构成和测量工具。协同理论强调各构成要素不是独立作用于系统,而是相互关联和配合,以实现系统的统一和联合作用。利用协同理论分析客户协同创新活动,可以弥补过去仅针对客户参与创新进行研究的局限。本书通过理论分析、案例研究及实证分析相结合的方法,解析客户协同创新的维度构成,研究过程设计如图3.1所示。

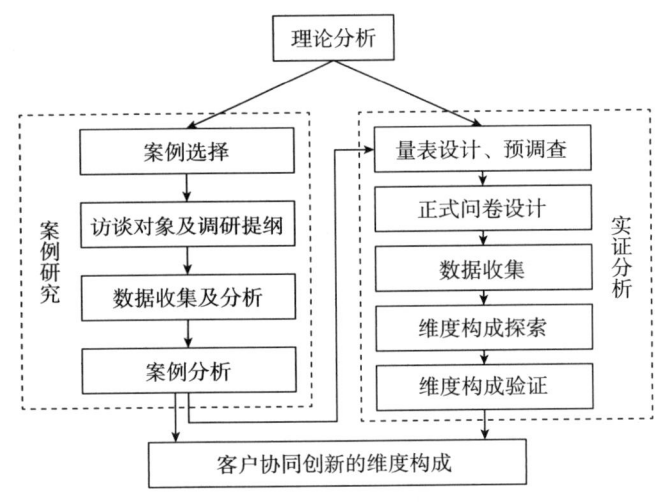

图3.1　本章的研究思路

本章的研究过程分为三个阶段:

第一阶段为客户协同创新的基本要素分析,即通过理论分析,从协同视角解构和辨析客户协同创新系统的基本要素,得出一组要素假设。

第二阶段为客户协同创新的要素特征分析,即采用多案例研究方法,对四个知识密集型服务业的客户协同创新活动,进行初始编码、聚焦编码和理论编码,构建客户协同创新要素及特征的框架。通过理论分析和案例研究,得出客户协同创新各要素及其特征的概念假设,旨在为下一阶段的实证分析奠定理论基础。

第三阶段为客户协同创新的维度构成分析,即通过实证分析来萃取和验证客户协同创新的维度构成。首先,以基本要素及其特征为基础,自主设计客户协同创新测量量表,通过对知识密集型服务企业进行大样本数据收集,以获得实证数据;其次,采用探索性因子分析方法,萃取出客户协同创新的维度构成;最后,采用验证性因子分析,对客户协同创新维度构成进行验证,并对客户协同创新测量量表进行信度和效度检验。

3.1.2 研究方法

3.1.2.1 案例研究方法

案例研究方法是指通过选择一个或几个案例来说明问题,采用多种数据收集方法,对事件间的逻辑关系进行检验的研究方法(Eisenhardt,1989;Yin,2003)[181][182]。案例研究方法作为经验性的研究方法,其结论不依赖于抽样过程,目前已成为管理领域常用的方法。Benbasat(1987)[183]指出,案例研究适用于:①在不受控制的自然状态和实践过程中,通过收集客观资料得到知识;②适合回答"如何"(How)和"为什么"(Why)的问题;③适合于理论构建、理论探索、假设发展及缺乏理论基础的开拓性领域的研究。

本书采用案例研究方法,主要基于以下原因:

(1) 本书的理论基础是协同理论,目前该理论主要应用于组织内部、供应链、国家或区域层面上,研究方法多为定性研究。本书针对的是服务领域的客户协同创新活动,还未有实证研究能够系统地给出其构成要素。本书提出的客户协同创新基本要素是在理论分析的基础上推导所得,处于理论构建阶段,具有明显的探索性特征。采用案例研究能够进一步解析、概念化各要素的特征。

(2) 客户协同创新作为一个复杂的社会经济系统,已有文献主要从行为视角进行解构,而忽略了系统的结构形态。本书试图从系统角度分析其构成要素,很大程度上属于"如何"(How)的问题,符合案例研究的基本条件。

此外,案例研究也有一套比较规范的流程和步骤,以指导研究的顺利开展。Eisenhardt(1989)将案例研究分为八个步骤:启动、研究设计与案例选择、研究方法选择、资料收集、资料分析、形成假设、文献对话及案例结束[181]。在此基础上,Yin(2003)缩减为五个,即研究方案设计、数据收集准备、数据收集、数据分析及撰写报告[182]。遵循Yin(2003)的研究流程,本书将分为五个阶段展开分析,采用多案例研究方法,使用归纳性分析,检验理论预设所提出的客户协同创新要素假设,进一步解析、概念化各要素的构成,具体流程如图3.2所示。

具体而言,阶段1的案例研究设计在第3.2节进行详细论述,阶段4和阶段5主要在第3.3节进行详细论述。本节主要针对阶段2和阶段3,从调研案例选择、访谈对象确定及访谈提纲设计、数据分析方法三方面来进行阐述。

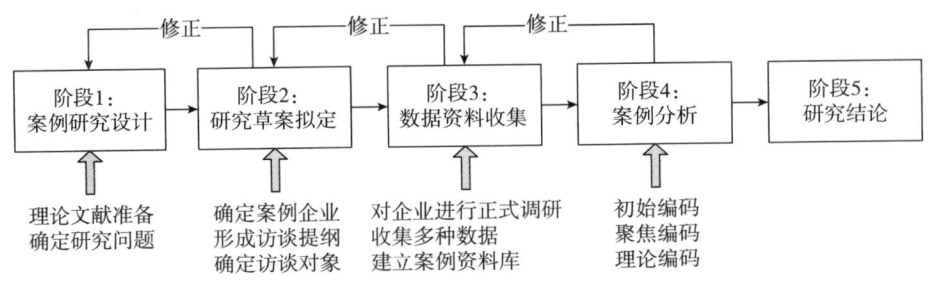

图 3.2 案例研究流程

(1) 调研案例选择。根据 Eisenhardt (1989) 的观点:案例不是随机选择的,一般 4~10 个案例研究结果具有较大程度的普适性[181]。据此,本书在对 6 家 KIBS 企业进行预调研的基础上,选择了 A 证券公司、B 邮电设计院、C 软件开发公司及 D 平台西安分公司 4 家企业作为案例研究对象。

调研案例的选择标准为:首先,所选案例限定为知识密集型服务业(KIBS),目的是避免行业之间差异及减少外部变异;其次,为了保证案例的代表性及典型性,所选的案例企业包括证券、邮电设计院、软件开发及电子商务平台,企业类型包括中外合资、外商独资、国有控股,从而有效地保证了案例的丰富性及差异性,以便更好地达到多重检验的效果;再次,所选企业属于行业内的典型而非过度优秀企业,属于常态企业 (Yin, 2004)[182],其创新活动按照行业规范进行,且获得过创新奖项;最后,选取的案例企业成立年限较长,且其中的管理者与研究者有一定人脉关系,保证相关数据能够获得。本书所选取的 4 个案例企业基本情况,如表 3.1 所示。

表 3.1 案例背景介绍

企业属性	A 证券公司	B 邮电设计院	C 软件开发公司	D 平台西安分公司
成立年份	1992	1963	2001	1998
员工总数	1000 人以上	2000 多人	50 人	350 人
企业性质	国有控股	国有控股	中外合资	外商独资
提供的服务和产品	金融产品和服务,涉及证券经纪、承销与保荐及与证券投资相关的财务顾问业务	通信、建筑、信息化及节能环保等行业相关的咨询、设计及管理	专业土木工程软件系统的本地化研发、销售、技术支持与咨询	体育活动、社区、户外活动、商务会议的协同化商务软件开发

续表

企业属性	A 证券公司	B 邮电设计院	C 软件开发公司	D 平台西安分公司
产品市场	覆盖江苏、北京、上海、浙江、辽宁等地,共有48家营业部	5个专业设计院、8个分公司、7个研发机构	与专业土木工程相关的设计院、企业及学校	国内有西安、成都、上海三个分公司
行业地位	行业中上游	全国同行业前列	同行业中游	行业中上游

（2）访谈对象确定及访谈提纲设计。本书涉及的访谈对象分为两类,一类是企业的高层管理人员和相关部门主管,这些人员对企业经营管理有比较深刻的认识,对客户协同创新也有全局的把握,具有一定的权威性;另一类是企业实际参与客户协同活动的人员,这些人员多为较基层的员工,他们未必能对整个客户协同创新过程有全局的认识,却对各个环节有充分的实践经验,对他们的访谈可以了解到许多细节与实际问题。具体访谈人员及访谈时间如表3.2所示。

表3.2 访谈人员及时间

企业名称	访谈日期	访谈时间	访谈人员	其他资料来源
A 证券公司	2013.5.7	2 小时	副总经理	企业网站、内部资料、问卷
A 证券公司	2013.5.7	3 小时	客户经理	
B 设计院	2013.10.15	2 小时	项目经理	实际参与、内部资料
B 设计院	2013.10.15	2 小时	咨询师	
C 软件开发公司	2014.5.8	2 小时	副总经理	企业网站、内部资料
C 软件开发公司	2014.5.12	1.5 小时	软件工程师	
D 平台西安分公司	2014.5.18	2 小时	项目经理	内部资料
D 平台西安分公司	2014.5.18	2 小时	开发人员	

通过与访谈人员交流沟通,了解他们对客户参与创新项目特点及效果的认识和看法,并围绕近3年内、亲自负责或参与的创新项目,总结客户协同创新的基本要素。需要说明的是,本书的创新项目是指企业为了创造价值而进行的有目的的创新活动,包括服务产品开发、服务改进、提供咨询解决方案、开辟新市场、组织结构或流程创新等。访谈提纲主要围绕以下问题进行:

1）您的企业中哪些客户参与的创新项目比较成功?有什么成功的经验?
2）您认为哪些因素会影响客户参与创新项目的效果?

3）请您回忆一下近三年已经完成的、亲自负责或参与的创新项目，该项目的背景情况如何？具体划分为几个阶段？各阶段的任务是什么？哪些阶段客户需要参与其中？

4）客户参与的动机有哪些？企业是如何激励客户参与的？

5）在项目推进过程中，企业的哪些工作、制度或措施，促进了与客户的良好关系？

6）在项目推进过程中，是否会与客户发生冲突、分歧？企业是怎样处理的？

7）为了推进客户参与创新项目的顺利开展，还应在哪些方面加以改进？

（3）数据收集及分析。案例调研时间跨度为2013年5月~2014年5月，采用一手资料和二手资料两种收集方法。一手资料主要是对访谈人员进行半结构化访谈来获得，访谈时间一般为2小时，具体如表3.2所示。访谈记录方式为录音与笔记为主，必要时也会拍摄录像与照片。访谈结束之后，笔者会在24小时之内，完成访谈记录的整理和汇总工作。对于不清楚的部分，会通过电话、E-mail、QQ等沟通工具，与访谈人员进行再次确认。二手资料主要通过查阅企业门户网站信息、企业相关新闻报道、内部文档（内部刊物、年度报告等）获得。然后，将多种来源的信息进行整理和汇总，并统一归档到案例研究的资料库中进行分类和编码。

本书采用三角验证的方法进行数据分析，以提升数据的可靠性。首先，通过访谈数据、文档类资料、调查材料等多种数据相互印证，来降低分析结果的偏差。其次，对多种数据的差异会即时和受访者进行沟通确认。此外，受访者来源涵盖高层管理者、部门经理及技术人员，人员范围多元化和不同视角的访谈，保证了数据的完整性。

3.1.2.2 实证分析方法

本书主要采用探索性和验证性因子分析相结合的方法，对客户协同创新的维度构成进行检验。首先，按照企业所在地的不同，将调研问卷的样本数据分为两份，选择地区分组而非随机分组的方式，主要原因为：①探索性因子分析的目的是提取客户协同创新的关键因子，而验证性因子分析的目的是检验观测变量的因子个数和因子载荷是否与探索性因子分析结果一致。这两种数据分析方式的目的不同，使验证性因子分析的样本需要重新选取，不能使用前面用于探索性因子分析的样本数据。②采用随机分组的方式，难以保证两组数据来自不同的抽样样本；而基于地区分组的方式，则从根本上保证抽样样本在区域范围的差异性。

基于此，本书将陕西省和北京市企业的数据作为一组，除陕西省和北京市企业之外的数据作为一组。并且，对第一组样本数据进行探索性因子分析，根据删除原则来剔除有问题的测量题项，以探索出客户协同创新的维度构成；第二组样本数据进行验证性因子分析，对上述得到的维度构成进行验证。

探索性因子分析的步骤为[184]：①数据使用性检验，主要检验 KMO 和 Bartlett's 检验是否满足标准条件，一般标准为 KMO 值大于 0.7、Bartlett's 检验的 p 值小于 0.01。若 KMO 和 Bartlett's 满足条件，则适合继续进行因子分析。②问项的共同度是否大于 0.4，因子累计解释变异量是否大于 60%。③将因子载荷低于 0.5 且交叉载荷大于 0.35 的问项删除，并重新进行探索性因子分析。④观察特征值、碎石图等，萃取得到主因子。

验证性因子分析通常与探索性因子分析配合使用。验证性因子分析试图检验观测变量的因子个数和因子载荷是否与预先建立的理论预期一致[185]。验证性因子分析需要给出预先假设模型中因子的数目，同时也需要给出哪些变量依赖哪个因子。本书主要选取卡方自由度（χ^2/df）、渐进残差均方和平方根（RMSEA）、增值适配指数（IFI）、比较适配指数（CFI）、适配度指数（GFI）、标准适配指数（NFI）对模型整体拟合指标进行评价。其中，χ^2/df 的标准为 1~3，表示适配良好；RMSEA < 0.08，表示适配度合理，RMSEA < 0.05，表示适配度良好；IFI、CFI 和 GFI 的值介于 0~1，越接近 1 表示模型适配度越佳，一般要求大于 0.9 以上[185]。

3.2 理论分析

通过前文分析可知，客户协同创新属于一类协同系统，可以借鉴协同系统的构成要素和运行特征，来解析反映客户协同创新本质的基本要素。本书主要从关系、行为和控制三个层面进行解析：

（1）协同理论认为[15][72]，协同系统存在正式或非正式的组织形式，通过经济合约联结与社会关系的嵌入，逐渐增进（或弱化）彼此的认同感及信任，相互体察对方的目标和需求，自发地进行知识分享、转移及吸收等行为，呈现出自组织特征。KIBS 服务创新实践中，基于互惠互利交换原则，客户会自发地嵌入企业创新中，形成社会化网络关系，通过互动交流、分享彼此的知识和资源。

本书将这种由客户和企业共同构成的社会化网络关系，定义为协同关系嵌入。根据协同强度不同，协同关系嵌入分为强协同关系嵌入和弱协同关系嵌入[23]。强协同关系嵌入意味着客户对企业具有高度的认同感和信任感，进而较易获得和传递客户复杂的、隐性的知识和信息；弱协同关系嵌入联结着异质性客户，有利于企业从外部获得异质的、新颖的知识和信息。

（2）根据协同理论，为了实现全局的系统目标，多行为主体如何由无序向有序发展及相互间的自适应性，是关系到整个系统性能及协同效应实现的关键问题[89][23]。而序参量能够调整各行为主体在协同目标和行为上的冲突、矛盾和差异等问题，支配各主体从无序状态向有序的方向发展，形成伺服效应。在 KIBS 服务创新实践中，企业和客户通过动态的相互作用，协同完成创新任务。由于客户和企业具有局部和不精确的系统视图，当两者在创新目标和行为上产生无序、冲突、矛盾等问题时，需要有相应的规范协调机制（序参量），以调整双方行为使之达成一致。

本书认为，规范协调机制是指通过制定规则、标准规范等程序化手段，以及沟通协商机制等，协调各行为主体的协同行为，保证双方以连贯有序的方式，实现共同的预定目标。有效的规范协调机制是保证企业高效运作、提高服务创新绩效的关键[186]。关于规范协调机制内容构成，Thompson（1967）基于双方依赖关系（总和、顺序和互动关系）将其分为标准化、直接监督和相互调整机制[187]。进一步地，Fenema（2002）将其分为工作协调、组织设计、人际关系协调及技术协调[188]。赵阳（2010）将规范协调机制分为正式化、集权化[189]。

（3）协同理论认为，各协同子系统通过相互协作、共享资源和业务行为，能够产生超越自身的单独作用，发挥整个系统的统一作用，形成协同效应[84][85]。具体到 KIBS 服务创新实践中，客户协同系统的协同效应好坏，取决于企业和客户间投入创新资源的互补性。基于资源依赖理论，企业需要获取客户关于服务产品的需求、购买决策、体验、评价等信息资源[9]，并与自身的内部创新资源进行整合、再创造，来提高企业创新绩效。

本书将这种以客户的信息、知识、经验、技能等为载体，基于协同创新任务目标，权衡协同收益与成本而进行的投入方式及强度，定义为协同资源投入。关于协同资源投入内容，Fang（2008）[32]、姚山季（2012）[51]将其分为信息提供和共同开发。前者是指客户将新产品需求、市场信息、开发信息等提供给企业来进行创新活动；后者是指客户被作为企业"内部员工"，与企业有关人员共同开发新产品和服务。

由此，本书将客户协同创新的基本要素假设为协同关系嵌入、规范协调机制及协同资源投入，具体研究模型如图3.3所示。

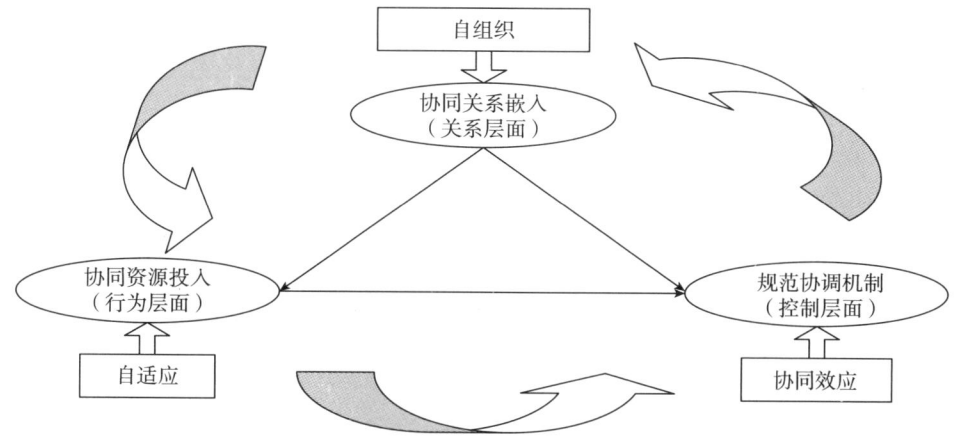

图3.3 客户协同创新的基本要素模型

3.3 案例分析

根据扎根理论[190]和案例研究方法，案例数据分析主要包括三个步骤：初始编码、聚焦编码和理论编码。其中，初始编码是指首次对数据内容进行定义的过程；聚焦编码是指将出现的初始代码根据内容与性质的相似度进行合并，经过不断比较的方法，将重要的和/或出现最频繁的代码筛选出来，形成聚焦代码；理论编码是在聚焦编码过程之后进行的复杂水平上的编码，即在聚焦编码中依照内容及相关关系，形成相应的类属，并将其进一步明确和具体化。

3.3.1 初始编码

本书的初始编码主要按照以下步骤进行：首先，初始编码应该紧贴数据，尽量使用反映客户协同创新行动的词语；其次，初始编码是开放的，不带有任何预先形成的概念；最后，初始编码还具有临时性和比较性，为分析留下空间，并形成最适合数据的代码。本书采用了逐行编码的方式进行初始编码。通过对案例数据的初始编码分析抽象出 136 个代码，将相同或相似的代码进行整合和合并，最终从案例数据中抽取出 65 个初始代码。具体初始编码分析举例，如表 3.3 所示。

表 3.3　初始编码分析举例

原始资料	初始编码
我们的平台在新搭建或者拓展新的功能时，市场人员都会和使用我们平台的客户或有兴趣使用我们平台的客户详细沟通，因为毕竟是他们使用我们的平台，我们会预先分析他们的需求，但很可能会有不足的地方，因此和客户直接沟通是十分必要的	与客户直接沟通
公司很多项目都会派咨询师去客户那儿工作，就像刚刚完成的移动的项目，我们就派了三名咨询师过去。直接派人过去是我们觉得最能直接与拉近距离的方法了，结果确实也是这样。派过去的咨询师可以很方便地找到相关人员访谈，也可以直接观察，弥补一些访谈不到的问题	深入客户企业内部来获取信息
我们对不同级别的客户实施不同的互动及服务策略，分别将稀缺服务、核心服务、优质服务，依次配置给公司的核心客户、高端客户和普通客户。同时针对不同级别的客户也提供不同的互动服务，如多对一、一对一和一对多。当然越高级别的客户享受的服务待遇更好	分级的互动方式
我们非常重视双方的互惠利益，通过为客户企业提供一定期限的免费软件版本、培训讲座、技术支持等，解答客户软件方面的技术问题，同时收集客户关于软件改进的意见和建议	重视双方的互惠利益
我们公司的客户技术支持和维系费用占企业销售收入的 5%～6%，通过与客户频繁地沟通和交流，能将企业产品创意想法告诉客户从而吸引客户的关注	频繁地互动
我们公司专门设立客户关系决策管理委员会，这个部门负责客户服务的战略和决策制定。该部门针对不同类型客户，对服务过程中的关键情境进行标准化，客户经理根据要遵循的这些规则来开展客户服务创新	设立组织机构来对客户进行管理
我们在进行软件开发后期，会有正规的程序、规范、渠道等方式，来收集客户需求、评价及反馈意见，通过规范的流程，来归类和评估这些意见，选择可行性较高的进行设计和改进	正式的规则、程序规范和渠道
我们非常重视客户咨询和投诉的处理，专门设置咨询电话和售后服务专线。平时，也会举办一些理财知识、风险方面的讲座、座谈会等，来帮助客户认清投资中的风险和收益	解答客户业务咨询、重视客户投诉处理、举办相关讲座

续表

原始资料	初始编码
我们在项目集成开发完成后会进行集成测试,这个时候一般是我们公司内部测试,有时也会挑选重点客户来参与,但只会是极少数,毕竟个别客户不会把产品的缺陷弄得全国都知道	重点客户参与集成开发
让客户来参与到测试过程是十分重要的,就我们的经验而言,客户可以帮我们在产品上市前发现80%的错误	客户参与的重要性
我们的方案完成且内部汇报结束后,咨询师就会首先联系客户企业部门与项目直接相关的人员来与他们沟通,寻求他们的修正意见,比如还是刚刚移动那个供应链的项目,我们的咨询师就找了采购部等部门员工来访谈,希望他们给出改正建议,依照员工建议改完后还会请这个部门的负责人继续看,继续改	客户提供修正建议
项目开始之前,我们会与客户签订合同,明确本次项目具体内容。如果客户对这次规划的期望过高、需求太多,企业与客户进行详细沟通,并提出未来合作的可能性。项目交付以书面合同和需求文档为评价标准	签合同、明确项目内容
项目负责人员也会与客户企业人员保持密切的沟通联系,经常通过QQ、微信、电话等方式与客户进行交流	采用多种交流工具与客户沟通
我们的项目如果是与客户合作开发的,我们就有明确的客户,所以会在一开始和他们反复沟通来确认他们的需求;如果是我们自主研发的,那可能就没有那么明确的客户群,有点押注的感觉,市场的风险会比客户合作开发的大,所以我们会挑选一些可能对我们的产品有兴趣的客户,和他们多多沟通,看看他们有什么意见	积极有效地沟通
我们做这行也做了很久,一直做得还都不错,所以在业内还算是小有名气,一般都是人家主动找我们来咨询。当然,我们也有长期合作的老客户,很多项目都是和他们做的	与客户建立持久的合作联系

3.3.2 聚焦编码

为了形成最能反映资料本质的聚焦代码,我们需要在资料和初始代码以及各初始代码之间进行不断的循环往复的比较。最终从65个初始代码中提炼出8个聚焦代码作为主要代码,进行后续的重点分析。图3.4给出了这8个聚焦代码所包含的一些初级代码内容。这8个聚焦代码分别为:互惠利益、互动频繁性、相互信任、合同契约和规范、沟通协商机制、风险管控方式、信息资源分享、协同任务分担。这8个聚焦代码的描述解释如表3.4所示。

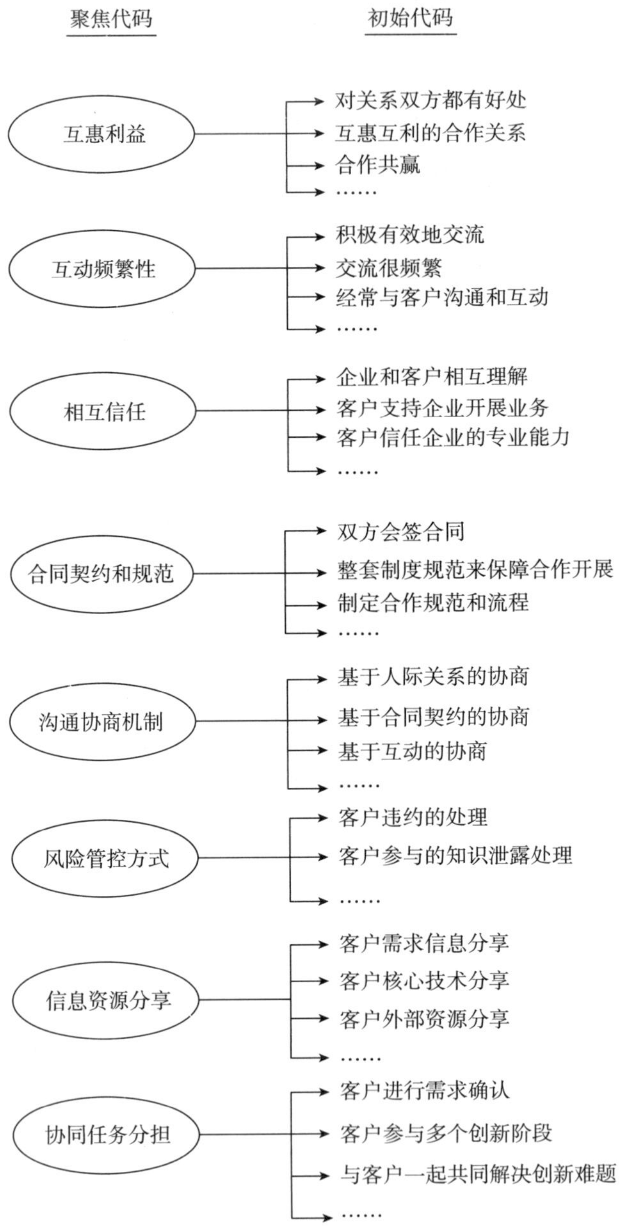

聚焦代码	初始代码
互惠利益	对关系双方都有好处 / 互惠互利的合作关系 / 合作共赢 / ……
互动频繁性	积极有效地交流 / 交流很频繁 / 经常与客户沟通和互动 / ……
相互信任	企业和客户相互理解 / 客户支持企业开展业务 / 客户信任企业的专业能力 / ……
合同契约和规范	双方会签合同 / 整套制度规范来保障合作开展 / 制定合作规范和流程 / ……
沟通协商机制	基于人际关系的协商 / 基于合同契约的协商 / 基于互动的协商 / ……
风险管控方式	客户违约的处理 / 客户参与的知识泄露处理 / ……
信息资源分享	客户需求信息分享 / 客户核心技术分享 / 客户外部资源分享 / ……
协同任务分担	客户进行需求确认 / 客户参与多个创新阶段 / 与客户一起共同解决创新难题 / ……

图 3.4 聚焦编码结果

表 3.4 聚焦代码的描述和解释

聚焦代码	描述和解释
互惠利益	协同行为对客户和企业双方都有利时，协同关系才能稳定发展
互动频繁性	企业通过与客户积极、频繁地互动沟通，来保持关系亲密度
相互信任	双方相互信任程度越高，双方在关系中所花费的时间越久、交换的信息和知识越丰富，客户满意度和忠诚度就越高
合同契约和规范	企业和客户通过制定并遵守正式的合作契约和程序规范，对创新过程中的问题进行协调和处理
沟通协商机制	基于双方相互信任、交流沟通等人际手段对创新过程中的问题进行协调和处理
风险管控方式	通过相应的风险管理制度和措施，来保障合作双方的权利和义务
信息资源分享	客户将相关的信息、技术及外部资源分享给企业
协同任务分担	企业与客户合作承担相关工作与职责，相互帮助以解决问题与渡过难关的过程

3.3.3 理论编码

理论编码是聚焦编码过程后的进一步编码。由于聚焦编码本身具有类属关系，通过理论编码能够使这些关系更加明确和形式化。理论编码使研究者所收集的聚焦代码赋予了概念化形式。通过对数据分析各阶段产生的文档内容进行分类和整合，得出客户协同创新的基本要素及特征框架，如图3.5所示。

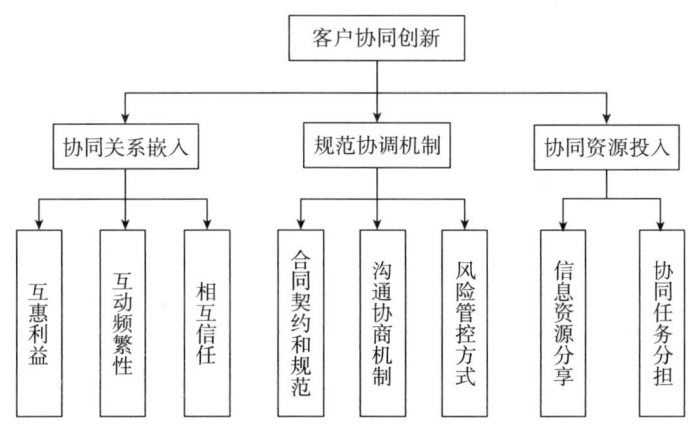

图 3.5 客户协同创新的基本要素及特征框架

3.4 实证分析

3.4.1 量表设计

在编制量表的初始测量题项时,本书对已有量表进行了借鉴,并基于定义进行了演绎开发。通过前面的理论及案例分析,客户协同创新作为多维度聚合构念,主要包括协同关系嵌入、协同资源投入和规范协调机制三个基本要素。其中,协同资源投入的题项直接借鉴了 Fang(2008)的成熟量表,该量表被姚山季(2011)运用于国内制造行业的客户参与创新相关问题研究。协同关系嵌入和规范协调机制维度上的测量题项是研究者根据定义和要素内容进行的演绎开发。借鉴前人的操作方法,首先由两名管理学博士生在这两个维度上单独进行设计和开发,然后将大家所列的相似题项进行合并,对有歧义的题项进行讨论。经过多轮的修订和调整,最终挑选出 11 个最能反映协同关系嵌入和规范协调机制维度定义内容的题项。将上述题项与协同资源投入的 6 个题项进行了合并,最终产生了 17 个初始题项。

为了确定所开发的量表是否充分反映了客户协同创新的理论构念,本书对量表内容的充分性进行了检验:首先,针对编写的测量题项,与 10 名企业管理人员和领域专家展开半开放式讨论,对描述模糊、词语歧义的题项进行了修订及完善,并对测量题项进行了重要度评判,形成初始问卷。其次,对本校 EMBA、MBA、工程硕士小规模发放问卷 30 份,对各变量测量指标的可靠性和内容有效性进行了初步分析,据此对有关测量题项的语义内容进行了修订,最后形成正式测量题项,具体如表 3.5 所示。所有的测量题项均采用李克特 7 级量表进行设置,数字 1~7 表示"非常不符合到非常符合"。

表 3.5 客户协同创新的测量题项

题项	题项描述
T1	客户愿意把自己拥有的专业技术、信息、知识和经验等传递给项目团队
T2	客户愿意投入资金、设备、技术和人员等一种或多种资源,来保证项目的顺利进行

续表

题项	题项描述
T3	客户愿意为企业联系和提供外部资源,来保证项目的顺利进行
T4	客户与项目团队紧密配合共同解决项目开展遇到的问题
T5	客户会尽力帮助和支持项目工作的开展
T6	客户参与项目的相关活动是项目顺利进行的重要部分
T7	企业和客户事先在合同、正式协议等书面契约中制定相关规则和标准,来控制和协调双方的冲突、分歧等
T8	企业和客户共同制定和完善关于项目合作细节有关的合作规则和程序,避免双方发生冲突、分歧等
T9	企业与客户签订的合同、正式协议等书面契约是处理双方冲突、分歧的最有力工具
T10	当双方发生冲突、分歧和不一致时,客户与项目团队可以很好地进行沟通和协商解决
T11	当双方发生冲突、分歧和不一致时,客户与项目团队发挥人的主观能动性和建立良好的人际关系来协调和处理
T12	当项目开发过程中发生突发情况或事件时,企业和客户会相互告知并积极应对项目变化
T13	企业和客户有长久的合作意愿和关系
T14	企业和客户互动很密切,从而保证项目的顺利进行
T15	企业和客户具有良好的人际关系,从而保证项目的顺利进行
T16	项目开发过程中,企业与客户的关系是互惠互利的,可以说是"双赢"
T17	项目开发过程中,企业和客户对双方的关系感到满意

3.4.2 数据收集

本次问卷调查选择的实证背景是知识密集型服务业(KIBS)。结合国际标准产业分类(ISIC)和国内国民经济行业分类(GB/T 4754),魏江(2007)将KIBS划分为信息与通信服务业、金融服务业、科技服务业和商务服务业四大类及十四子类[79]。具体而言,KIBS涵盖软件业、计算机服务业、银行业、保险业、专业技术服务等行业。该分类方法被广泛应用于KIBS服务创新问题的研究,为此,本书借鉴魏江(2007)的分类,抽样样本主要从这些行业中进行选择。

同时,本书立足于项目层次,这些项目应满足以下条件:①项目已经完成;②该项目开展过程中,需要客户的积极参与。基于KIBS分类,筛选出符合要求的具体创新项目,包括服务产品开发、定制化软件/系统集成、技术咨询/设计、管理咨询等。

本次问卷调查的对象是参与 KIBS 创新项目的项目经理、核心技术人员及技术支持人员。正式调研为 2014 年 10 月~2015 年 2 月，对陕西省内及北京市、广东省、上海市等较发达地区的知识密集型服务企业展开问卷调查。问卷发放方式为向被访者发送邮件及在线填写问卷（"问卷星"网站及手机版）。为避免重复和保证数据质量，对有问题的问卷进行删除。删除原则为：①答题时间小于 60 秒者；②被访者回答多次（通过 IP 地址设置）；③全部题项相同或有规律可循；④不属于知识密集型企业的样本（通过"企业主营业务"这一问题来筛选，凡回答是"其他"的视为无效）。本次调研共发放问卷 250 份，剔除有问题的问卷 29 份，得到有效问卷 221 份，问卷有效率为 88.4%。

表 3.6 列出了被访者所在企业的基本统计情况。本书的调查样本以国有/国有控股企业（33.03%）、民营企业（44.8%）为主；企业员工数主要为 1001 人以上（38.01%）、151~500 人（28.51%）为主；企业所在地主要以北京、广东和陕西为主，占 65.16%。

表 3.6 调查企业的基本统计

企业属性	分类	百分比（%）	分类	百分比（%）
企业所有制	国有/国有控股	33.03	中外合资	4.07
	民营	44.80	其他	4.53
	外商独资	13.57		
企业员工数	50 人及以下	15.38	501~1000 人	10.41
	51~150 人	7.69	1001 人以上	38.01
	151~500 人	28.51		
企业成立年限	10 年及以内	28.51	21~25 年	8.60
	11~15 年	28.96	26 年及以上	20.81
	16~20 年	13.12		
企业所在地	北京市	21.27	陕西省	20.36
	广东省	23.53	其他	34.84
企业主营业务	金融（银行业、保险业、证券业等）			8.60
	信息与通信服务业（通信及增值服务、计算机及软件服务等）			49.77
	科技服务业（研究与试验服务、专业技术服务、科技交流服务等）			20.36
	商务服务业（法律服务、管理咨询、市场调查、会计服务等）			21.27

调查项目主要以定制化软件/系统集成（33.48%）、管理咨询（19.46%）为主；项目投入资金金额主要以 300 万元以上（33.94%）、50 万元以上到 150 万元（21.72%）为主；项目成员数集中于 5 人以下（24.89%）、6~10 人（30.77%）、21 人及以上（20.81%）。项目持续时间为 1~3 个月占 17.19%，4~6 个月占 29.86%，7~12 个月占 29.41%，13~24 个月占 14.48%，25 个月及以上占 9.06%。具体如表 3.7 所示。

表 3.7 调查项目的基本特征

项目属性	分类	百分比（%）	分类	百分比（%）
项目类型	定制化软件/系统集成	33.48	技术咨询/设计	15.84
	产品研发	16.29	其他	14.93
	管理咨询	19.46		
项目资金金额	10 万元及以下	11.31	150 万~300 万元	12.67
	10 万~50 万元	20.36	300 万元以上	33.94
	50 万~150 万元	21.72		
项目成员数	5 人及以下	24.89	16~20 人	7.24
	6~10 人	30.77	21 人及以上	20.81
	11~15 人	16.29		
项目持续时间	1~3 个月	17.19	13~24 个月	14.48
	4~6 个月	29.86	25 个月及以上	9.06
	7~12 个月	29.41		

综上可知，被调研企业在行业类型分布、项目类型分布等层面，具有一定的广泛性和代表性，样本数据符合研究需要。本书按照地区不同对样本数据进行分组，将陕西省和北京市的样本数据（N=92）作为一组，进行探索性因子分析，以检验客户协同创新测量量表的内部结构，通过删除不符合研究预期的测量题项，以完善测量题项。将其他省市（除陕西省和北京市外）的样本数据（N=129）作为一组，进行验证性因子分析，并对量表的信度和效度进行检验。

3.4.3 客户协同创新维度构成探索

探索性因子分析的样本源自陕西省和北京市的样本数据（N=92）。根据前文的步骤来展开分析：

(1) 经过 KMO 和 Bartlett's 检验得出,样本数据的 KMO 值为 0.854,大于 0.7 的标准;Bartlett's 检验的 p 值为 0.000,小于 0.01 的标准,表明适合进行探索性因子分析。

(2) 根据删除原则,在删除 T6、T10、T11 这 3 个题项后,对剩余的 14 个题项进行因子分析,结果显示 3 个主因子的累计解释总变量比例为 66.829%,3 个主因子在解释总变异表中,初始特征值均大于 1,表明提取的 3 个主因子较为适宜。

(3) 为使抽取的因子能够清楚区分并反映特定含义,采用最大变异转轴法,对因子负荷值矩阵做正交旋转,将负荷值大于 0.5 的题项归属为一个因子。3 个主因子的命名及所包含的题项,如表 3.8 所示。

表 3.8 客户协同创新的探索性因子分析结果

观测变量	因子命名		
	协同关系嵌入	协同资源投入	规范协调机制
T1 客户愿意把自己拥有的专业技术、信息、知识和经验等传递给项目团队	0.01	0.73	0.17
T2 客户愿意投入资金、设备、技术和人员等一种或多种资源,来保证项目的顺利进行	0.21	0.74	0.10
T3 客户愿意为企业联系和提供外部资源,来保证项目的顺利进行	0.11	0.75	0.09
T4 客户与项目团队紧密配合共同解决项目开展遇到的问题	0.28	0.70	0.31
T5 客户会尽力帮助和支持项目工作的开展	0.38	0.66	0.06
T7 企业和客户事先在合同、正式协议等书面契约中制定相关规则和标准,来控制和协调双方的冲突、分歧等	0.14	0.23	0.87
T8 企业和客户共同制定和完善关于项目合作细节有关的合作规则和程序,避免双方发生冲突、分歧等	0.19	0.23	0.86
T9 企业与客户签订的合同、正式协议等书面契约是处理双方冲突、分歧的最有力工具	0.15	0.07	0.86
T12 当项目开发过程中发生突发情况或事件时,企业和客户会相互告知并积极应对项目变化	0.68	0.21	0.11
T13 企业和客户有长久的合作意愿和关系	0.77	0.06	0.02
T14 企业和客户互动很密切,从而保证项目的顺利进行	0.83	0.22	0.14
T15 企业和客户具有良好的人际关系,从而保证项目的顺利进行	0.89	0.13	0.08

续表

观测变量	因子命名		
	协同关系嵌入	协同资源投入	规范协调机制
T16 项目开发过程中，企业与客户的关系是互惠互利的，可以说是"双赢"	0.72	0.26	0.29
T17 项目开发过程中，企业和客户对双方的关系感到满意	0.70	0.16	0.22

注：T6、T10、T11 未通过探索性因子分析的相关检验而被剔除。

3.4.4 客户协同创新维度构成验证

通过前文的探索性因子分析，得到了客户协同创新的维度结构。在本部分，本书需要重新选择样本，对精简后的量表进行验证性因子分析。同时，本书还对客户协同创新测量量表的信度与效度进行了分析。

3.4.4.1 验证性因子分析

验证性因子分析的样本源自除陕西省和北京市以外的样本数据（N = 129）。按照 Mathieu 和 Farr（1991）[191] 的建议，采用结构方程模型的方法，通过对基准模型与替代模型的竞争比较，来对客户协同创新的维度构成进行验证。

表 3.9 的分析结果表明，基准模型的各项拟合指数要比 4 个竞争模型都要好，各项拟合指标分别为 RMSEA = 0.042，χ^2/df = 1.194，GFI = 0.911，CFI = 0.983，IFI = 0.983，NFI = 0.905，且各路径的标准化系数均是显著的。这说明客户协同创新的三维度结构（协同关系嵌入、协同资源投入和规范协调机制）得到验证。

表 3.9 客户协同创新验证性因子分析结果

模型	RMSEA	χ^2/df	GFI	CFI	IFI	NFI
竞争模型 1：CRE/CRI/SCM 合并	0.190	4.972	0.627	0.620	0.626	0.572
竞争模型 2：CRI/SCM 合并	0.145	3.310	0.715	0.782	0.786	0.719
竞争模型 3：CRE/SCM 合并	0.161	3.853	0.706	0.730	0.735	0.673
竞争模型 4：CRI/CRE 合并	0.139	3.136	0.730	0.798	0.802	0.734
基准模型：三个因子模型	0.042	1.194	0.911	0.983	0.983	0.905

注：CRE、CRI、SCM 分别代表协同关系嵌入、协同资源投入和规范协调机制。

3.4.4.2 信度检验

信度是考察不同测量题项对同一潜变量的可靠程度,常用的检验方法为 Cronbach's α 系数。一般认为,Cronbach's α 系数值至少达到 0.700[101]。数据分析结果表明,协同关系嵌入、协同资源投入和规范协调机制的 Cronbach's α 系数值分别为 0.815、0.879、0.886,均超过了 0.700 可接受水平。信度分析结果表明各题项的内部一致性程度较高,量表具有较好的信度。

3.4.4.3 效度检验

效度是指量表测量出理论概念和构成的程度,主要包括内容效度(Content Validity)、聚合效度(Convergent Validity)和判别效度(Discriminant Validity)。

内容效度是指测量题项在多大程度上,反映或代表了所要测量的构念。本书主要通过以下方法保证量表的内容效度:①基于协同理论,采用理论和案例研究相结合的方法,按照科学的研究范式,进行量表设计和开发;②邀请企业管理人员和领域专家展开半开放式讨论,对描述模糊、词语歧义的题项进行修订及完善,并对测量题项进行重要度评判;③开展预调研,对各变量测量指标的可靠性和内容有效性进行初步分析,并对有关测量题项的语义内容进行了修订。

聚合效度是指在通过不同方式测量同一潜变量时,所观测到的数值应该高度相关。本书主要通过两种方法来进行检验:①考察测量题项在所观测因子变量上的标准负荷值,表 3.10 的结果表明,所有测量题项的标准负荷值均大于 0.600 的可接受水平,大部分大于 0.700 的理想水平[185],且题项的 T 值均显著(p < 0.01);②通过因子的平均提取方差(AVE)来检验,表 3.10 的结果显示所有因子的 AVE 值均大于 0.500,表明测量题项能够反映出因子内涵,因子对应的测量指标具有较强的解释力。以上分析结果表明量表具有较好的聚合效度。

表 3.10　量表的聚合效度检验结果

因子	编号	标准负荷值	标准误差	T 值	AVE 值
协同资源投入（CRI）	T5	0.739	—	—	0.520
	T4	0.856	0.156	8.130***	
	T3	0.652	0.164	6.406***	
	T2	0.693	0.156	5.823***	
	T1	0.644	0.159	5.337***	

续表

因子	编号	标准负荷值	标准误差	T 值	AVE 值
规范协调机制（SCM）	T9	0.740	—	—	0.714
	T8	0.894	0.127	9.141***	
	T7	0.892	0.129	9.136***	
协同关系嵌入（CRE）	T17	0.705	—	—	0.583
	T16	0.787	0.164	7.778***	
	T15	0.890	0.160	8.696***	
	T14	0.842	0.163	8.283***	
	T13	0.675	0.180	6.704***	
	T12	0.651	0.170	6.471***	

注：*** 为 $p<0.01$，T6、T10、T11 未通过探索性因子分析的相关检验而被剔除。

判别效度是指不同的潜变量之间可以有效区分的程度。常用的检验方法是比较各潜变量的 AVE 均方根与变量间的相关系数来判断（Fornell and Larche，1981）[185]。如果两个潜变量间相关系数小于两个潜变量的 AVE 均方根，则判别效度得到支持。通过计算得到客户协同创新三维度间的 AVE 均方根分别为 0.721、0.845、0.733，相关系数分别为 0.476、0.378、0.412，相关系数均小于上述相对应的 AVE 均方根值。这表明客户协同创新量表具有较好的判别效度。

3.5 结果讨论

客户协同创新的重要性已经受到国内外学者的广泛关注，但关于其概念定义、维度内容仍未得到系统性剖析，也未开发出专门的测度量表。作为客户协同创新相关主题研究的起点，本书对客户协同创新的结构内容进行了清晰的定义和深入的探索，并通过多种统计学方法对客户协同创新测量量表进行了检验。

首先，基于协同理论，本书对客户协同创新的维度构成进行了理论分析。其次，通过 4 个知识密集型服务业的多案例研究，通过初始编码、聚焦编码和理论编码，得出客户协同创新的要素及特征框架，即由互惠利益、互动频繁性、互相信任组成的协同关系嵌入，由合同契约和规范、沟通协商机制及风险管控方式组成的规范协调机制以及由信息资源分享、协同任务分担组成的协同资源投入。再次，以要素特征为基础，并结合国内外成熟量表，设计和开发客户协同创新的测量量表。最后，以国内知识密集型服务业为研究对象，进行大样本数据收集，采用 SPSS 和 AMOS 软件进行数据分析。分析结果表明，客户协同创新由协同关系嵌入、协同资源投入和规范协调机制 3 个维度构成，开发的测量量表为服务领域客户协同创新的研究提供了有效的测量工具。通过对要素特征内容进行萃取，以更加明晰的维度出现，有助于企业建立并深入认识和管理其客户协同创新活动。其中：

维度 1 为协同关系嵌入。协同关系嵌入是指客户与创新组织及成员之间形成协同工作网络，通过创新进程中关系质量的强化，以提升创新绩效。要素具体包括：互惠利益、互动频繁性、相互信任。理论分析、案例研究和实证检验，均证明此维度的存在，国内外学者姚山季（2012）[51]、Ming（2013）[52]也有相似的结论。协同关系嵌入为企业和客户营造出一种更加信任、开放、互动的外部情境，有利于企业获取和吸收复杂、隐性的客户知识来促进服务创新绩效的提升。

维度 2 为协同资源投入。协同资源投入是指客户以多种载体形式的专门资源（如信息、知识、人力、技能、技术等）及多种参与方式与创新项目成员合作，以共同完成创新任务，以达成预期目标。要素包括信息资源分享、协同任务分担。理论分析、案例研究和实证检验均证明此维度的存在，Fang[32]、Claycomb[27]、Ennew[28]、彭艳君[29]，均有含义相似的维度结果。协同资源投入是客户协同创新的最基本要素，也是提升创新绩效的核心资源基础。

维度 3 为规范协调机制。规范协调机制是指与客户建立协同规范性契约（如项目组织、标准、合同等），以及协同创新进程中的协调沟通机制，以保障有章可循地协商、调解、调整和处理双方可能发生的冲突、分歧等，保证创新项目的顺利完成。要素包括合同契约和规范、沟通协商机制、风险管控方式等。规范协调机制是知识密集型服务企业特有的维度。这表明 KIBS 企业开展服务创新活动前，需要事先制定详细、完善的合同条款和书面规范，清晰地界定双方的权利和义务，进而引导双方共同为创新而努力。

本书遵循系统化的程序，从探索性因子分析、验证性因子分析、信度和效度等方面对量表进行开发和验证，辨析并验证了客户协同创新的维度构成。本书在维度界定、测量方法和应用实践方面，较之现有研究有所深入，为探究客户协同创新对服务创新绩效的影响提供了分析依据。

本章小结

首先,对研究过程设计、案例研究方法和实证研究方法进行介绍。其次,通过理论分析和案例分析,得出客户协同创新的基本要素特征。再次,参考国内外成熟量表,对客户协同创新的量表进行了演绎开发,并对量表的内容充分性进行了检验;此外,通过探索性因子分析、验证性因子分析、信度和效度分析,探索并验证了客户协同创新的具体维度构成,并验证了客户协同创新测量量表具有较好的信度、效度及稳定的维度构成。最后,对维度结果进行讨论,并给出了具体解释。

第 4 章 概念模型与研究假设提出

从现有研究关于客户协同创新对企业创新绩效影响关系不一致的结论出发，本章将深入分析不一致结论产生的具体原因，选择知识密集型服务业为研究背景，构建了客户协同创新对服务创新绩效的影响机理概念模型。围绕总体概念模型，本章将分为三个子研究进行关系假设，分别为客户协同创新维度间关系及其对服务创新绩效的影响，客户知识转移对客户协同创新与服务创新绩效关系的中介作用，及知识特性对客户协同创新与客户知识转移关系的调节作用。

4.1 概念模型提出

4.1.1 研究变量界定

研究变量界定是学者对所研究对象的概念理解，是研究的基础和起点。由于研究时间、研究领域、研究视角、外部情境等不同，学者对同一概念往往存在不同的定义和解释，因此有必要在开展研究之前，对本节涉及的相关概念进行界定。

4.1.1.1 客户协同创新的相关概念界定

现有研究主要从共同生产、客户参与、客户互动、客户协同等视角对客户协同创新概念进行界定，虽然不同学者为探讨客户协同创新的本质提供了不同切入点，但至今未能对客户协同创新的概念达成共识。因此，在对已有研究进行归纳和总结的基础上，借鉴协同理论，本书给出更具整合性和系统性的客户协同创新定义。客户协同创新作为一种吸纳外部客户资源进行创新的协同工作系统,是指客户以其独有信息知识(结构)和创新技能等,嵌入企业创新过程中形成社会化关系网络,借助多种网络化协同工作环境、创新工具及知识融合等手段,通过客户和企业专业设计人员的互惠知识共享、协调或互动等行为,以整合资源实现资源的优化配置,形成协同效应及优势,以实现产品或服务创新成功的目的。该定义强调客户协同创新的特征为:①其本质目的是共创价值;②是复杂自适应大系统;③是一种社会化关系网络;④是资源投入过程;⑤是动态变化的协调过程,具体特征解释见前文。

通过对第 3 章的研究,客户协同创新包括协同关系嵌入、协同资源投入和规范协调机制三个维度。进一步地,本书对三个维度进行了具体界定。其中,协同关系嵌入是指客户与创新组织及成员之间形成的协同工作网络,通过创新进程中关系质量强化,来提升创新绩效。其要素具体包括互惠利益、互动频繁性、相互信任。协同资源投入是指客户以多种载体形式的专门资源(如信息、知识、人力、技能、技术等)及多种参与方式与创新项目成员合作,共同完成创新任务以达成预期目标,其要素包括信息资源分享、协同任务分担。规范协调机制是指与客户建立协同规范性契约(如项目组织、标准、合同等),以及创新协同进程中协调沟通机制、风险管控方式等,以保障有章可循地协商、调解、调整和处理双方可能发生的冲突、分歧等,从而保证顺利完成创新项目,其要素包括互利合作契约、沟通协商机制、风险管控方式等。

4.1.1.2 客户知识转移的相关概念界定

现有研究主要从知识交换、知识利用和转移动力视角,对知识转移进行界定:基于知识交换视角,学者认为知识转移是在组织内或组织之间,有计划地进行信息和技能交换的过程[166];基于知识利用视角,学者认为是知识接收方对知识的吸收与内化,能够利用新技术对知识进行生产[167][168];基于转移动力视角,学者认为知识转移来源于知识内部产生的"知识落差",是势能高的主体向势能低的主体转移的过程[169]。虽然不同学者对知识转移的定义有所侧重,但共识体现在:知识转移包括知识在发送者和接收者之间的传输,以及接收者对知识的吸收和利用。因此,在客户协同创新背景下,本书将客户知识转移界定为企业从客户方获取所需要的知识,并对获取的知识进行抽象、编码、吸收等,从而与企业内部知识进行有效融合,应用于服务创新活动的过程。

根据知识转移过程密切关系[90][168][174][175]，将客户知识的捕获、获取、沟通及分享，定义为客户知识获取；以知识利用为目的，将客户知识的修正、重构、整合、应用、接受及同化，定义为客户知识吸收。与此同时，本书对客户知识获取和客户知识吸收进行了具体定义。其中，客户知识获取是指企业从外部客户那里获取互补性知识的过程，目的是帮助企业识别、评估及挖掘市场机会，顺利地开展服务创新活动。客户知识吸收是指企业对获取的客户知识进行重新编码和抽象，以更好地与企业内部原有知识进行融合，并具体应用到服务创新活动的过程。

4.1.1.3 知识特性概念界定

知识特性是指知识的本质属性。结合现有研究，知识特性的表述有知识内隐性、知识嵌入性、知识可表达性、知识模糊性、知识复杂性、知识专用性、知识默会性、知识可传授性等特性[166][168][177][180]。

虽然学者对知识特性提出了很多不同的属性构面，本书在分析和整理的基础上，结合服务创新中所需的客户知识特点，将客户协同创新影响客户知识转移活动的知识特性分为：知识的可表达性（Articulability）和嵌入性（Embeddedness）。选择这两个知识特性主要基于以下考虑：①它们相互关联并影响客户知识转移的难易程度；②与其他变量注重描述和测量知识的使用过程不同，知识的可表达性和嵌入性更加关注知识的深层次属性（Birkinshaw，2002）[200]。

其中，知识可表达性是指知识能够通过文字、语言等方式进行表达的程度（Bresman，1999）[201]。Polanyi（1966）[162]依据知识可表达程度，将知识分为显性知识和隐性知识。其中，显性知识是指可表达程度较高的知识，能够通过形式化和结构化方式表达，如手册、文件、文字资料等。而隐性知识通过语言、文字等方式，难以准确表达其精髓，需要依靠共享心智模式、经验分享与传承等人际互动方式实现转移。本书将其应用到服务创新的客户知识转移之中，认为知识可表达性是指客户知识能够通过语言、文字等书面化和系统化的语言进行表达的程度，反映了服务创新所需的客户知识能否较快地被企业组织员工所理解。

知识嵌入性是在嵌入性概念基础上提出的，反映了知识自身的一种属性。Badaracco（1985）指出，知识如果高度嵌入于复杂的社会互动和组织内团队关系中，将难以实现迁移[202]。Weiss（1999）认为，嵌入性知识具有情景依赖性，若对其编码可能会遗漏重要的环境变量。此外，Lam（2000）对嵌入在组织惯例和共享规范中的知识进行分析，发现这些知识具有关系专属性、情境性和分散性等特点。借鉴学者的知识嵌入性概念,本书将其应用到服务创新的客户知识转移之中,认为知识嵌入性是指客户知识会以某种形式嵌入个人、工具、共享的价值观、流程和系统等各种载体的程度,具有情景依赖性、关系专属性等特点。

4.1.1.4 服务创新绩效的相关概念界定

服务创新绩效是指服务创新活动的产出和成果。由于服务创新过程及产出的复杂性,学者运用不同指标对其进行度量,目前尚未形成公认的测度体系。关于服务创新绩效维度构成,Voss(1992)[192]将服务创新绩效分为过程和结果绩效。其中,过程绩效从开发成本、服务有效性及创新速度等方面衡量,结果绩效从财务、竞争力、品质等方面进行衡量;Storey Kelly(2001)[193]通过参考平衡计分卡方法,设计了更全面的衡量指标,包括财务表现、客户关系、内部流程及行动方案(学习和成长)的衡量。王琳和魏江(2009)[194]将服务创新绩效分为企业绩效和客户绩效。企业绩效从进度控制和预算控制衡量,客户绩效从客户再度合作意向和客户满意度来衡量。Chyi–Jaw(2010)[195]通过服务达到先前设定目标程度、市场份额、所实现的利润率、销售量和超过竞争者的程度,衡量服务创新绩效。综合现有研究,大多从两个角度来考察:一是创新过程视角,学者重点从创新过程的成本、开发周期、质量等方面考虑;二是创新结果视角,学者主要从财务绩效(收入、利润、回报率等)、客户关系(客户满意度、客户反馈等)及市场地位等来考虑[49][192]。

参考上述学者的研究,基于 KIBS 服务创新项目背景,本书认为,服务创新项目必须兼顾企业的长期目标与短期目标,才能真实地反映出服务创新绩效。由于过程绩效偏向于短期效果,结果绩效偏向于长期目标完成情况,本书将服务创新绩效划分为服务创新过程绩效和服务创新结果绩效。其中,服务创新过程绩效是指服务创新项目的完成速度、实际成本、实际质量等方面与项目预期计划相比的情况。服务创新结果绩效是指服务创新项目在服务产品新颖性、市场新颖性等方面与同行业相比的情况。

4.1.2 概念模型构建

知识经济时代,知识资本成为企业开展服务创新及保持竞争优势的源泉。然而,大多数企业很难拥有创新所需的全部知识,急需与外部主体建立广泛的联系以获取知识资源。对企业来说,客户知识是充分识别、评估、挖掘市场机会进行服务创新的核心所在。由于全球化竞争节奏加快及客户需求更趋多元、个性化，企业需要建立客户知识收集、转移、分享、整合和转化的渠道和手段，强化客户知识的价值增值来开展服务创新。而客户协同创新已成为获取这种竞争优势的重要手段，并成为一种新的创新范式（Greer, 2012）[12]。在实践领域，Snap-on汽车公司与自动化专家合作创造电脑诊断系统，乐高集团在Mindstorms NXT Robot机器人的研发中与客户合作，以及英国广播公司（BBC）与提供节目内容的客户合作等（Seybold, 2006）[196]。客户协同创新在产品和服务创新领域发挥着越来越重要的作用，正日益成为实践界关注的焦点。

客户协同创新是客户以其独特创新资源、知识、经验及技能等为要素载体参与到企业创新活动过程，通过发挥并整合各自的创新要素活力，继而实现深度知识增值的协同工作系统。客户协同创新的概念一经提出，便引起学术界的广泛关注。由于客户协同动机及内容多元性[119,120,121,122,123]、协同方式及能力多样性[14,45,124]、知识异构及流转差异性[166][168][177][180]，导致客户协同创新活动呈现出不确定性、多态性及复杂性。在此态势下，学术界对客户协同创新影响企业创新绩效的结果效应没有形成统一的观点。学者认为，客户协同创新对企业创新绩效的影响是有利有弊的。

首先，实施客户协同创新的一个明显优势是加强企业项目成员与客户之间的联系，这种关系嵌入具有频繁互动、深度信任及目标共享等特点[197]，能够及时为企业提供所需要的客户知识和专业化信息（如个性化需求、专门知识、产品反馈等），有助于创新项目团队成员明智决策，从而制定出更完善的开发计划，降低创新项目开发的模糊性和不确定性。其次，客户通过信息提供和任务协作等资源投入方式[32][51]，能够帮助企业提升分析和处理问题的能力。协同资源投入不仅涉及信息整合，还涉及行为整合，可以明确创新过程中的需求特征、服务创意及概念、服务功能设计等具体参数，进而有助于创新所需的关键知识能及时、准确地传递，尽可能地杜绝成本高昂的重新设计和生产。此外，规范协调机制规定了双方合作和解决问题的目标、规则和程序，构建了双方行为的规范和准则，并提供冲突解决机制，有利于降低创新项目开发的沟通协调成本。

在企业创新过程中，实施客户协同创新也可能带来不利的影响，主要体现为实施难度、所需成本及面临的风险。首先，将客户作为"临时雇员"参与企业创新决策[32]，使团队成员趋于多元化、关系复杂化，从而增加了协调难度和决策的复杂性。由于来自不同领域的客户和企业人员往往会有不同的战略目标、发展方向和价值观,这种多元化背景,可能会导致个人在预期与需求方面相互冲突,降低团队成员决策质量和开发能力。其次,客户通过参与创新过程,会掌握企业服务流程的重要信息,这些信息若传递给竞争对手,会加剧行业内部竞争,从而使企业处于不利的竞争地位[43]。此外,与客户合作,需要耗费大量的资金成本和时间成本。例如,与客户合作的企业相关人员,需要经过一系列特殊的培训,才具有足够的能力与客户深入沟通。同时,通过组织会议、在线社区等方式,与客户交互和互动也非常费时费力。而大多数客户只有有限的能力参与创新,企业寻找领先客户(Lead user)也需要花费大量时间和精力。创新风险体现在:客户参与的合作创新是"不稳定的、脆弱的",会引发控制风险(Martin,1999)[46];客户参与导致信息对称性提升,企业对客户的议价能力将减弱[44]。另外,客户协同创新的有效性可能会受到一些障碍的影响。如客户和企业通常会受限于自身的认知和观点,加之缺乏对方的知识基础,将很难理解对方的知识并加以利用。如果参与创新的人员缺乏相关经验或培训,客户协同创新活动往往很难达到理想的效果,甚至会对企业产生不利的影响。

综上所述,从以往研究结果看,关于客户协同创新对企业创新绩效提升作用的研究结论并不一致。客户协同创新在给企业带来新机会的同时,也带来了新的问题和挑战。因此,探索如何借助客户协同创新这种"桥梁策略",有效地提升企业创新绩效成为目前企业界和学术界亟须解决的关键问题。

客户协同创新对企业创新绩效影响作用不一致的一种可能解释是:研究情境和客户协同创新测量的不一致。首先,随着研究深入,有学者发现,不同的行业背景、参与群体、创新类型等,客户协同创新的构成要素会存在差异,且相同要素对结果变量的影响也不同。知识密集型服务企业作为新的研究对象,相关研究还处于初始阶段,已有在其他行业的研究结论在新环境下是否适用,还有待回答。其次,已有研究主要沿袭了传统技术创新中"客户参与"的分析范式,对服务创新过程中创新主体间复杂的协同关系、规范协调机制及工作环境多样性等特点未能完全考虑。最后,现有研究也未能深度挖掘各维度间的相关关系。因此,为了清晰地理解客户协同创新对服务创新绩效的关系,本书基于知识密集型服务业背景,对客户协同创新的维度进行细致划分,并针对客户协同创新各维度对服务创新绩效水平之间的关系分别提出假设,进一步地探讨客户协同创新各维度间的影响关系。

客户协同创新对企业创新绩效影响作用不一致的另一种可能解释是:存在关

键中介变量影响两者之间的作用路径。通过检索中外文数据库,发现鲜有学者关注过客户协同创新对服务创新绩效的中介效应,相关研究仅处于起步阶段。一些学者从客户参与或互动的角度,试图打开客户参与创新与创新绩效之间的影响机理"黑箱",主要从关系嵌入(姚山季,2012;Ming,2012)[51][52]、知识整合(王琳,2011)[116]、知识管理(Pilar Fidel,2015)[149]、知识获取(范钧,2013)[47]、知识转移(张若勇,2007;卢俊义,2010;李清政,2014)[49][50][51]等视角来展开分析。但"客户参与"只关注于协同的行为层面,缺乏对客户协同创新的其他维度与服务创新绩效影响机理的讨论,难以全面回答"客户协同创新影响服务创新绩效的内在机理是什么"。以"客户协同创新"为视角,深入探究其影响服务创新绩效的机理还比较缺乏,而这正是本书的关注重点。基于协同理论,系统各要素会在复杂的相互作用下,推动系统形成良性循环和协同效应,使系统向有序化方向发展。客户协同创新的本质是以"知识增值"为核心[12],通过不同创新主体(客户和企业)之间的互动而进行知识传递和吸收的价值创造过程。基于知识创造理论,服务创新是从不可编码知识向可编码知识转化的过程,即不可编码知识通过学习形成可编码知识,可编码知识通过积累、整合和内化,形成新的不可编码知识,如此循环往复的过程[90]。因此,客户协同创新与服务创新绩效的正反馈过程很可能表现为客户知识的转移过程。客户知识转移是客户协同创新与服务创新绩效间关系的中介变量。

客户协同创新对企业创新绩效影响作用不一致的其他可能解释是:存在某些调节变量影响客户协同创新与客户知识转移的关系。权变理论认为,在不同的权变情境中,组织管理的战略、流程和技术会有所不同,组织需要制定差异化的管理战略与策略来适应环境变量的要求[198]。根据权变理论,为了实现高水平的服务创新绩效,客户协同创新策略和模式应该与其所处的外部环境相匹配。现有关于调节作用的研究主要关注于:产品视角,探究服务产品的标准化程度、产品新颖性、项目模糊性和不确定性情境下,客户参与创新对创新绩效的影响[32][56][54][116]。产品视角的本质是由创新所需的知识特性所决定的。知识特性(如显性、隐性、嵌入性、复杂性等)是客户协同创新影响客户知识转移发挥作用的重要情境[69]。Grant(2000)曾指出,由于隐性知识在组织成员之间的转移会异常困难,相应地需要协同的力度就要加大[199]。因此,在服务创新过程中,企业需要根据所需的客户知识特性,动态调整客户协同创新模式,促进企业和客户间更好地合作和信息流动,从而实现服务创新绩效的提升。可见,知识特性是影响客户协同创新与客户知识转移关系的关键调节变量。

基于上述理论观点和论述,本书提出客户协同创新、客户知识转移、知识特性和服务创新绩效的影响机理模型。具体而言,根据前文的研究变量界定,将客户协同创新划分为协同关系嵌入、协同资源投入和规范协调机制维度,将客户知识转移划分为客户知识获取和知识吸收维度,将知识特性分为知识可表达性和知识嵌入性,将服务创新绩效划分为过程绩效和结果绩效维度,进而构建出总体概念模型如图4.1所示。该模型不仅研究客户协同创新维度间的相关性及其对服务创新绩效的直接影响,还深入研究客户知识转移在其中发挥的中介作用,以及知识特性的调节作用。

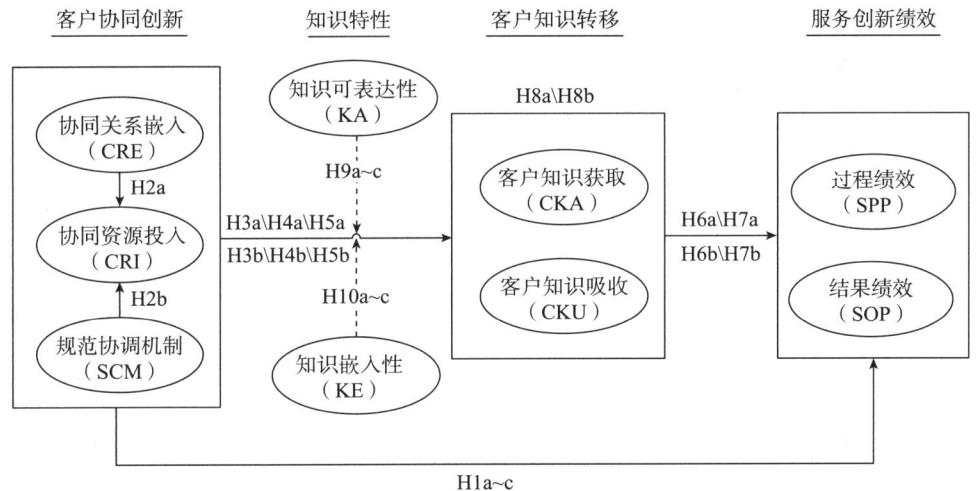

图4.1 客户协同创新对服务创新绩效的影响机理概念模型

4.2 客户协同创新维度之间关系及其对服务创新绩效的影响研究假设

4.2.1 客户协同创新对服务创新绩效的影响

基于协同理论,客户协同创新的维度要素是引导系统从无序状态向有序状态，或低端有序向高端有序关系转变的条件变量[4]。通过客户协同创新各要素间的相互作用和配合，以支配创新系统向有序、稳定的方向发展，促进企业创新产生倍增或放大的协同效应。从这个理论视角看，客户协同创新被理解为实现企业创新绩效的"战略路径"，对服务创新绩效产生积极的影响。

资源依赖理论认为，客户知识资源是企业所需的关键而稀缺资源[91,92]。为了减少对客户资源的依赖，企业会主动地与客户合作，通过建立正式或非正式的联系，将客户纳入到创新过程，双方人员及时地传递所需的信息、专业技能和知识等资源，从而降低对关键资源的依赖及各种不确定性问题。企业与客户的关系越紧密，交流越频繁，获取资源的能力越强。从这个视角看，客户协同创新被理解为获取客户知识资源的"桥梁策略"，对服务创新绩效产生积极的影响。

价值共创理论认为，客户是价值的共同创造者[6][7]。企业不能简单地将客户视为营销对象，而应被看作企业的主控资源[10]，其在企业的产品生产、营销、交付和使用等过程中做出贡献；企业也不再单纯地制造产品或服务，而应积极地参与到客户的产品组合定制、使用消费、维护保养等价值创造过程，共创独特的客户体验（Vargo and Lusch, 2008）[6]。这意味着企业不仅要以客户为导向，还需与客户合作和相互学习来创造满足客户需求的新产品和服务。基于这一理论视角，客户协同创新被认为是与客户共同创造价值的"关系纽带"，对服务创新绩效产生积极的影响。

上述的不同理论视角，为探究客户协同创新与服务创新绩效之间的关系提供了理论基础和依据。具体而言：

4.2.1.1 协同关系嵌入对服务创新绩效的影响作用

关系嵌入反映了网络成员通过与其他成员联结和互动，分享信息和知识的程度（Burt, 1992）[205]。Granovetter（1973）[206]首次提出"关系强度"（Tie strength）的概念，并将关系强度分为强关系（Strong tie）和弱关系（Weak tie）。其中，强关系意味着关系双方存在互惠互利的合作关系，其交往和互动较频繁，彼此间有高度的认同感和信任感。反之，则为弱关系。

现有研究关于关系强度（强关系或弱关系）对企业绩效的影响，有不一致的观点。大多数学者认为，强关系能够增进关系双方对彼此的了解，促进信息和知识的沟通和交换，企业更容易发现、利用和充分挖掘信息和隐性知识，从而提升企业创新绩效[197][207][208][209]。吴晓波（2005）[197]认为，客户和企业的关系越强,双方基于信息、知识、技术和资源的交互越频繁,这能够确保企业产品的功能和质量更好地满足客户的需要。与此同时,紧密的关系联结向关系双方传达出长久的合作导向,能够增进彼此间的信任感和认同感,这些都是嵌入在紧密关系中的社会资本,有利于企业绩效的提升。以全球汽车行业为研究背景,Dyer 和 Sigh (1998)[207]实证发现,制造商和供应商的关系嵌入,能够提升制造商的企业绩效。Andersson 和 Forsgren (2002)[208]则以瑞典跨国母公司、子公司为研究对象,发现母—子公司的嵌入关系是双方共同的战略资源,不仅能促进子公司在跨国公司中的竞争力发展,还能够促进母公司绩效的提升。Varis 和 Littunen (2010)[209]则强调外部关系的重要性,认为企业通过构建外界创新网络,能够有效地降低交易成本。

由于具有强关系的客户之间,拥有的知识面会逐渐趋同,会产生锁定效应(Lock‐in),而失去其灵活性和有效性[205]。因此,有观点认为,弱关系在不同组织间充当着"桥"的角色,通过与异质客户保持联系,能够很方便地接触多样化的信息[205]。凭借较为松散的联结,能够为关系网络内企业和客户之间相互学习提供宽松的条件,有利于企业获取异质、新颖的信息和知识,从而帮助其产生新的创意和构思。

在 KIBS 创新情境下,协同关系嵌入是指客户与创新组织及成员之间形成的协同工作网络,通过创新进程中关系质量强化产生利益优势。协同关系嵌入将企业组织成员与客户联系起来,形成"朋友"的关系角色。随着协同关系嵌入水平的不断提高,双方的交往、情感联系、关系亲密度以及对彼此能力和资源的意识得到提升,这会促进双方的信任度和归属感,并影响客户参与创新的意愿和具体行为,从而对企业服务创新绩效产生影响[197][207][208][209]。

从互惠利益、相互信任和互动频繁性要素特征角度,对协同关系嵌入与服务创新绩效的关系进行阐述:①互惠利益强调协同行为对企业和客户均有利可图,这有助于降低信息不对称而导致的消极合作[197],促进相关信息快速、高效地流通,从而缩短服务创新所需的开发时间。②客户对企业组织的高度信任感,将有利于企业获取客户的关键技术及隐性知识,进而保证服务创新的质量能更好地满足客户的需要。③互动频繁性向客户传达出持续合作的意愿,具有长期关系导向作用,这些都是嵌入在紧密关系中的社会资本,从而有效地提升服务创新的结果绩效。因此,本书提出以下假设:

H1a:协同关系嵌入对服务创新绩效有显著的正向影响。

4.2.1.2 协同资源投入对服务创新绩效的影响作用

协同资源投入是指客户不仅为企业提供服务创新所需的信息、知识和资源，同时与企业密切配合来共创知识，以支持服务创新活动的顺利实施。协同资源投入是客户协同创新的最基本要素，也是提升创新绩效的核心资源基础，体现了企业可以接触并调用客户资源的程度。

在服务创新过程中，企业代表技术，客户代表市场，双方拥有互补的、异质的资源。资源依赖理论认为，服务创新过程中，企业对客户知识资源具有较高的依赖性，客户资源和能力是创新成功的关键（Matthing, 2004；Ramaswamy, 2005）[95][147]；与此同时，客户也高度依赖企业的专业知识和技术去解决自身问题。这种相互依赖性体现在：一方面，客户协同资源投入程度越深，新服务开发过程中可接触和可应用的异质性客户资源就越多，这有助于拓宽企业可利用资源的范围，对服务创新的创意产生、概念构思、设计开发等阶段产生积极的影响；另一方面，协同资源投入程度越深，企业和客户间的合作越紧密，这有助于产生满足客户需求的高质量服务。具体而言：

首先，从创新来源看，服务创新的创意产生和概念不仅来自企业内部研发团队，还可能来自客户个人及双方的互动过程。当客户协同资源投入程度加深时，企业能更及时、准确地获取需求信息、市场信息、竞争对手信息等多样化的信息，这些信息蕴含着丰富的洞察力，能够帮助项目成员发现服务创新过程存在的问题和机会。项目成员对新服务开发过程的理解更深入，也有助于碰撞和涌现新颖的想法和创意，帮助企业形成创新解决方案（Alam and Perry, 2002；Fang, 2008）[32][33]。

其次，从创新过程看，在服务创新的需求分析、创意提出、概念开发、测试等环节，企业需要客户提供必要信息、反馈建议及参与协作活动来进行决策（Ramaswamy, 2005）[95]。企业与客户各自掌握的知识资源若能有效地整合，便产生了协同效应，有助于形成更有价值、稀缺和难以模仿的独特资源，推动服务创新结果绩效更好地实现。

最后，从创新结果看，在服务创新的具体环节中，客户承担部分企业员工的相关工作和职责，能够促进掌握不同知识技能的客户和员工相互沟通、配合和协作。Fang（2008）认为，客户任务协作有利于促进双方相互协调解决遇到的具体问题，促成更有洞察力与可行性的服务解决方案[32]。

综上所述，通过客户积极参与服务创新进行协同资源投入，能够在以下方面提升服务创新绩效：促进服务差异化，帮助企业开发出与客户需求相匹配的服务；缩短服务开发周期，提高上市速度；更好地把握服务的相关属性，有助于持续的服务产品改进。因此，本书提出以下假设：

H1b：协同资源投入对服务创新绩效有显著的正向影响。

4.2.1.3 规范协调机制对服务创新绩效的影响

企业在开展服务创新过程中面临的困难体现在：①高度不确定性，其创新本质上是一个过程或概念，而不是有形实物产品能够被预先测试；②高度复杂性，创新任务涉及跨域组织边界的多个部门和群体，需要广泛地进行任务合作和频繁的沟通（蔺雷，2005）[210]。虽然，很多企业邀请客户参与服务过程，目的是降低服务生产的复杂性和结果不确定性。但事实恰好相反，这种参与会加剧服务创新的复杂性和不确定性。Bowen 和 Ford（2002）[142]从企业绩效和员工压力两方面对客户参与创新可能造成的负面影响进行了探讨。Kimmy（2010）指出，与客户合作时，客户对核心信息的掌握将会提升，若客户将此信息提供给竞争对手，将会加剧行业竞争[43]。此外，与客户合作还会降低企业对客户的议价能力[44]，而客户突然中止合作也将严重影响新产品开发成效[45]。

在 KIBS 服务创新情境下，企业为了消除不确定性的影响，会与客户制定规范协调机制，即设立规范和契约，制定应对未知结果的程序及补救措施（Steensma，2000）[211]，这种机制设计为保证双方合作提供了制度框架和法律基础。具体体现在：

首先，规范协调机制能够促进双方相互适应性调整，共同解决合作中出现的问题。在客户协同创新过程中，企业和客户由于对创新目标、创新方案的理解和认识差异，往往会产生目标冲突、不一致行为等问题，这时需要双方相互调整与协调，促进服务创新的开展。Bettencourt（2002）[107]指出，有效的客户参与机制设计，会使企业员工和客户着眼于主要的项目目标；在细节上发生矛盾和冲突时，也愿意遵守企业的专业判断和规则，这有利于提升服务创新的开发速度和质量。

其次，规范协调机制能够保障合作双方的利益，降低知识溢出的风险（Steensma，2000）[211]，有助于双方按照约定好的程序和方式进行知识交换与共享，提高客户知识转移的效率和准确性，进而提升服务创新绩效。因此，本书提出以下假设：

H1c：规范协调机制对服务创新绩效有显著的正向影响。

4.2.2 客户协同创新各维度之间的关系

客户协同创新是由相关要素间相互作用、相互配合来实现协同效应的。因此，客户协同创新系统各维度要素间不能简单割裂开来单独研究，需要进行全面、深入的分析和验证它们之间的相关关系。

4.2.2.1 协同关系嵌入与协同资源投入

协同关系嵌入是企业和客户基于互惠互利原则而产生的双边交易关系，强调交易双方对彼此信任、亲密度和团结的程度（Granovetter，1992）[212]。协同关系嵌入作为一种典型的非正式控制方式，在协同合作、资源交换和知识共享等方面发挥着重要的作用。

从认知角度看，协同关系嵌入主要体现为共享的价值观、目标和文化等方面，通过企业和客户组成的关系网络，建立组织规范和信任，能够提高客户的归属感和认同感。客户作为"准员工"，参与企业的服务产品开发过程，能够加深客户对组织规范、组织价值观和准则的理解，这种认同感和归属感能够降低信息和知识的黏性，促进客户的协同资源投入。

从关系角度看，随着协同关系嵌入的提高，企业员工和客户间的交往及互动更加频繁，双方愿意为彼此共享所掌握的知识和资源，这能够有效地降低交易成本和关系风险，有助于提升客户投入资源的意愿和动力。

从互动角度看，关系嵌入强度越高，成员间的信息交换频率越高。相应地，信息交换的内容将会更为细致、复杂，甚至会涉及对方的核心机密和隐性知识。这种关系在服务创新中更加明显，由于服务的"生产与消费不可分离性"特征，客户需要积极参与到服务的整个生产和传递过程，并与企业员工产生大量的交互作用。

因此，借助良好的关系嵌入，客户能更好地传递知识，提高协同资源投入水平。基于此，本书提出以下假设：

H2a：协同关系嵌入对协同资源投入有显著的正向影响。

4.2.2.2 规范协调机制与协同资源投入

客户协同创新往往伴随着客户—企业双方人员的技术交流、管理技巧交流、情感互动等活动。规范协调机制为双方经济行为和交往提供法律约束及制度框架,为合作双方协作达成、冲突解决和战略方向确定,提供了稳定基础。

首先,正式、明确的书面契约,规定和说明了合作双方的权利、义务、职责。在书面契约中,企业和客户之间的协作规划和资源投入职责将进一步地明确,并对合作各方的利益和共同利益都能兼顾和平衡,这不仅能够减少潜在的冲突,还能够提高资源整合和合作的效率。

其次,规范协调机制还会在规则、条款中制定双方合作的目标、规则和执行程序,并提供对未知结果的应急预案及解决程序,以降低不确定性带来的威胁(Steensma,2000)[211]。这有助于减少企业创新项目管理者和客户的焦虑情绪,进而建立明晰、稳定的双方关系。合作双方通过制定具体的互动作用程序或机制,能有效地链接知识资源,共同解决问题[45]。比如,在创新过程中,客户可确认新服务的需求特征、服务创意及概念、服务功能设计等具体参数。

最后,规范协调机制作为一种正式控制方式,具有契约强制性[211]。合作双方在关系中的权利和义务具有法律基础,也为双方提供争端处理的工具,任何一方违反协议都需要承担相应的法律责任等。一方违约后,违反方将受到惩罚,而受害方将会得到补偿,从而在法律约束下鼓励关系双方的资源贡献和持续投入。

因此,本书提出如下假设:

H2b:规范协调机制对协同资源投入有显著的正向影响。

基于上述理论分析,本书得到了客户协同创新所包含的协同关系嵌入、协同资源投入和规范协调机制三维度之间的关系,并具体分析了三个维度对服务创新绩效的影响。相关概念模型如图4.2所示。

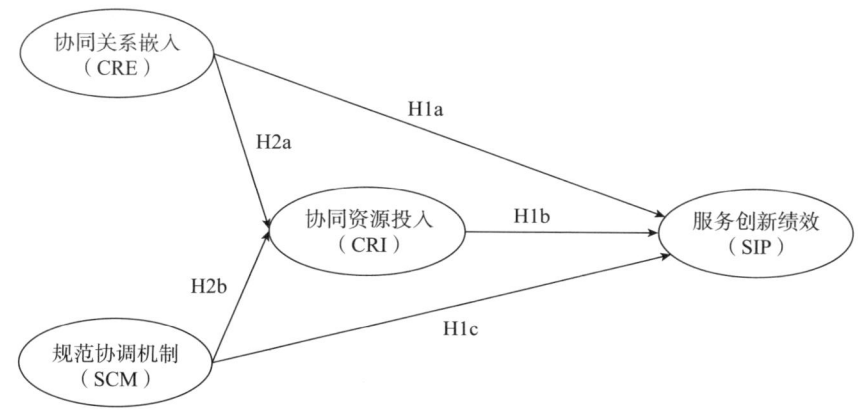

图4.2 客户协同创新维度之间关系及其对服务创新绩效的影响概念模型

4.3 客户知识转移的中介作用研究假设

4.3.1 客户协同创新对客户知识转移的影响

基于知识基础理论,知识是影响企业价值创造最为重要的战略性资源。该理论将企业视为由异质知识组成的有机体,通过对相关知识进行创造、存储和利用,形成异质性、难以被模仿的隐性知识,是企业保持核心竞争优势的关键[90][100]。客户知识(如需求、购买决策、体验、评价等)是企业创新中独特的、不可模仿的、有价值的战略资源。因此,如何有效地获取客户知识,以及如何对客户知识进行消化、吸收、整合和应用,实现知识向服务产品的转换,是企业服务创新的基础。

首先,实施客户协同创新有利于企业对客户知识的获取,尤其是对客户隐性知识的获取。客户隐性知识具有难以表达和形式化的特点,是嵌入在特定情境下的知识,获取的唯一途径是社交转移,即直接的交互活动[162]。企业服务创新项目成员与客户协同创新,增加了相互沟通和交流的机会,也使项目成员更深入地了解客户的潜在需求。

其次,实施客户协同创新有利于客户知识的传递和共享。项目成员通过与客户协同创新,能够有效地穿透企业各种边界和障碍,建立跨越企业边界的良好合作关系,通过成立任务小组、在线社区或集体讨论等方式,更好地协调和共享双方的专业知识、技能和经验,实现知识传递和共享。客户作为企业的"临时雇员"参与服务设计、生产、传递等环节,有助于形成鼓励信息流动的交易机制[52]。

最后,通过客户协同创新有利于新知识的创造和应用。企业服务创新项目成员与客户之间多元信息的交流和沟通,能更好地分享知识并创造新知识,从而支持服务产品开发活动,提升创新绩效。Strambach(2001)[101]具体研究了KIBS企业和客户互动对知识生产和流动的形成机制,将其分为三个阶段:对隐性知识和显性知识的获取、知识的重组及重组后的知识转移给客户。

综上所述,客户协同创新不仅为企业获取客户知识提供了重要途径,也提高了客户知识吸收、转化和应用的效率。具体而言：

4.3.1.1 协同关系嵌入与客户知识转移

首先，协同关系嵌入为企业创造了一种更加信任、开放、互动的外部情境。协同关系嵌入越高，越容易形成对于彼此的信任感，有利于促进客户知识特别是隐性知识的传递、吸收及整合。这是因为合作双方能真诚地沟通，客户愿意分享其隐性及敏感知识；同时，信任也提高了企业从客户获得知识的准确性，进而确保客户知识的质量和可靠性，有利于企业对客户知识的吸收和整合[166][213]。Kogut 和 Zander（1996）[166]认为，只有与客户建立良好的关系网络，才能获得根植于客户头脑中的隐性知识。Uzzi（2003）[213]认为，关系双方的联系密切度和互动频繁度，与知识获取正相关，双方形成的信任对获取新知识、加快信息处理、发现新方法有直接的关系。

其次，对于获取的客户知识，企业项目内部成员间会相互交流和分享，理解、消化和吸收这些知识，然后将其和企业内部已有的知识相融合创造新的知识，最终将新知识应用于服务创新中。协同关系嵌入越高，客户与企业项目内部成员间的信息交换就越频繁。相应地，双方会更加细致、深入地交换信息的内容，企业会对这些信息和知识进行识别和吸收，并根据自身条件对客户知识进行整合，最终应用到企业新服务创新过程中。吴晓波（2005）[197]通过对浙江省优势医药企业的实地调研，发现企业与成员之间的高度嵌入可以搭建高质量的信息沟通渠道和平台，推动复杂知识的转移。

综上所述，协同关系嵌入具有频繁互动、深度信任及目标共享的特点，为客户共享高情境化知识以及默会知识创造了良好的情境。在这种情境下，不仅有利于客户知识的获取，还能促进客户知识的吸收并与企业已有知识进行整合，共同创造新知识。基于此，本书提出如下假设：

H3a：协同关系嵌入对客户知识获取有显著的正向影响。

H3b：协同关系嵌入对客户知识吸收有显著的正向影响。

4.3.1.2 协同资源投入与客户知识转移

首先，客户将关于服务的个性化需求、专门知识、购买决策、体验等信息资源提供给企业，能够降低研发环境和服务创新项目的不确定性[52]。客户投入的资源是企业不断改进的创新动力，能够帮助创新开发小组在新服务产品设计的初始阶段就抓住潜在问题。Feng（2012）[131]认为，来自客户的市场信息，可以帮助新产品开发小组,识别出市场需求与企业所追求的机会,进而有利于企业产生合适的产品属性,以及确切的产品概念,有助提升新产品的上市速度。

其次,协同任务分担表明客户深度参与创新活动,并承担部分创新任务[50],能够使企业更好地了解客户的期望、潜在需求和服务价值,这样,客户提供的信息将更具指导意义;同时,任务分担也被认为是双方责任共享,能够促进双方共同解决创新过程中所遇到的问题。张若勇(2007)[49]认为,客户协同资源投入越深,客户将更愿意作为企业的"内部员工",分享和传递其隐性知识,并与企业一起共创新知识。

综上所述,协同资源投入不仅涉及信息整合,还涉及行为整合,可以明确需求特征、服务创意及概念、服务功能设计等具体参数,进而有助于创新所需的关键知识及时、准确地传递,尽可能地杜绝成本高昂的重新设计和生产;另外,企业通过与客户任务共担,将双方的知识优势进行整合,共同解决创新难题。基于此,本书提出如下假设:

H4a:协同资源投入对客户知识获取有显著的正向影响。

H4b:协同资源投入对客户知识吸收有显著的正向影响。

4.3.1.3 规范协调机制与客户知识转移

首先,通过规范协调机制,企业和客户双方能最大化地消除双方的目标不一致性,提高个体利益和共同利益的一致性[214]。这是由于在双方签订的书面契约中,约定了各自的权利及义务,并制定相应的激励和惩罚措施、冲突处理程序和标准。在这种共同利益导向下,客户更愿意按照约定好的程序和方式,来进行知识交换与共享,进而提高客户知识转移的效率和准确性。

其次,通过规范协调机制,企业和客户双方会明确合作的目标、范围和具体流程,并依赖正式契约解决争端和不履约问题,可以降低关系所面临的不确定性,提高协调的效率,进而实现资源的有效配置,这有助于增强企业和客户对未来合作前景的信心。本质上,规范协调机制提供了一种保险形式,能够减少客户的焦虑,提升关系双方的信任和承诺(Steensma,2000)[211]。

最后,规范协调机制清晰地界定什么是允许的,什么是不允许的,详细的条款不仅能明确合作伙伴的利益,并且能够对滥用知识的行为进行惩罚,为合作方的行为和合作成果提供了良好的评价参照和标准。这种机制会使关系双方的行为更加明确和透明,通过制定合作伙伴的合作规则和流程,有助于双方的知识交换和共享。

综上所述,规范协调机制不仅能最大化地消除关系双方的目标不一致性,还能有效地处理关系双方的争端和不履约问题,使两者达到一致,以保证协作行为的顺利进行。基于此,本书提出以下假设:

H5a:规范协调机制对客户知识获取有显著的正向影响。

H5b:规范协调机制对客户知识吸收有显著的正向影响。

4.3.2 客户知识转移对服务创新绩效的影响

大量研究表明,知识转移和企业创新绩效之间存在着正向关系[49][50][69][72][215]。很多学者将企业创新绩效作为整体变量[49][50],忽视了不同转移过程对企业创新绩效的差异性。基于此,本书以 KIBS 服务创新项目为背景,将服务创新绩效进一步划分为过程绩效和结果绩效,并分别考察客户知识获取和客户知识吸收对两种绩效的不同影响。

4.3.2.1 客户知识获取与服务创新绩效

首先,客户需求知识和经验是成功开展新服务所依赖的关键资源,也是不确定情境下高质量决策的重要依据。企业在服务创新过程中需要多方面的客户知识,如果这些知识能及时、有效地获取,则有助于项目开发团队识别出市场需求与企业所追求的机会、制定合适的产品属性以及准确的产品概念。Yli–Renko 和 Autio(2001)针对高新技术企业的创新研究发现,获取关键客户的知识对于高新技术企业开发新产品有重要的促进作用[215]。此外,Von Hippel(2005)[69]、杨育(2008)[72]研究均表明,企业创新的外部知识来源更多地来自客户。

其次,通过准确地把握客户需求,企业能增强其创新组合能力,从而缩短产品开发周期,比竞争对手更快速地推出新服务,保持和提升市场竞争地位,开拓市场机会。范钧(2013)[47]研究证实,高水平的知识获取,能够增加决策制定和执行的效率,从而比竞争对手更快、更好地创造出新服务或产品。

此外,通过客户知识获取,企业可以对已有知识进行整合形成协同效应,进而创造出独特的、有价值的、难以模仿的服务和产品,提升服务和产品的创新性。Nonaka(2007)[90]指出,知识转移有利于组织产生新的创意和构思,有助于企业将已有知识与新获取的知识进行整合,进而创造出新颖的产品或服务。

综上所述,一方面,客户知识获取为企业带来了独特的资源,企业拥有知识的多样化能够加快企业生产流程,增强企业的服务创新能力;另一方面,客户知识获取有助于创造独特的、有价值的、难以模仿的新服务,进而提升服务创新的结果绩效。因此,本书提出以下假设:

H6a:客户知识获取对服务创新过程绩效有显著的正向影响。

H6b:客户知识获取对服务创新结果绩效有显著的正向影响。

4.3.2.2 客户知识吸收与服务创新绩效

Zahra 和 George(2002)[216]指出,企业创新绩效不仅取决于企业获取和积累的知识,更取决于把知识转化为行动的能力,而这种转化的工具就是知识吸收。企业知识吸收能力越强,越容易将所吸收的外部知识转化为企业的创新产出,越能保持其核心竞争优势。在客户协同创新过程中,客户知识吸收是指企业对获取的客户知识进行评估、理解,并与已有知识整合生成新知识的过程。在此过程中,企业不仅要管理和利用获取的客户知识,还需要将这些知识资源更有效地吸收及整合,创造出独特的、更加有价值、稀缺和难以模仿的知识竞争优势。

首先,服务创新过程中,客户知识和智力资源存在于企业和客户两端,具有分布式特征。这要求企业成员必须能够接触与汲取这些知识,并与内部已有知识相整合,应用到服务解决方案中。正如 Spender 和 Grant(1998)[17]所言,客户知识作为创新所需的重要资源,其有用性不在于知识存量的多少,而在于其能否被有效地挖掘和整合。类似地,尽管通过客户参与协同创新,企业创新项目成员接触和利用客户的知识、资源和技能等机会增加,但这些知识只有创新性地应用到项目中,才能促进其转化为服务创新绩效。

其次,企业的客户知识吸收越强,对市场、客户、竞争对手等信息的掌控能力越强[217],也就具备更多的能力去识别外部有益的信息,将其转化为企业内部知识资本,以提升企业的过程绩效。若企业缺乏客户知识吸收能力,将会阻碍客户知识的有效转移,这将影响外部有用信息的转化和创新性应用,进而造成创新项目停滞不前,不利于创新项目成本的降低。

此外,客户知识是企业充分识别、评估、挖掘市场机会进行服务创新的核心所在。通过客户知识吸收,有利于多样化信息进行整合和创造,从而更好地发挥项目团队的创新思维。因此,本书提出以下假设:

H7a:客户知识吸收对服务创新过程绩效有显著的正向影响。

H7b：客户知识吸收对服务创新结果绩效有显著的正向影响。

4.3.3 客户知识转移对客户协同创新与服务创新绩效关系的中介作用

目前，研究文献对客户协同创新与服务创新绩效之间影响关系的研究结论还尚未达成一致，对于客户协同创新影响服务创新绩效的作用路径还不明确。客户协同创新通过怎样的过程机理来影响服务创新绩效，这个问题还未能得到很好的解决。基于协同理论，本书在前文分析得出，客户协同创新与服务创新绩效的正反馈过程很可能表现为客户知识的转移过程，并指出客户知识转移是两者关系的中介变量。接下来，本书通过资源依赖理论和知识基础理论对这一假设进一步地予以论证。

根据资源依赖理论，客户知识是改善服务创新绩效的宝贵资源，客户协同创新被认为是获取客户知识的重要信息资源战略，能够提高企业服务创新绩效和效果。这是因为：

（1）协同关系嵌入具有频繁互动的特点，表现出深度信任及目标共享的特点，为企业和客户共享高情境化知识以及默会知识（如个性化需求、专门知识、反馈等）创造了良好的情境。

（2）协同资源投入不仅涉及信息整合，还涉及行为整合，可以明确创新过程中的结构特征、设计特征、开发程序等具体参数，进而有助于创新所需的关键知识及时、准确地传递，尽可能地杜绝成本高昂的重新设计和生产；企业通过与客户任务共担，将双方的知识优势整合，有助于客户知识的有效吸收。

（3）规范协调机制有利于双方按照约定好的程序、沟通协商机制及风险管控方式措施，以保障关系双方的知识交换与共享过程，有助于降低企业的协调成本和时间成本。因此，客户协同创新成为客户知识获取、吸收和整合双方资源进行再创造的途径，也是客户知识转移的重要手段。

基于知识基础观，知识是影响企业价值创造最为重要的战略性资源。而客户知识是企业创新中独特的、不可模仿的及有价值的战略资源，是企业开展服务创新的基础。只有对客户知识进行有效的获取和吸收，才能激发企业创新。客户知识获取强调从外部获取互补性的客户知识，或通过实践、体验和反思从客观世界获得原创性知识的过程。客户知识获取是客户协同创新过程进行知识转移的第一步。对于获取的客户知识，企业需要通过客户知识吸收过程，将其转化为行动力。从理论上讲，企业的吸收能力越强，接收与应用新知识的能力越强。由此可见，客户协同创新是通过影响企业的客户知识转移过程，对服务创新绩效产生影响。

回顾以往研究，学者主要研究客户与企业互动、客户参与，如何通过知识管理的某一方面（如知识转移、知识整合、知识管理、知识共享等），作用于企业创新绩效的中介机理。如张若勇（2007）[49]、李俊义（2011）[50]基于知识转移视角，通过理论分析得出客户知识转移在客户参与创新对服务创新绩效的影响关系中发挥着关键的中介作用，但文中并没给出相应的实证检验。Fang（2008）[32]从知识共享角度，探讨客户参与创新对服务创新绩效的影响，认为客户信息提供和共同开发通过知识共享影响服务创新绩效。王琳（2011）[116]从知识整合角度，探讨KIBS企业—客户互动对服务创新绩效的作用机制，得出KIBS企业—客户互动通过影响内部知识整合和外部知识整合继而影响服务创新绩效的结论。陶颜（2007）[218]具体研究了金融服务创新过程的知识转移问题，并指出，企业与客户的交互过程中会产生多种类型的知识转移，这不仅有助于双方资源互补和能力重购，还能帮助其不断扩大自己的知识储备，进而提升企业的创新能力。

现有研究基础，在一定程度上反映出客户知识转移对客户协同创新与服务创新绩效关系的中介作用。企业员工通过与客户协同配合和互动交流，能够激发新的构思和独特创意，并通过对这些知识的获取、转化和应用创造出卓越的服务产品和创新绩效。基于此，本书提出以下假设：

H8a：客户知识获取在客户协同创新对服务创新绩效的影响关系中起中介作用。

H8b：客户知识吸收在客户协同创新对服务创新绩效的影响关系中起中介作用。

基于上述理论分析，本书构建了客户协同创新、客户知识转移和服务创新绩效之间的概念模型，并提出客户知识转移在客户协同创新与服务创新绩效关系中发挥着中介作用，具体概念模型如图4.3所示。

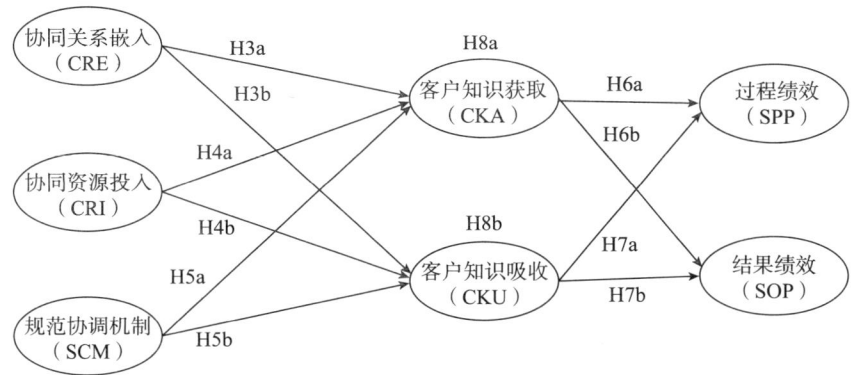

图 4.3　客户知识转移的中介作用概念模型

4.4　知识特性的调节作用研究假设

通过前文的理论分析，本书打开了客户协同创新对服务创新绩效的影响机理"黑箱"，并得出客户协同创新通过促进客户知识转移（客户知识获取和吸收）来影响服务创新绩效的机理。本节将聚焦客户协同创新与客户知识转移的关系，进一步透视不同情境变量的调节作用下，客户协同创新各维度对客户知识转移的影响。

客户协同创新对客户知识转移的提升作用并不是一成不变的。Fang（2008）指出，客户不论作为资源提供者或是合作生产者，并不能必然地带来期望的知识创造与整合[32]。也有学者提出，客户参与创新过程中，往往无法清楚地描述他们的需求，也很难指出产品问题，将客户纳入创新过程中并不是必需的[46]。这些研究均表明可能存在某些调节变量影响客户协同创新效用的发挥。

基于竞争优势理论，企业的根本独特资源是稀缺、难以模仿的知识。企业能力的本质是知识专有，知识是企业的核心竞争力及不断发展的唯一源泉。不难推断，企业要进行服务创新，就要在组织内部构建一个能够有效转移、共享、吸收和保持知识的系统和机制，以提高自身的知识水平及应用能力。知识特性（如显性、隐性、嵌入性、复杂性等）是客户协同创新影响客户知识转移发挥作用的重要情境[69]。Grant（2000）曾指出，隐性知识在组织成员之间的转移会异常困难,相应地需要协同的力度就要加大。周密(2015)[219]以部门内部个体之间任务知识的转移为背景,基于知识隐含性和知识复杂性角度将知识特性划分四种类型,并分别考察四种不同类别知识情境下知识距离对知识转移的关系。由此可见,知识特性是影响客户协同创新与客户知识转移之间关系的重要情境变量。

以往研究主要关注知识特性对知识转移的直接影响。例如,Zander 和 Kogut (1995)认为知识转移受知识的可成文性、可传授性、复杂性和系统依赖性等特性的影响[170]。Alavi 和 Leidner(2001)[178]总结了前人的研究成果,认为知识的隐匿性、可传授性、复杂性和系统性对知识转移起到重要的作用。左美云(2006)[169]认为,知识的数量、质量和结构决定知识势能,而知识势能会对知识转移的效果产生影响。肖小勇和文亚青(2005)发现,知识的模糊性、专用性和复杂性会通过知识应用影响知识转移的难易程度,而知识的有用性则通过知识转移的动机影响知识转移效率。此外,还有学者[179]研究发现,知识的模糊性、专用性和复杂性会通过知识应用影响到知识转移的难易程度,而知识的有用性则通过知识转移的动机影响知识转移效率。Cummings 和 Teng(2003)[180]研究发现,知识可表达性和嵌入性会影响到知识转移的效率。

本书认为,知识特性是影响知识转移的重要调节变量。权变理论认为,在不同的权变情境下,组织管理的战略、流程和技术也会有所不同,组织可以通过制定不同的管理战略与策略以适应环境变量的要求,而这也同样适用于服务创新过程中的客户协同创新活动。现有关于客户协同创新与客户知识转移之间关系的研究没有形成统一的结论,本质原因是不同知识特性情境下两者可能存在的关系会发生变化。

借鉴 Cummings 和 Teng(2003)的研究,本书将重点考察知识可表达性(Articulability)和嵌入性(Embeddedness)在客户协同创新与客户知识转移关系中的调节作用。选择这两个知识特性主要基于以下考虑:①它们相互关联并影响客户知识转移的难易程度;②与其他变量注重描述和测量知识的使用过程不同,知识的可表达性和嵌入性更加关注知识的深层次属性(Birkinshaw,2002)[200]。

4.4.1 知识可表达性的调节作用

知识可表达性是指知识能够通过语言、文字等形式进行表达的形式化和结构化程度,即通过文字、图像、声音等准确体现知识本质的程度(Bresman,1999)[201]。

对于服务创新而言,企业所需的客户知识表达性较低,这种知识往往根植于客户头脑中,是难以用语言文字表达的经验知识或专业知识。这类知识的特点是:较主观,与情境和知识所有者的经验密切相关;难以正式化和文档化,也不易与别人沟通和交流;根植于行为和经验中,高度个人化,很难被交流、理解和共享,需要通过对人行为的观察才能获得。为了获得这类知识,企业的相关人员需要与客户面对面地沟通和互动。这就要求与客户保持良好的关系嵌入,借助经验丰富的资深客户服务人员,通过灵活多样的交流沟通方式,获取和挖掘客户多样化、异质化的知识(Sundbo,1998)[220]。作为客户协同创新的维度之一,良好的协同关系嵌入,有利于企业通过面对面的交互、组织讨论等人际手段,与客户进行深度交流。另外,关系双方具有高度的信任和互惠关系,有助于双方对所拥有的相关知识产生更好的理解,鉴别出哪一种类型的客户知识需要被获取(Fang,2008)[32]。因此,本书提出以下假设:

H9a:当创新所需的知识可表达性较低时,协同关系嵌入对客户知识获取的正向影响更强。

与此相对,知识可表达性越高意味着:知识相对较客观、独立和结构化;可被抽象与储存;易表达、可编码、易于处理、传递、储存和共享;可通过正式的和系统的方式实现转移,如官方声明、规则、程序等。在知识表达性较高的情境下,企业相关人员将很容易获取客户知识,相应的知识获取渠道也多样,如电子邮件、网上讨论、论坛等方式。在该情境下,协同资源投入更有利于将不同背景的企业员工与客户结合起来,进而形成共同的知识基础,以帮助企业员工有效地识别、评估和获取服务创新过程中所需的客户知识。因此,本书提出以下假设:

H9b:当创新所需的知识可表达性较高时,协同资源投入对客户知识获取的正向影响更强。

规范协调机制是指通过正式的契约和明确的条款,规定和说明关系双方的权利、义务和职责,集中体现了关系双方共同考虑及安排的程度。当服务创新所需的知识可表达性较高时,企业从外部获取的信息和知识就越简单,相应地,关系双方更容易解决冲突、分歧来融合观点,进而有助于企业获得有效的客户知识信息。与此同时,规范协调机制本质上是不完备契约,由于不确定性和有限理性的存在,契约很难涵盖合作方所有的合作行为,及每一种可能的权变和相应处理(Cavusgil and Deligonul,2004)[214]。当服务创新所需的知识表达性较低时,相应的合作方式会更灵活,更难写入规范契约条款中。因此,本书提出以下假设:

H9c：当创新所需的知识可表达性较高时，规范协调机制对客户知识获取的正向影响更强。

4.4.2 知识嵌入性的调节作用

知识嵌入性是在嵌入性概念基础上提出的，反映了知识自身的一种属性。本书将其应用到服务创新的客户知识转移中，认为客户知识不会以游离态的方式存在，而是以某种形式嵌入各种载体中。根据嵌入对象不同，将知识嵌入性定义为客户知识会以某种形式嵌入到个人、工具、共享的价值观、流程和系统等各种载体的程度。

首先，知识是嵌入在客户个体中的（Argote and Ingram，2000）[221]。在客户协同创新过程中，嵌入客户的知识体现为客户个人的基本统计信息、思维方式、经验、灵感等。对于嵌入客户身上的显性知识，企业能较容易地吸收；但是，对于嵌入客户身上的隐性知识，由于企业与客户之间缺乏共同的知识基础，企业在吸收此类知识时，所感知的难度将提升。

其次，知识嵌入在工具/技术中，主要体现在报纸、杂志、网络、数据库、出版书籍、专利等。对于嵌入工具中的客户知识是已编码的知识，比较容易理解，它比嵌入其他载体的知识要容易吸收（Zander and Kogut，1995）[170]。

最后，知识嵌入在组织任务和相关关系网络中，主要体现在方式、流程、惯例、标准及战略等（Argote and Ingram，2000）[221]。这些知识是企业和客户互动过程中形成的各种原则和流程。对于嵌入在组织任务和关系网络的知识吸收，依赖于特定的知识情境。Argot 和 Ingram（2000）通过卡车装配车间的案例，说明了工人是怎样使用嵌入在惯例和任务中的知识。Darr、Argot 和 Epple（1995）则分析了快餐店是如何利用嵌入在惯例中的知识，来提高产品质量[222]。Bettenhausen 和 Mumighan（1985）提出，对于嵌入在惯例中的知识，知识接收企业不仅要吸收这种知识，还需要吸收作为载体的惯例，这会造成接收企业的不满和抵触[223]。因此，在对嵌入到惯例的知识进行吸收时，如果知识接收企业与知识源企业具有相似的知识载体，或熟悉这种载体，知识转移的难度会相应降低。

部分学者从知识嵌入性角度分析了知识管理问题，Lam（1997）以日本和英国工程师为调研对象，认为知识嵌入性是造成全球风险投资知识共享难度的重要原因[224]。Nielsen（2005）研究了知识嵌入性的前因及知识嵌入性与战略联盟协同优势的关系[225]。Cumming（2003）[180]研究指出，知识嵌入性是影响知识转移的一个关键因素。知识的嵌入性越高，其复杂程度、对应用情境的要求和知识转移的成本越高，知识本身的价值越大，对知识利用和组织绩效提升的促进作用越强。

服务创新实践将创新任务视为解决问题的过程，而在解决问题的任何层面都需要吸收相关客户知识进行决策。如果创新所需的客户知识嵌入性越强，则知识所需的情境依赖性越强。相应地，知识吸收的难度和成本越高。这也解释了为什么有些客户参与的项目能够对客户知识消化、吸收和再利用，而有些客户参与项目使用同样方法进行吸收却遇到困难。具体而言：

4.4.2.1 知识嵌入性对协同关系嵌入与客户知识吸收关系的调节作用

嵌入在不同载体的知识，需要选择恰当的知识转移情境和吸收渠道，选择不当会产生相反的作用。对于嵌入成员个人的隐性知识和嵌入组织活动和网络的知识都属于复杂嵌入知识，传统的信息沟通方式将难以达到目的，企业对这类知识的吸收主要依赖人际互动。

嵌入客户的隐性知识需要利用企业项目成员和客户形成的社会化网络关系，进行频繁的互动以实现知识吸收[226]。例如，对于客户诀窍、心智模式、灵感、经验等知识，很难用语言或文字准确表达，即使表达也很难理解到位。对于这类知识的吸收，需要利用关系渠道和社会资本进行"师徒相传"，在观察、模仿和实践中获得相应的工作技能和诀窍。因此，当企业和客户具有良好的协同关系时，客户更愿意作为"师傅"，将嵌入其自身的知识传给企业项目成员。

对于嵌入组织活动和网络的知识，需要营造良好的关系环境，利用专家指导、面对面交谈、合作学习、现场演示等互动方式，将其转变为简单的规则、指令和程序，进而促进客户知识的有效吸收。基于此，本书提出以下假设：

H10a：当创新所需的知识嵌入性较高时，协同关系嵌入对客户知识吸收的正向影响更强。

4.4.2.2 知识嵌入性对协同资源投入与客户知识吸收关系的调节作用

协同资源投入反映了客户在创新过程中投入的信息、知识、经验、技能等资源的程度，也是复杂嵌入知识转移的主要渠道。

一方面，利用协同资源投入，企业成员和客户有更多的机会来进行互动和交流，能够保证双方集合不同资源、能力和才干到合作创新中，创新实践可接触到和可应用的异质性资源宽度和深度就越强，这对于吸收复杂嵌入知识是有帮助的；另一方面，利用协同资源投入，能够较好地理解嵌入在组织任务和关系网络中的知识所依赖的知识情境，进而提高了知识路径的通畅性。因此，本书提出如下假设：

H10b：当创新所需的知识嵌入性较高时，协同资源投入对客户知识吸收的正向影响更强。

4.4.2.3 知识嵌入性对规范协调机制与客户知识吸收关系的调节作用

对于嵌入在成员个人的显性知识或嵌入工具的知识，具有可编码、可表达及可传授等特征，属于简单嵌入知识（Argote and Ingram，2000）[22]。对于这些知识，主要通过交换文件、提供指导手册等信息沟通方式，或通过培训、专家指导等互动方式，进行吸收；如果是嵌入工具的知识，可通过购买专利、技术转让等方式来进行吸收。

这些简单嵌入知识的吸收方式，很容易写入规范协调机制中，通过制定标准化、规范化、正式的契约或合同条款，能够为转移简单嵌入知识建立有效的合作规则和方式，有助于对这类知识的吸收。因此，本书提出以下假设：

H10c：当创新所需的知识嵌入性较低时，规范协调机制对客户知识吸收的正向影响更强。

基于上述理论分析，本书构建了客户协同创新、知识特性和客户知识转移之间的概念模型，并分析了知识可表达性和知识嵌入性在其中发挥的调节作用，具体如图4.4所示。

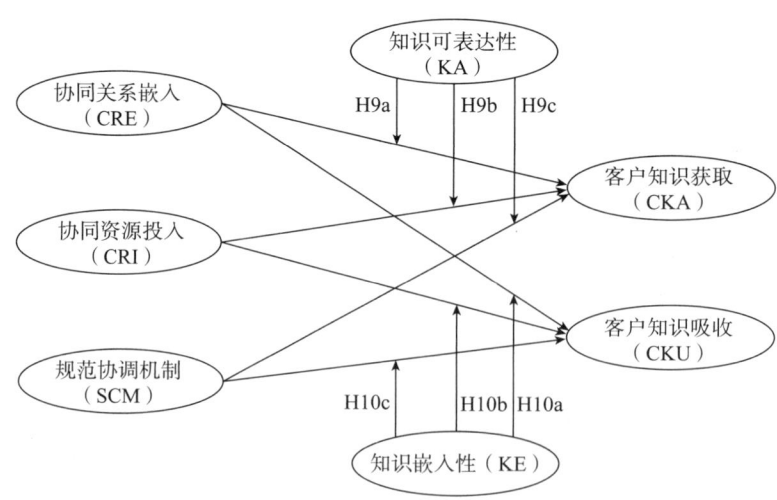

图 4.4 知识特性的调节作用概念模型

本章小结

本章通过理论分析，构建了客户协同创新、客户知识转移、知识特性对服务创新绩效的影响机理概念模型。随后，根据提出的概念模型，进一步细化为三个子模型，并具体论述了客户协同创新的维度间关系及其对服务创新绩效的影响、客户知识转移的中介作用和知识特性的调节作用研究假设，具体研究假设汇总如表 4.1 所示。

表 4.1　研究假设汇总

假设	假设内容
H1a	协同关系嵌入对服务创新绩效有显著的正向影响
H1b	协同资源投入对服务创新绩效有显著的正向影响
H1c	规范协调机制对服务创新绩效有显著的正向影响
H2a	协同关系嵌入对协同资源投入有显著的正向影响
H2b	规范协调机制对协同资源投入有显著的正向影响
H3a	协同关系嵌入对客户知识获取有显著的正向影响
H3b	协同关系嵌入对客户知识吸收有显著的正向影响
H4a	协同资源投入对客户知识获取有显著的正向影响
H4b	协同资源投入对客户知识吸收有显著的正向影响
H5a	规范协调机制对客户知识获取有显著的正向影响
H5b	规范协调机制对客户知识吸收有显著的正向影响
H6a	客户知识获取对服务创新过程绩效有显著的正向影响
H6b	客户知识获取对服务创新结果绩效有显著的正向影响
H7a	客户知识吸收对服务创新过程绩效有显著的正向影响
H7b	客户知识吸收对服务创新结果绩效有显著的正向影响
H8a	客户知识获取在客户协同创新对服务创新绩效的影响关系中起到中介作用
H8b	客户知识吸收在客户协同创新对服务创新绩效的影响关系中起到中介作用
H9a	当创新所需的知识可表达性较低时，协同关系嵌入对客户知识获取的正向影响更强
H9b	当创新所需的知识可表达性较高时，协同资源投入对客户知识获取的正向影响更强
H9c	当创新所需的知识可表达性较高时，规范协调机制对客户知识获取的正向影响更强
H10a	当创新所需的知识嵌入性较高时，协同关系嵌入对客户知识吸收的正向影响更强
H10b	当创新所需的知识嵌入性较高时，协同资源投入对客户知识吸收的正向影响更强
H10c	当创新所需的知识嵌入性较低时，规范协调机制对客户知识吸收的正向影响更强

第 5 章　实证研究设计与数据质量检验

为了检验前一章提出的概念模型和研究假设，首先，制定规范的实证研究设计，具体内容包括调研问卷设计、变量测量、样本选取及数据收集。其次，高质量的样本数据是研究结果可靠性的重要保证，除了在问卷设计、修改和调研过程中，进行质量控制外，还需要对所收集的数据进行分析，本章主要从可靠性、正态性、单一维度、信度和效度等方面进行分析，考察其是否满足实证研究方法的要求。最后，对下一章使用的数据分析方法进行简要介绍。

5.1　调研问卷设计及变量测量

5.1.1　调研问卷设计

本书聚焦于客户协同创新对服务创新绩效的影响机理这一焦点问题，主要采用问卷调研的方式进行数据收集。研究层次属于项目层面，在企业的内部及外部资料中，很少公开有关客户参与创新项目的合作细节、具体效率和效果数据，服务创新过程中客户协同创新、客户知识转移、知识特性、创新绩效等相关数据很难获得，因此问卷调研的方式是比较合适的方法选择。在实证研究中，研究结果的可靠性和有效性，很大程度上，取决于问卷设计得好坏。为了科学合理地设计调研问卷，本书严格遵循 Churchill（1979）[227]、Dunn 和 Seaker（1994）[228]的问卷开发步骤，具体过程为：

5.1.1.1 变量的测量题项设计

根据研究主题,本书通过回顾相关文献、企业实际调研和专家访谈等方式,设计问卷题项。在对客户协同创新、客户知识转移、知识特性及服务创新绩效等文献进行研究的基础上,基于本书的研究情境,选取被广泛引用的、具有较高信度和效度的成熟测量量表,形成本书的基础测量量表。

本书的问项主要是参考国外成熟量表设计的,因此在设计过程中会存在两方面的问题:一是测量文献的翻译问题;二是文化差异所导致的题项表述方式问题。为了解决这两个问题,按照 Craig 和 Douglas(2005)建议的方法[229],采用翻译(Translation)、回译(Back-translation)和调整(Adjust)的方式来设计问卷。具体步骤为:①由一名掌握中英双语的相关领域研究者,将原始英文问卷翻译成中文问卷;②由另一名研究者,将翻译好的中文问卷回译为英文;③将回译后的英文问卷和原始英文问卷进行比较,对存在差异的测量题项,由另一名研究者与上述两位研究者共同进行讨论,确定最终的问项表达方式。通过上述步骤,能够确保翻译的中文问卷真实准确地反映原始英文问卷的内涵。

5.1.1.2 确定调研行业背景

本书选择知识密集型服务企业作为调研背景。选择 KIBS 企业作为服务业的代表,有以下几个原因:首先,KIBS 企业服务创新具有高度的客户导向性和客户参与性,与一般服务创新相比,在创新投入上体现为"高知识密集度"、创新产出上体现为"高客户导向性"。其次,KIBS 企业代表着服务产业的"先锋部门",在人才、智力、信息技术等方面做了大量投入,具有较高的创新能力和水平[48][79]。最后,推动传统服务产业向知识密集型服务业转变,是时代发展的要求,也是我国政府大力推进的改革。因此,本书选择 KIBS 企业作为调研背景,具有重要的行业和政策意义。

5.1.1.3 确定调研的方式

借鉴 Sanden(2007)"客户参与创新大多数是以项目形式进行"的思想[230],并结合有关企业深度访谈的结果,本次调研主要以客户参与企业的具体服务创新项目为对象。采用自陈式量表进行调研,针对测量变量编制不同的问卷题项,被调查者需要回顾最近三年内主持或参与的服务创新项目,并根据实际经历评判每一题项所陈述内容的相符程度,从而对测量变量进行测度。

调研问卷的测量方式是主观打分方法,主要原因是研究所涉及的变量难以用客观数据进行描述，同时客观数据由于量纲差异很难具有可比性。但是，这种测量方式可能会对问卷测度的客观性和准确性产生影响，导致数据结果出现偏差。Fowler（1988）[231]指出，基于主观评价的问卷调研，可能造成被访者不准确的回答，原因包括以下几个方面：①无法回忆起相关信息回答问项；②不了解问卷所涉及的相关信息；③不理解相关问项内容；④由于某些原因不愿意正确回答。为了解决这些问题所造成的偏差，本书采取了以下应对措施：①问项所涉及的问题，均与近三年内被调查者所主持或参与的项目情况有关，避免因年代久远造成的记忆偏差；②被调查者主要是对项目整体运行情况比较熟悉的项目经理及核心技术成员，避免信息掌握不足的偏差；③问项设计广泛听取企业相关人员的意见，尽量排除问项难以理解或表述含糊的问题；④问卷调研主要采取匿名的方式，并在问卷卷首就向被调查者指明，本次调研的目的是了解"客户协同创新对服务创新绩效的影响机理"，不涉及商业机密和个人隐私，答案也无对错之分，来消除被调查者的戒备心理。

5.1.1.4 形成初始问卷

本书采用专家小组讨论和企业访谈两种方法对问卷题项进行补充和修订。专家小组讨论成员主要为4名创新管理和服务营销领域的教授和高年级博士生，通过对初步形成的问卷进行交流，检验各变量的测度指标是否完整或冗余，并修改问项的内容、措辞和表达方式，目的是使问卷题项能够基本涵盖所研究的理论构面，形成第二稿问卷。企业访谈主要是邀请6名KIBS企业高级项目管理人员（所在单位分别为陕西移动设计院、开道万软件开发公司、中国银行产品部、东吴证券公司）进行深入交流，对测量题项的表达方式进一步地调整，使其更符合中国企业的实际情况，形成初始问卷。

5.1.1.5 问卷预测及修改

在正式调研之前，将问卷发给20位曾担任过服务创新项目经理的相关人员进行预调研。在问卷调查完成后，与被调查者进行深入交谈，认真听取他们的意见和建议，包括问卷的结构安排是否合理、文字表述是否清晰易懂、是否存在模糊题项、问项是否反映企业实际情况等。根据预调研的反馈结果，进行初步检验分析，并对问卷中存在的问题进行修改和优化，形成最终问卷。

5.1.2 变量测量

遵循 Churchill（1979）的建议[227]，采用多问项测度方法，对每个变量设计两个或以上的观测问项，以更好地反映变量的信息。采用李克特7级量表对全部变量进行度量，其中：1表示非常不符合，2表示不符合，3表示有点不符合，4表示保持中立，5表示有点符合，6表示符合，7表示非常符合。调查指导语为：请您回忆过去三年内，您亲身参与或印象深刻的需要与客户合作完成的创新项目，并根据该项目开发过程中与客户合作创新的行为活动经历填写问卷。下面将详细阐述研究所涉及的变量及测量指标。

5.1.2.1 客户协同创新的量表设计

客户协同创新的测量题项为自主开发的量表，在第3章有详细的分析和讨论。该量表通过理论分析、案例研究和实证分析等多种方法来设计和验证，具有较好的信度和效度。客户协同创新的维度构成为协同关系嵌入、协同资源投入和规范协调机制，具体测量题项及文献来源如表5.1所示。

表5.1 客户协同创新的测量题项及文献来源

变量	题项	题项描述	文献来源
协同关系嵌入（CRE）	CRE1	企业和客户有长久的合作意愿和关系	自主设计
	CRE2	企业和客户互动很密切，从而保证项目的顺利进行	
	CRE3	企业和客户具有良好的人际关系，从而保证项目的顺利进行	
	CRE4	项目开发过程中，企业与客户的关系是互惠互利的，可以说是"双赢"	
	CRE5	项目开发过程中，企业和客户对双方的关系感到满意	
	CRE6	当项目开发过程中发生突发情况或事件时，企业和客户会相互告知并积极应对项目变化	
协同资源投入（CRI）	CRI1	客户愿意把自己拥有的专业技术、信息、知识和经验等传递给项目团队	Fang（2008）
	CRI2	客户愿意投入资金、设备、技术和人员等一种或多种资源，来保证项目的顺利进行	
	CRI3	客户愿意为企业联系和提供外部资源，保证项目的顺利进行	
	CRI4	客户与项目团队紧密配合共同解决项目开展遇到的问题	
	CRI5	客户会尽力帮助和支持项目工作的开展	

续表

变量	题项	题项描述	文献来源
规范协调机制（SCM）	SCM1	企业和客户事先在合同、正式协议等书面契约中制定相关规则和标准，来控制和协调双方的冲突、分歧等	自主设计
	SCM2	企业和客户共同制定和完善关于项目合作细节有关的合作规则和程序，避免双方发生冲突、分歧等	
	SCM3	企业与客户签订的合同、正式协议等书面契约是处理双方冲突、分歧的最有力工具	

5.1.2.2 客户知识转移的量表设计

客户知识转移是指企业从客户方获取所需要的知识，并对获取的客户知识进行抽象、编码、吸收等，与企业内部知识进行有效融合，并应用于服务创新活动的过程。根据知识转移过程密切关系[90][168][174][175]，将客户知识的捕获、获取、沟通及分享，定义为客户知识获取；以知识利用为目的，将客户知识的修正、重构、整合、应用、接受及同化，定义为客户知识吸收。

客户知识获取是指企业从外部客户那获取互补性知识，帮助企业识别、评估、挖掘市场机会。根据知识类型不同，客户知识主要包括客户需要的知识、来自客户的知识、关于客户的知识及共同创造的知识。其中，知识获取的重点是关于客户的知识和来自客户的知识（范钧，2013）[47]。关于客户的知识是指客户背景、偏好、消费经历和需求等方面的知识，客户拥有的知识是指客户拥有的关于企业、市场和竞争者的产品或服务等方面的知识。本书借鉴 Lane 和 Koka（2006）的研究[232]，并结合研究背景，从获取流程、获取技术、关于客户的知识及客户拥有的知识获取四个方面进行设计，具体测量题项如表5.2所示。

表5.2 客户知识转移的测量题项及文献来源

变量	题项	题项描述	文献来源
客户知识获取（CKA）	CKA1	项目团队具备完善、有效的客户知识获取流程	Lane 和 Koka（2006）
	CKA2	项目团队能快速地获取与项目有关的客户需求、体验、评价等知识	
	CKA3	项目团队通过客户知识的获取了解行业内领先的技术、产品或服务现状	
	CKA4	项目团队具备完善、有效的客户知识获取技术	

续表

变量	题项	题项描述	文献来源
客户知识吸收（CKU）	CKU1	项目团队与客户经常通过正式或非正式渠道进行交流，来促进客户知识的有效吸收	Lichtenthaler（2013）
	CKU2	项目团队会定期或不定期地组织会议，对外部获取的客户知识进行沟通和交流，以促进客户知识的吸收与转化	
	CKU3	项目团队能很快地将获取的客户知识转化为本企业员工易于理解的方式	
	CKU4	项目团队能够将企业现有知识以及从客户那获取的新知识进行整合	
	CKU5	项目团队擅长对客户知识进行分析和深入挖掘，形成新的创意、想法等	
	CKU6	项目团队有效地将客户知识应用到项目创新中	

客户知识吸收是指企业对获取的客户知识进行重新编码和抽象，来更好地与企业内部原有知识进行融合，并具体应用到创新活动的过程。Szulanski（1996）认为，客户知识吸收反映企业对客户知识进行评价、消化和应用的过程[168]。Kim（1998）认为，客户知识吸收包括知识学习和解决问题过程，其中知识学习是企业理解和吸收新知识，而解决问题是指通过将客户知识与已有知识相结合来创造新知识的过程[233]。本书借鉴 Lichtenthaler（2013）的研究[234]，并结合研究背景，主要从客户知识评价、吸收、转化、整合及应用等6个方面进行设计，具体测量题项如表5.2所示。

5.1.2.3 知识特性的量表设计

知识可表达性是指知识能够通过语言、文字等方式进行表达的程度，反映服务创新所需的客户知识能否容易地被企业员工所理解。Zander 和 Kogut（1995）对知识可表达性进行测量时，选择的测量指标为：图片、文字的可表达性，谈话的可表达性，培训和教育新员工的难度[170]。本书借鉴 Zander 和 Kogut（1995）的研究成果，并结合本书研究背景，从交流的可表达性、图片文字可表达性和知识吸收难易度来设计，具体问项如表5.3所示。

知识嵌入性是指客户知识会以某种形式嵌入到个人、工具、共享的价值观、流程和系统等各种载体的程度。Argote 和 Ingram（2000）将知识嵌入的载体分为人员、工具/技术、任务、惯例和关系网络等[221]。基于知识嵌入对象的不同，赵书松(2009)[226]将知识嵌入的载体分为人员、工具、任务、人际关系、组织流程、组织文化、组织网络和社会环境8种类型,并进一步按照知识共享程度不同,将这8种类型归为元素层、组织层和社会层。本书借鉴 Argote 和 Ingram (2000) 的研究,从4个方面对知识嵌入性进行测量,具体如表5.3所示。

表5.3 知识特性的测量题项及文献来源

变量	题项	题项描述	文献来源
知识可表达性(KA)	KA1	该创新项目所需关于客户的信息和知识,可以通过与客户直接交流来获得,而不用与客户一起体验和学习	Zander 和 Kogut (1995)
	KA2	该创新项目所需关于客户的信息和知识能够很容易地用图表、文字等多种表达形式,传递、共享给项目成员	
	KA3	项目团队能够识别客户的哪种知识是项目所需的关键信息和知识	
知识嵌入性(KE)	KE1	该创新项目所需关于客户的信息和知识,需要找到适当的客户成员来获取	Argote 和 Ingram (2000)
	KE2	该创新项目所需关于客户的信息和知识,需要被授权进入客户(企业)的数据库、信息系统、相关网站、专业技术等来获取	
	KE3	该创新项目所需关于客户的信息和知识,需要通过了解和分析客户(企业)的任务活动、工作流程、管理规则等来获取	
	KE4	该创新项目所需关于客户的信息和知识,需要客户(企业)提供良好的工作环境(如多个部门的密切配合)	

5.1.2.4 服务创新绩效的量表设计

由于服务创新过程及产出的复杂性,学者运用不同指标对其进行了度量,尚未形成公认的测度体系。服务创新绩效一直被视为多维度的构念,大多数学者主要从两个视角来考察:①创新过程视角,重点从创新过程的成本、开发周期、质量等方面考虑;②创新结果视角主要从财务绩效(收入、利润、回报率等)、客户关系(客户满意度、客户反馈等)、市场地位等考虑(张若勇,2007;Voss, 1992;Ming, 2013)[49][52][192]。本书借鉴 Ming (2013)、Voss (1992) 和张若勇(2007) 的研究,结合研究背景,将服务创新绩效分为服务创新过程绩效和服务创新结果绩效。其中,服务创新过程绩效主要从时间、成本、质量和市场收益等方面,通过4个问项来考察;服务创新结果绩效主要从产品的新颖性,市场新颖性等方面，通过 4 个问项来考察，具体如表 5.4 所示。

表 5.4 服务创新绩效的测量题项及文献来源

变量	题项	题项描述	文献来源
服务创新过程绩效（SPP）	SPP1	该创新项目的完成时间满足或早于原先计划的时间目标	Ming（2013）、Voss（1992）和张若勇（2007）
	SPP2	该创新项目的实际成本满足或低于原先计划的预算成本	
	SPP3	该创新项目的完成质量满足或高于原先计划的质量目标	
	SPP4	该创新项目的完成有助于大幅度地提高企业的收益	
服务创新结果绩效（SOP）	SOP1	该创新项目开发出的服务产品对本行业而言很新颖	
	SOP2	该创新项目开发出的服务产品为本行业发展提供了新的思路	
	SOP3	该创新项目开发出的服务产品为其他产品开发提供了新思想	
	SOP4	该创新项目开发出的服务产品能够开拓新市场或新机会	

5.1.2.5 控制变量的选取

在研究客户协同创新对服务创新绩效的影响作用时，排除可能对这一关系有干扰作用的控制变量影响是非常重要的。因此，本书在结合现有研究基础上[51][52][230]，选择企业规模、项目类型和项目周期三个变量作为控制变量。

（1）企业规模。不同规模的企业，其所拥有的资源以及利用资源的能力存在差异，这种差异会影响企业的服务创新绩效表现。在客户协同创新方面，规模较大的企业一般都具有标准化的管理制度和流程，客户也更愿意参与并贡献知识。相较于规模较小的企业，其服务创新绩效提升更显著。因此，为了消除企业规模的影响，提高研究的有效性，本书将其作为控制变量引入到研究模型中。

（2）项目类型。项目类型是影响创新行为和决策的重要属性[51][230]。由于项目类型不同，企业在开展创新时，对客户参与创新过程的需求会有所不同，同时客户也会有不同的创新期望。因此，本书在数据分析的过程中，将其作为控制变量引入到研究模型中。

（3）项目周期。项目周期也是影响客户知识转移与创新绩效的重要因素[51]。如果创新项目持续时间较长，项目团队与客户将会有更多的交流和互动机会，更有助于其对客户知识进行获取和吸收，进而保证项目的进度、成本、质量及市场新颖性等方面的绩效表现。因此，本书在数据分析的过程中，将项目周期作为控制变量引入到研究模型中。

5.2 样本选取及数据收集

5.2.1 调研行业及样本选择

本书的调研行业是知识密集型服务业,主要包括商务服务业、科技服务业、通信服务业及金融业。进一步地,本书立足于项目层面的调查,要求被调查的项目应满足以下条件:①项目已经完成,因为研究涉及的创新绩效在项目进行中很难估计,即使估计也容易产生较大偏差;②项目开展过程需要客户的积极参与,由于研究聚焦服务创新的客户协同创新情况,因此客户和企业人员在开发过程中应该有沟通和互动。

根据 Fowler(2004)的建议,调查研究中需要准确的抽样代表整体[231]。由于我国幅员辽阔,各个地区的经济发展水平与市场化程度存在较大差异,加上研究者自身人力、财力、物力和时间等资源的限制,很难从各个省份获得调研数据。为此,需要战略性地选择一些典型地区开展调研,本书的调研活动主要集中在广东省、北京市、上海市和陕西省。其中,广东省地处珠三角经济区域,是南方城市的代表;上海市地处长江三角洲区域,是东部经济改革和市场化的代表;北京市作为我国首都,位于环渤海经济区域,是北方城市的代表。另外,受"西部大开发"和"一带一路"倡议的推动,陕西省这个传统工业基地又焕发出了新的生机和活力,成为西部地区的典型代表。这四个省份能够很好地代表中国不同地区知识密集型服务业的较高水平。此外,本书也借助网络平台在其他区域发放问卷,从而保证研究样本在地理区域和经济发展水平等方面具有广泛的代表性和多样性。

5.2.2 调研过程

对于调研对象的选择,需要事先估计其是否有足够的能力,并愿意提供所需的信息(李怀祖,2004)[235]。为此,本书主要选定对服务创新项目比较熟悉的项目经理、核心技术成员和技术支持成员为调查对象,从而保证被调查者有足够的实践经验和专业知识来填写问卷。

为保证问卷的回收质量，在陕西省、上海市、广东省和北京市上述调查地区分别指定一名负责人，完成对调查对象的确认和问卷的回收整理工作。在正式调研实施之前，首先对各地区负责人进行培训，培训内容主要包括调研背景、目的、问卷内容、各题项的具体含义、沟通技巧及程序、调研的基本流程等。通过培训，提高调研人员对问卷的掌握程度，保证其充分地获取有效的调研数据，提高有效样本的回收率。本书的问卷仅向单一来源（Single Source）的被调查者收集得到，而未采用企业员工—客户的配对数据，主要的原因为：首先，企业的服务创新项目有些为组织客户的定制化项目，则相应的客户容易找到；对于有些自主研发项目，参与的个人客户则较分散，特别是基于网络平台的客户很难获取其真实信息，因此很难收集到与项目相关的客户数据。其次，相关领域的国内外研究，其问卷发放对象仅针对企业员工群体[32][51][52]，但文献检验并验证了样本数据不存在严重的共同方法变异，表明单一来源发放是个可行的选择。最后，为了降低由单一来源调查导致的共同方法变异，本书在问卷编排设计、问卷发放及数据收集等多个阶段对其进行控制，具体内容见后文的分析。

在调研渠道选取方面，主要通过直接走访、借助培训机构和朋友个人人脉等多种方式进行问卷发放。采用纸质问卷和电子问卷的方式，即通过向被访者发送纸质问卷、电子邮件或以在线网址（"问卷星"网络版及手机版）等形式派发问卷。其中，直接走访的程序为：通过电话预约方式询问公司相关负责人是否感兴趣、愿意参与本次研究；在得到对方首肯后，调查人员在约定时间、地点进行问卷发放；委托培训机构发放主要是通过学院在职培训平台，对KIBS行业的MBA学员、EMBA学员、在职工程硕士等进行发放；委托朋友个人发放是通过特定行业朋友的交友圈进行发放。

在问卷回收之后，笔者会对问卷进行进一步的检查。纸质版问卷判断为无效问卷的原则：①缺失数据超过5%；②全部题项回答相同（如4，4，4……）或有规律可循（如1，2，3，4，5……，3，4，5，6，5，4，3……）；③不属于知识密集型企业的样本（通过"企业主营业务"这一问题来筛选，凡回答是"其他"的无效）。电子版问卷判断为无效问卷的原则是：①答题时间太短，小于120秒的问卷判断为无效问卷；②同一人多次回答问卷，可以通过电脑的IP地址进行设置和筛选；③全部题项回答相同或有规律可循；④不属于知识密集型企业的样本（通过"企业主营业务"这一问题来筛选，凡回答是"其他"的无效）。

随后，对有效问卷进行整理编号，将合格的纸质问卷，按照预先设计的数据结构，统一录入电脑；将有效的电子问卷数据下载，按照预先设计的结构进行整理，形成数据库。

正式调研时间为 2015 年 5 月至 9 月，共发放问卷 428 份，回收问卷 269 份，其中有效问卷数量为 202 份，问卷有效率为 47.20%。具体而言，通过直接走访企业方式，发放问卷 48 份，回收有效问卷 32 份，问卷有效率最高，达到 66.67%；委托朋友个人发放问卷 300 份，回收有效问卷 121 份，有效率仅为 40.33%；委托培训机构发放问卷 80 份，回收有效问卷 49 份，有效率为 61.25%。具体回收情况如表 5.5 所示。从样本数量看，本书的 202 份有效样本，能够完全保证样本统计功效达到 80% 以上，满足结构方程模型（SEM）对样本容量的要求（MacCallum，1996）[236]。

表 5.5　调查问卷发放方式与回收情况

发放方式	发放份数（份）	回收份数（份）	有效份数（份）	有效问卷百分比（%）
直接走访	48	33	32	66.67
委托培训机构	80	61	49	61.25
委托朋友个人	300	175	121	40.33
合计	428	269	202	47.20

5.2.3　样本数据描述性统计分析

根据企业背景资料、项目背景资料和个人情况等信息，本书对 202 份有效问卷数据进行描述性统计分析，以了解样本的基本结构。

5.2.3.1　调研企业背景的描述性统计

表 5.6 列出了调查对象所在企业的基本统计情况。本书的调查样本主要以北京、上海、广东和陕西为主，比例接近 70%。企业所有制类型中，以国有及国有控股企业（占比 37.13%）、民营企业（占比 43.07%）为主；企业员工数以大型企业较多（1001 人以上占比 40.10%），其次是 151~500 人的企业，占比为 27.23%；调查企业成立年限排名前三的分别是不足 10 年的企业（占比 27.72%）、26 年以上的企业（占比 26.73%）、11~15 年的企业（占比 25.25%）；企业的主营业务主要以信息与通信服务业（占比 44.55%）和科技服务业（占比 23.27%）为主。综

合各方面的指标可以看出，样本具有一定的随机性和代表性，能够从整体上代表我国知识密集型服务业的发展现状。

表 5.6　调研企业的基本统计情况

企业属性	分类	样本数	百分比（%）
企业所在地	北京	33	16.34
	广东	37	18.32
	陕西	51	25.25
	上海	19	9.41
	其他	62	30.68
企业所有制	国有/国有控股	75	37.13
	民营	87	43.07
	外商独资	20	9.90
	中外合资	8	3.96
	其他	12	5.94
企业员工数	50 人及以下	29	14.36
	51~150 人	21	10.40
	151~500 人	55	27.23
	501~1000 人	16	7.91
	1001 人以上	81	40.10
企业成立年限	10 年及以内	56	27.72
	11~15 年	51	25.25
	16~20 年	25	12.38
	21~25 年	16	7.92
	26 年及以上	54	26.73
企业主营业务	金融（银行业、保险业、证券业等）	35	17.33
	信息与通信服务业（通信及增值服务、计算机及软件服务等）	90	44.55
	科技服务业（研究与试验服务、专业技术服务、科技交流服务等）	47	23.27
	商务服务业（法律服务、管理咨询、市场调查、会计服务等）	30	14.85

5.2.3.2　样本项目的基本特征

由表 5.7 可知，调查项目主要以定制化软件/系统集成（32.67%）、管理咨询（17.33%）为主；项目投入资金金额主要以 300 万元以上（35.64%）、10 万元以上到 50 万元（24.75%）为主；项目成员数为 5 人以下占 23.76%，6~10 人占 29.70%，11~15 人占 15.84%，16~20 人占 5.95%，21 人以上占 24.75%。项目持续时间为 1~3 个月占 18.31%，4~6 个月占 29.21%，7~12 个月占 22.77%，13~24 个月占 16.34%，25 个月及以上占 13.37%。

表 5.7　样本项目的基本统计情况

项目属性	分类	样本数	百分比（%）
项目类型	定制化软件/系统集成	66	32.67
	服务产品研发	32	15.84
	管理咨询	35	17.33
	技术咨询/设计	36	17.82
	其他	33	16.34
项目资金金额	10 万元及以下	24	11.88
	10 万~50 万元	50	24.75
	50 万~150 万元	33	16.34
	150 万~300 万元	23	11.39
	300 万元以上	72	35.64
项目成员数	5 人以下	48	23.76
	6~10 人	60	29.70
	11~15 人	32	15.84
	16~20 人	12	5.95
	21 人以上	50	24.75
项目持续时间	1~3 个月	37	18.31
	4~6 个月	59	29.21
	7~12 个月	46	22.77
	13~24 个月	33	16.34
	25 个月及以上	27	13.37

5.2.3.3　被调查者的人口统计特征

从被调查者在项目中担当的职位来看，25.25% 为项目经理、38.12% 为项目核心技术成员、36.63% 为项目支持成员。他们对企业服务项目开发有着较为深入的了解和掌握，鉴于被访者的职务特征，有理由相信他们有能力完成对问卷的填写。

5.3 样本数据质量检验

5.3.1 样本可靠性分析

通过对样本数据的可靠性进行分析，能够保证实证分析结果的真实性和准确性。为此，本书主要从无应答偏差和共同方法变异两个方面进行分析。

5.3.1.1 无应答偏差（No-respondent bias）

无应答偏差是指由于某种原因，被调查者选择不予回答问卷或问卷中的一些特定问题，使答者和无应答者的回答可能存在差异。这种差异会影响抽取的样本难以反映所要考察的总体情况。

为了检验可能存在的无应答偏差，我们借鉴 Armstrong 和 Overton（1977）所提出的方法[237]，根据问卷回收的时间先后将样本数据分为两部分：一部分是未经催收而先行回收的样本（共计134个），称为"应答者"；另一部分是经过催收而回收的样本（共计68个），称为"无应答者"。利用独立样本T检验的方法，比较这两组样本的企业规模、员工数、行业类型及所有制类型等基本特征是否存在显著差异。检验结果表明，两组样本在这些特征变量上在0.05的显著性水平上，不存在差异。因此，本书回收的样本不存在严重的无应答偏差。

5.3.1.2 共同方法变异（Common Method Variance，CMV）

由于本书主要采用自陈式（Self-report）量表设计，而问卷仅向单一来源（Single source）的被调查者收集得到，很容易造成共同方法变异问题。共同方法变异（CMV）是由于研究的自变量和因变量均来自同一整体，会对变量间的影响关系造成偏差。

为了降低CMV对研究结果造成的潜在影响，遵循彭台光和高月慈（2006）的建议[238]，在问卷编排设计过程中：①采用不记名的方式进行问卷调查，消除被调查者的紧张情绪，减少各种个人偏误情况；②问项设计是在相关文献研究和专家访谈、预调研的基础上制定的，被调查者很容易理解各问卷题项，避免由于专业性术语导致被调查者的猜疑或恐惧，进而以不真实的感受来回答；③将同一变量的测度指标拆散，放到调查问卷的不同位置，避免调研对象的逻辑惯性，减少被调查者的一致性动机。

在问卷发放过程中，主要采取的控制措施为：调研对象为愿意参加本次调研活动并具备实际项目经验的被调查者，他们有足够的经验和知识来填写问卷，从而降低共同方法变异的影响。

在问卷数据收集完成后，本书采用两种方法来对共同方法变异进行检验：

（1）采用 Harman's 单因子检验方法。该方法认为，如果问卷数据存在 CMV 问题，则在进行探索性因子分析时，所有测量题项将会只生成一个公共因子，这个因子能够解释所有测量题项的大部分方差。遵循 Podsakoff（2003）的建议[239]，对本书的所有测量题项（共 39 个）进行探索性因子分析（EFA），结果发现，提取出 9 个特征根大于 1 的因子，解释总方差的范围从最大 37.319% 到最小 2.396%，9 个因子的累积解释方差为 71.179%，大于 60% 的标准，且没有出现单个因子解释所有测量指标的大部分方差，因此，本书的样本数据并不存在严重的共同方法变异。

（2）为进一步评估 CMV 对本书结果可能产生的影响，参照 Sanchez 和 Brock（1996）的方法[240]，先对理论模型进行分析测算各拟合度指标值，然后构建单因子模型，将所有测量题项均指向一个虚拟的潜变量，从而考察模型与数据的拟合度指标。首先，对提出的理论模型进行验证性因子分析，结果表明，该模型与数据的拟合度较高（$\chi^2 = 1119.246$，df $= 594$，$\chi^2/df = 1.894$，RMSEA $= 0.062$，GFI $= 0.876$，IFI $= 0.904$，CFI $= 0.902$）。然后，构建了一个单因子模型，结果表明该模型与数据的拟合效度较差（$\chi^2 = 2552.927$，df $= 630$，$\chi^2/df = 4.05$，$p < 0.001$，RMSEA $= 0.123$，GFI $= 0.538$，IFI $= 0.582$，CFI $= 0.579$）。通过对这组数据对比分析可知，本书样本数据不存在严重的共同方法变异。

5.3.2　样本正态性分析

本书主要采用结构方程模型（SEM）的方法，验证客户协同创新维度间关系及其对服务创新绩效的影响，客户协同创新、客户知识转移和服务创新绩效之间的关系。使用 SEM 方法的前提是样本数据需要满足多元正态分布（Multivariate

Normality）假定。因此，需要对问卷中的数据进行偏度（Skew）和峰度（Kurtosis）检验。其中，偏度反映了样本数据偏离均值不对称程度的特征数；而峰度反映了样本在均值处峰值平坦或尖峰分布的特征数。根据 Ghiselli（1981）的研究，当数据的偏度绝对值小于2，峰度绝对值小于3时，数据是服从正态分布的[241]。

本书使用 SPSS17.0 软件检验研究样本的正态性分布情况，具体如表 5.8 所示。结果表明，本书所有题项的偏度取值均在 -2 ~ +2，峰度取值均在 -3 ~ +3，符合偏度和峰度取值的标准。这表明样本数据满足正态分布，适合采用结构方程模型分析方法。

表 5.8 变量描述性统计结果

题项	均值	标准差	偏度	峰度
CRE1	5.73	1.18	-0.56	-0.47
CRE2	5.85	1.18	-1.09	1.17
CRE3	5.81	1.13	-1.08	1.66
CRE4	5.77	1.18	-0.81	0.14
CRE5	5.57	1.10	-0.90	1.35
CRE6	5.75	1.13	-0.98	1.26
CRI1	5.19	1.31	-0.75	0.48
CRI2	5.27	1.42	-1.02	0.98
CRI3	4.95	1.52	-0.75	0.19
CRI4	5.31	1.26	-0.87	1.21
CRI5	5.23	1.39	-0.84	0.59
SCM1	5.48	1.33	-1.18	1.59
SCM2	5.45	1.20	-0.80	1.08
SCM3	5.29	1.38	-1.06	1.24
CKA1	5.38	1.29	-0.70	0.36
CKA2	5.40	1.25	-0.69	0.07
CKA3	5.33	1.23	-0.59	0.22
CKA4	5.37	1.16	-0.53	0.14
CKU1	5.45	1.13	-0.35	-0.57
CKU2	5.06	1.38	-0.62	0.03

续表

题项	均值	标准差	偏度	峰度
CKU3	5.32	1.25	-0.55	0.07
CKU4	5.50	1.14	-0.84	0.69
CKU5	5.24	1.33	-0.66	0.12
CKU6	5.31	1.27	-0.69	0.15
KA1	4.96	1.40	-0.50	-0.31
KA2	5.29	1.23	-0.67	0.07
KA3	5.40	1.12	-0.60	0.14
KE1	5.59	1.13	-0.59	-0.37
KE2	5.18	1.39	-0.81	0.49
KE3	5.33	1.17	-0.66	0.48
KE4	5.24	1.32	-0.91	0.80
SPP1	4.72	1.58	-0.51	-0.42
SPP2	4.68	1.41	-0.37	-0.36
SPP3	4.93	1.18	-0.27	-0.09
SPP4	5.07	1.28	-0.44	0.24
SOP1	4.84	1.47	-0.52	-0.16
SOP2	5.00	1.36	-0.60	0.31
SOP3	5.12	1.35	-0.63	0.18
SOP4	5.22	1.30	-0.76	0.34

5.3.3 单一维度检验

单一维度检验（Unidimensionality）是指任意一个测量题项只反映唯一的一个因子。满足单一维度检验的标准是：①任意一个测量题项在所测量的因子上具有显著的因子载荷；②任意一个测量题项不能同时在两个及两个以上因子上都具有显著的因子载荷，即因子间不存在交叉载荷。

使用SPSS17.0软件，采用主成分分析方法，通过最大方差（Varimax）旋转法旋转主轴，以特征值大于1作为标准，以获取主要的因子值和结构。根据单一维度检验的判断标准,将因子载荷低于 0.5 且交叉载荷大于 0.35 的问项删除,除题项 CKU1、KE1 未通过检验外,其余题项均满足条件。考虑到本书的样本量,本书将变量分为两组,分别进行探索性因子分析:第一组为自变量和因变量,即客户协同创新和服务创新绩效;第二组为中介变量和调节变量,即客户知识转移和知识特性。具体分析结果如表 5.9、表 5.10 所示。

表 5.9 客户协同创新和服务创新绩效的因子分析结果

题项	协同关系嵌入(CRE)	协同资源投入(CRI)	规范协调机制(SCM)	过程绩效(SPP)	结果绩效(SOP)
CRE1	0.735	0.148	0.071	0.005	0.082
CRE2	0.821	0.196	0.231	0.018	0.015
CRE3	0.824	0.195	0.034	0.059	0.084
CRE4	0.660	0.212	0.108	0.141	0.142
CRE5	0.697	0.321	-0.008	0.152	0.239
CRE6	0.710	0.347	0.177	0.092	0.046
CRI1	0.456	0.593	-0.117	0.037	0.181
CRI2	0.230	0.797	0.171	-0.009	0.018
CRI3	0.214	0.730	0.261	0.097	0.056
CRI4	0.288	0.795	0.123	0.037	0.044
CRI5	0.264	0.749	0.092	0.063	0.141
SCM1	0.290	0.129	0.81	0.118	0.120
SCM2	0.433	0.303	0.584	0.041	0.193
SCM3	-0.026	0.169	0.861	0.094	0.107
SPP1	0.064	-0.048	0.072	0.682	0.325
SPP2	0.069	0.101	0.049	0.806	-0.099
SPP3	0.109	0.025	0.068	0.725	0.324
SPP4	0.083	0.123	0.095	0.656	0.454
SOP1	0.075	0.095	0.074	0.244	0.846
SOP2	0.090	0.103	0.043	0.145	0.870
SOP3	0.159	0.112	0.087	0.109	0.851
SOP4	0.137	0.020	0.147	0.138	0.794

表 5.10 客户知识转移和知识特性的因子分析结果

题项	客户知识吸收（CKU）	客户知识获取（CKA）	知识嵌入性（KE）	知识可表达性（KA）
CKA1	0.375	0.721	0.195	0.043
CKA2	0.420	0.729	0.094	0.091
CKA3	0.440	0.636	0.141	0.092
CKA4	0.214	0.734	0.235	0.267
CKU2	0.684	0.298	0.287	0.039
CKU3	0.774	0.265	0.286	0.127
CKU4	0.739	0.293	0.183	0.184
CKU5	0.757	0.269	0.207	0.156
CKU6	0.714	0.257	0.173	0.189
KA1	0.195	−0.007	−0.021	0.872
KA2	0.128	0.29	0.311	0.765
KA3	0.153	0.523	0.339	0.566
KE2	0.205	0.106	0.788	0.212
KE3	0.276	0.257	0.771	0.108
KE4	0.270	0.166	0.853	0.041

注：CKU1、KE1 未通过单一维度检验而被剔除。

5.3.4 信度分析

信度分析主要通过 Cronbach's α 系数和组合信度（Composite Reliability, CR）进行检验。Cronbach's α 系数取值在 0~1，取值越高则表明问卷测度项的内部一致性越高。一般情况下，测量变量的 Cronbach's α 系数应该在 0.7 以上[185]。表 5.11 的分析结果表明，所有变量的 Cronbach's α 系数均大于 0.7 的标准，说明该量表符合信度要求。

表 5.11 信度和效度检验

变量	题项	标准化载荷	α 系数	CR	AVE
协同关系嵌入（CRE）	CRE1	0.68	0.886	0.888	0.572
	CRE2	0.83			
	CRE3	0.80			
	CRE4	0.66			
	CRE5	0.75			
	CRE6	0.80			

续表

变量	题项	标准化载荷	α系数	CR	AVE
协同资源投入（CRI）	CRI1	0.65	0.862	0.865	0.564
	CRI2	0.80			
	CRI3	0.72			
	CRI4	0.83			
	CRI5	0.74			
规范协调机制（SCM）	SCM1	0.77	0.788	0.786	0.552
	SCM2	0.80			
	SCM3	0.65			
客户知识获取（CKA）	CKA1	0.86	0.847	0.863	0.614
	CKA2	0.84			
	CKA3	0.69			
	CKA4	0.73			
客户知识吸收（CKU）	CKU2	0.75	0.886	0.888	0.613
	CKU3	0.84			
	CKU4	0.79			
	CKU5	0.79			
	CKU6	0.74			
知识可表达性（KA）	KA1	0.56	0.769	0.795	0.572
	KA2	0.90			
	KA3	0.77			
知识嵌入性（KE）	KE2	0.75	0.844	0.849	0.653
	KE3	0.81			
	KE4	0.86			
过程绩效（SPP）	SPP1	0.84	0.763	0.825	0.546
	SPP2	0.58			
	SPP3	0.77			
	SPP4	0.74			
结果绩效（SOP）	SOP1	0.88	0.901	0.903	0.700
	SOP2	0.87			
	SOP3	0.83			
	SOP4	0.76			

注：CKU1、KE1 未通过单一维度检验而被剔除。

组合信度（CR）是用来评价一组潜在测量指标的内部一致性程度。计算 CR 的常用方法是通过验证性因子分析，获得各题项的标准化载荷值进行计算。与 Cronbach's α 系数一样，CR 的值越大，表明变量的信度越高。一般认为，CR 值在 0.7 以上[185]。表 5.11 的分析结果表明：各变量的 CR 值均大于 0.7，说明该量表符合信度要求。

5.3.5 效度分析

效度反映了构念测量的质量，是指测量题项能够真正衡量出所要衡量的现象或事物的真实程度。效度分析经常使用的方法是内容效度、聚合效度和判别效度。

5.3.5.1 内容效度

内容效度是指测量问项所能涵盖研究主题的程度，即内容是否具有代表性。由于本书所使用的量表主要是以国外学者开发的成熟量表为基础，这些测量题项在现有研究中多次使用。自主设计的客户协同创新问卷按照科学的研究范式（理论分析、案例分析、实证检验相结合）进行量表开发，所以量表具有较好的内容效度。

5.3.5.2 聚合效度

聚合效度是指测量题项集中反映了所要测量的构件或因子，即测量同一变量的各题项彼此显著相关。本书主要通过三种方法进行检验：①在 5.3.3 节的单一维度检验时，对测量题项进行探索性因子分析，确保了所用到的题项不存在交叉载荷；②验证性因子分析结果表明，绝大多数测量题项的因子载荷在 0.600 以上（除 KA1、SPP2 接近于 0.600 以外），且基本上达到 0.700 的理想水平[183]，具体如表 5.11 所示；③计算每个因子的平均提取方差（AVE），AVE 取值越大，表明指标之间的耦合性越强，一般要求大于 0.5。表 5.11 的结果显示，所有因子的 AVE 值均大于 0.5 的推荐值，表明量表具有较好的聚合效度。

5.3.5.3 判别效度

判别效度是指不同的潜变量之间可以有效区分，目的是确保测量不同潜变量的题项，彼此相关度要低。本书主要通过两种方法来检验。

首先，比较潜变量的 AVE 平方根与其他任何变量的相关系数，如果 AVE 平方根大于对应的相关系数值，则表明量表具有良好的判别效度。表 5.12 的结果表明，每个变量的 AVE 平方根均满足条件，表明量表符合判别效度要求。

表 5.12 变量的判别效度检验结果

	CRE	CRI	SCM	CKA	CKU	KA	KE	SPP	SOP
CRE	**0.756**								
CRI	0.634	**0.751**							
SCM	0.453	0.456	**0.743**						
CKA	0.604	0.557	0.459	**0.784**					
CKU	0.612	0.565	0.443	0.556	**0.783**				
KA	0.450	0.367	0.394	0.523	0.484	**0.756**			
KE	0.517	0.470	0.351	0.600	0.616	0.551	**0.808**		
SPP	0.281	0.200	0.299	0.398	0.416	0.476	0.466	**0.739**	
SOP	0.301	0.259	0.316	0.437	0.505	0.354	0.400	0.513	**0.837**
均值	5.748	5.190	5.406	5.387	5.288	5.216	5.366	4.852	5.045
方差	0.840	1.223	1.200	0.969	1.120	1.077	1.022	1.011	1.450

注：对角线上加粗的数据为 AVE 值，对角线下方的数据为各变量与其他变量间的相关系数。

其次，对研究所涉及的变量进行验证性因子分析，模型拟合结果为：$\chi^2 = 1119.246$，df = 591，$p < 0.001$，$\chi^2/df = 1.894$，RMSEA = 0.062，GFI = 0.876，IFI = 0.904，CFI = 0.902，NFI = 0.800，结果表明各项拟合度指标均已达到可接受的水平。因此，量表具有良好的判别效度。

5.4 数据分析方法

5.4.1 结构方程模型

结构方程模型（Structural Equation Model，SEM），能支持多观测变量的协方差矩阵，用于检验潜变量间的假设关系。完整的 SEM 由两个基本模型构成，即测量模型（Measured Model）和结构模型（Structual Model）。其中，前者用于表示观测指标与潜变量之间的关系，后者用于表示潜变量与潜变量之间的关系。相比于传统的回归分析，结构方程模型能同时估计这两个基本模型，结果更为精确。对于变量多、关系复杂的模型，通常采用结构方程模型方法。

在应用结构方程模型时，通常的分析程序为模型假定（Model Specification）、模型识别（Model Identification）、模型估计（Model Estimation）、模型评价（Model Evaluation）和模型修正（Model Modification）五个步骤[185]。具体如图5.1所示。

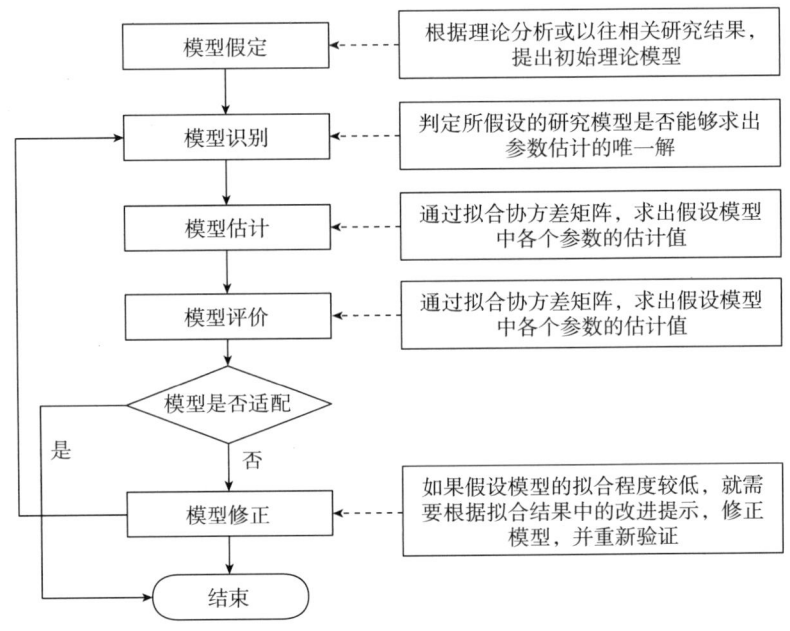

图 5.1　结构方程模型的分析程序

在衡量结构方程模型拟合情况时，主要考察以下几个方面：χ^2、χ^2/df、RMSEA、GFI、CFI、NFI 等指标，各指标的含义及可接受范围如表5.13所示。

表 5.13　拟合指标的含义及可接受范围

指标	含义	可接受范围
χ^2	模型估计的协方差与测量变量的协方差的匹配程度	越小，越好
χ^2/df	共变异数矩阵与数据的匹配度	>5，表示拟合度不佳；<5，表示拟合度可接受；<3，表示拟合度较好

续表

指标	含义	可接受范围
RMSEA	评价模型不拟合的指数	<0.08，表示可接受；<0.05，表示拟合度良好
GFI	观测矩阵中的变异数和共变数可被复制矩阵预测得到的量	>0.9，表示拟合度良好
CFI	测量从最限制模型到最饱和模型时，非集中参数的改善情况	>0.9，表示拟合度良好
NFI	比较理论模型与基准模型之间的卡方距离	>0.9，表示拟合度良好

5.4.2 中介作用检验

研究中介变量的主要作用是探究自变量与因变量的路径机理。具体来说，考虑到自变量 X 对因变量 Y 的影响，如果 X 通过变量 M 来影响 Y，就称 M 就是中介变量。X、Y 和 M 之间的关系可以用路径图来简单地表述，如图 5.2 所示。

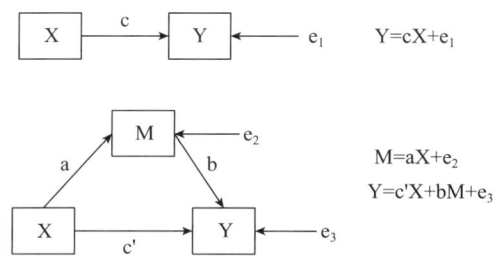

图 5.2 中介作用模型

对于本书的中介作用检验，主要采用结构方程模型和多元回归分析相结合的方法。其中，结构方程模型用于检验整体模型的效果，具体内容见上节描述；多元回归分析用于检验中介变量是具有完全中介效应，还是非完全中介效应。借鉴 Baron 和 Kenny（1986）[242]、马庆国（2004）[243]的方法对中介作用进行检验，具体步骤如下：

（1）检验回归系数 c，若显著就继续分析，否则，停止分析；

（2）检验回归系数 a，若显著就继续分析；否则，进行 Sober 检验，若显著

就继续分析,否则就停止分析;

(3)检验回归系数 c'、b,若 b 显著,c'不显著,则 M 为完全中介;若 b 显著且 c'也显著,则 M 为部分中介。若 b 不显著,则进行 Sober 检验,若显著就继续分析,否则就停止分析。

5.4.3 调节作用检验

探明已有理论的限制条件和使用范围是研究调节变量的主要目的之一。具体来说,变量 X 和变量 Y 有关系,而这种关系是变量 Z 的函数,就称变量 Z 是调节变量,对 X 和 Y 的关系起到调节作用。具体表述如图 5.3 所示。

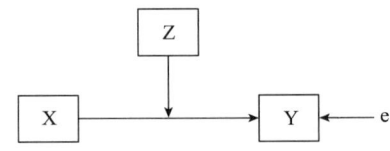

图 5.3 调节作用示意图

注:e 为误差项。

本书采用分层回归方法对理论模型中的调节作用进行检验,具体步骤如下:

(1)对连续变量进行标准化或中心化处理。这样做能减少回归方程中变量的多重共线性问题。

(2)构造乘积项,把经过标准化处理的自变量和调节变量相乘得到乘积项。

(3)进行逐步回归,具体如表 5.14 所示。输出结果中,若 R_2^2 显著高于 R_1^2,或者乘积项的回归系数 c 显著,则调节作用显著。

表 5.14 调节作用检验

步骤	回归方程	R^2	检验标准
第一步	$Y = aX + bZ + e_1$	R_1^2	R_2^2 显著高于 R_1^2,或者乘积项的回归系数 c 显著,则调节作用显著
第二步	$Y = aX' + bZ' + cX'Z' + e_2$ (X'和 Z'是标准化以后的值)	R_2^2	

本章小结

本章主要对实证研究设计和数据质量进行了阐述,具体包括调研问卷设计及变量测量、样本选取和数据收集、样本数据质量检验。首先,描述了问卷设计过程及变量的测量指标,从而保证问卷设计的质量。其次,介绍了样本选择和数据收集过程,描述了调研的背景和过程,并对样本数据进行基本描述性统计,对样本的数据质量进行初步检验,从而保证问卷调研的质量。再次,对样本数据质量进行了详细检验,具体包括可靠性分析、正态性分析、单一维度检验、信度分析和效度分析,研究结果表明,本书所涉及的潜变量均符合正态分布,符合单一维度检验要求,具有良好的信度和效度,从而保证了问卷数据的质量。最后,对数据分析方法进行了简要介绍。

第6章 实证分析与结果讨论

本章主要分为四个小节,对前面的研究假设进行检验和结果讨论。首先,运用结构方程模型方法,检验客户协同创新的维度关系及其对服务创新绩效的影响。其次,运用结构方程模型和多元回归分析方法,检验客户协同创新各维度、客户知识转移对服务创新绩效的影响关系,以及客户知识转移对客户协同创新与服务创新绩效关系的中介作用。再次,采用分层回归分析方法,检验知识可表达性对客户协同创新各维度与客户知识获取关系的调节作用,知识嵌入性对客户协同创新各维度与客户知识吸收关系的调节作用。最后,对上述的实证检验结果进行讨论。

6.1 客户协同创新维度之间关系及其对服务创新绩效的影响检验

本节主要是验证模型中客户协同创新包含的协同关系嵌入、协同资源投入和规范协调机制维度之间关系以及这三个维度对服务创新绩效的影响关系。采用的数据分析方法是结构方程模型(SEM)方法,主要原因是[185][235]:首先,本书的概念模型包含多个自变量,且自变量间的关系比较复杂,与将模型关系割裂、分别验证的传统多元线性回归分析方法相比,结构方程模型能更好地反映模型的整体性和复杂性;其次,结构方程模型是一种多重变量统计分析方法,能同时检验观测变量与潜变量、潜变量与潜变量之间的关系;最后,结构方程模型利用联立方程组求解,允许自变量与因变量含有测量误差。

与传统的多元线性回归分析方法相比，结构方程模型主要有以下优点[185]：①评价多维和相互关联的关系时，可以同时检验多个自变量、因变量自身及之间的复杂关系；②没有很严格的假定条件，允许自变量与因变量含有测量误差；③自变量和因变量均为潜变量，由多个观察指标构成，能同时估计潜变量的结构构成和相关关系；④可形象化表述潜变量之间的关系；⑤可以提供拟合结果的改进提示，对模型进行修正，进而发现新的概念关系。考虑本书的特点和结构方程模型的优势，本书将采用结构方程模型对概念模型进行检验。

采用 AMOS17.0 软件，对本节的概念模型和研究假设进行了检验，模型的各拟合指标值如表 6.1 所示。分析结果表明，χ^2/df、RMSEA、CFI、IFI、GFI 拟合值均在可接受的范围内，而 NFI 也接近于推荐的可接受范围（接近 0.9 的标准）。模型拟合指标显示出，理论模型与问卷调查数据之间具有高度的一致性。

表 6.1 本模型的拟合指标值

拟合指标	本书的指标值	推荐的可接受范围
χ^2/df	$\chi^2 = 226.857$，$df = 126$，$\chi^2/df = 1.80$	<3
RMSEA	0.063	<0.08
GFI	0.901	>0.9
CFI	0.940	>0.9
NFI	0.877	>0.9
IFI	0.941	>0.9

随后，采用 AMOS17.0 软件计算各潜变量间的路径系数，如表 6.2 所示。从表 6.2 中可以看出：①协同关系嵌入和规范协调机制对服务创新绩效有显著的影响（β 值分别是 0.248、0.386，p 值小于 0.1、0.05），而协同资源投入对服务创新绩效的影响不显著（β 值为 -0.095，p 值大于 0.05），故假设 H1a、H1c 得到支持，而 H1b 未得到支持；②客户协同创新绩效的各维度间关系，也与理论模型所预期的结果相同，协同关系嵌入、规范协调机制对资源投入有显著的正向影响（β 值分别为 0.593、0.386，p 值小于或等于 0.01），故假设 H2a、H2b 得到了支持。

表 6.2 本模型的路径系数

假设	路径	β值	S.E	C.R	p值	结论
H1a	协同关系嵌入→服务创新绩效	0.248	0.152	1.632	0.099	显著
H1b	协同资源投入→服务创新绩效	-0.095	0.125	-0.764	0.445	不显著
H1c	规范协调机制→服务创新绩效	0.386	0.194	1.991	0.047	显著
H2a	协同关系嵌入→协同资源投入	0.593	0.114	5.199	0.001	显著
H2b	规范协调机制→协同资源投入	0.386	0.150	2.576	0.010	显著

结构方程模型检验结果表明：①客户协同创新的各维度对服务创新绩效有不同程度的影响。其中，协同关系嵌入和规范协调机制对服务创新绩效有显著的正向影响，且规范协调机制的影响作用更强；协同资源投入对服务创新绩效的影响未得到验证。②从客户协同创新各维度关系来看，协同关系嵌入和规范协调机制对协同资源投入具有显著的正向影响，且协同关系嵌入对协同资源投入的正向影响更强。具体模型检验结果如图 6.1 所示。

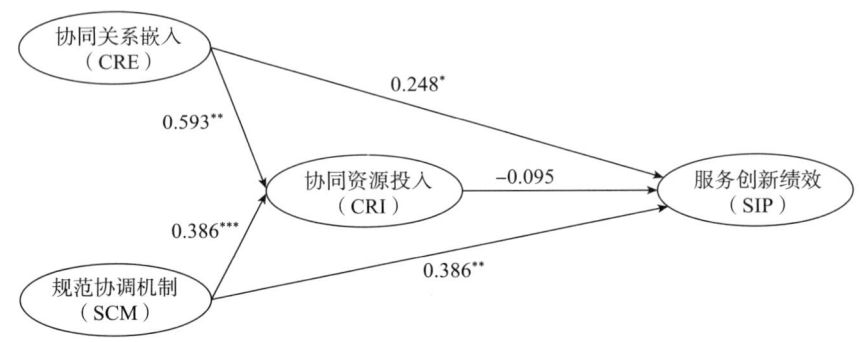

图 6.1 本节模型的检验结果

注：*p<0.1，**p<0.05，***p<0.01。

6.2 客户知识转移的中介作用检验

6.2.1 整体结构方程模型检验

根据本书的理论模型，构建其结构方程模型如式（6-1）所示：

$$\begin{cases} \eta_1 = \gamma_{11}\xi_1 + \gamma_{12}\xi_2 + \gamma_{13}\xi_3 + \zeta_1 \\ \eta_2 = \gamma_{21}\xi_1 + \gamma_{22}\xi_2 + \gamma_{23}\xi_3 + \zeta_2 \\ \eta_3 = \beta_{31}\eta_1 + \beta_{32}\eta_2 + \zeta_3 \\ \eta_4 = \beta_{41}\eta_1 + \beta_{42}\eta_2 + \zeta_4 \end{cases} \quad (6-1)$$

其中，η_1 表示客户知识获取，η_2 表示客户知识吸收，η_3 表示服务创新过程绩效，η_4 表示服务创新结果绩效，ξ_1 表示协同关系嵌入，ξ_2 表示协同资源投入，ξ_3 表示规范协调机制。γ 为外生变量与内生变量之间的关系，β 为内生变量之间的关系，ζ 为内生变量的残差项。

本书采用 AMOS17.0 软件，对理论模型和研究假设进行了检验。通过对初始模型进行拟合和优化，得到最终的关系模型。模型各拟合指标值及参考范围如表 6.3 所示。结果显示，χ^2/df、RMSEA、CFI、IFI、NFI 值均在可接受的范围内，GFI 值也接近于推荐的可接受范围。模型拟合结果显示出，理论模型与问卷调查数据之间具有高度的一致性。

表6.3 模型拟合指标及可接受范围

拟合指标	研究指标值	推荐的可接受范围
χ^2/df	$\chi^2=816.658$, $df=444$, $\chi^2/df=1.837$	<3
RMSEA	0.065	<0.05
GFI	0.886	>0.9
CFI	0.905	>0.9
NFI	0.915	>0.9
IFI	0.906	>0.9

随后，采用 AMOS17.0 软件计算各变量间的路径系数，见表 6.4 所示。从表中可以看出：①协同关系嵌入对客户知识获取、客户知识吸收均有显著的正向影响（β 值分别为 0.630、0.368，p 值均小于 0.01），假设 H3a、H3b 得到支持；②协同资源投入对客户知识获取、客户知识吸收均有显著的正向影响（β 值分别为 0.162、0.199，p 值均小于 0.05），假设 H4a、H4b 得到支持；③规范协调机制对客户知识获取、客户知识吸收均有显著的正向影响（β 值分别为 0.281、0.302，p 值均小于 0.05），假设 H5a、H5b 得到支持；④客户知识获取对服务创新过程绩效有显著的正向影响（β 值为 0.362，p 值小于 0.1），而对服务创新结果绩效的影响不显著（β 值为 0.047，p 值大于 0.1），假设 H6a 得到支持，而假设 H6b 未得到支持；⑤客户知识吸收对服务创新结果绩效的影响显著（β 值为

0.707，p值小于0.01），而对服务创新过程绩效的影响不显著（β值为0.235，p值大于0.1），假设H7b得到支持，而假设H7a未得到支持。

表6.4 本模型的路径系数

假设	路径	β值	S.E.	C.R	p值	结论
H3a	协同关系嵌入→客户知识获取	0.630	0.117	5.392	0.000	显著
H3b	协同关系嵌入→客户知识吸收	0.368	0.111	3.314	0.000	显著
H4a	协同资源投入→客户知识获取	0.162	0.185	1.991	0.047	显著
H4b	协同资源投入→客户知识吸收	0.199	0.088	2.258	0.024	显著
H5a	规范协调机制→客户知识获取	0.281	0.127	2.213	0.027	显著
H5b	规范协调机制→客户知识吸收	0.302	0.130	2.325	0.020	显著
H6a	客户知识获取→服务创新过程绩效	0.362	0.218	1.655	0.098	显著
H6b	客户知识获取→服务创新结果绩效	0.047	0.242	0.194	0.846	不显著
H7a	客户知识吸收→服务创新过程绩效	0.235	0.220	1.068	0.286	不显著
H7b	客户知识吸收→服务创新结果绩效	0.707	0.254	2.783	0.005	显著

结构方程模型检验结果表明：客户协同创新的各维度（协同关系嵌入、协同资源投入和规范协调机制）对客户知识转移（客户知识获取和吸收）均具有显著的正向影响；客户知识转移对服务创新绩效有不同的影响，其中客户知识获取作用于服务创新过程绩效；而客户知识吸收作用于服务创新结果绩效。具体的模型检验结果如图6.2所示。

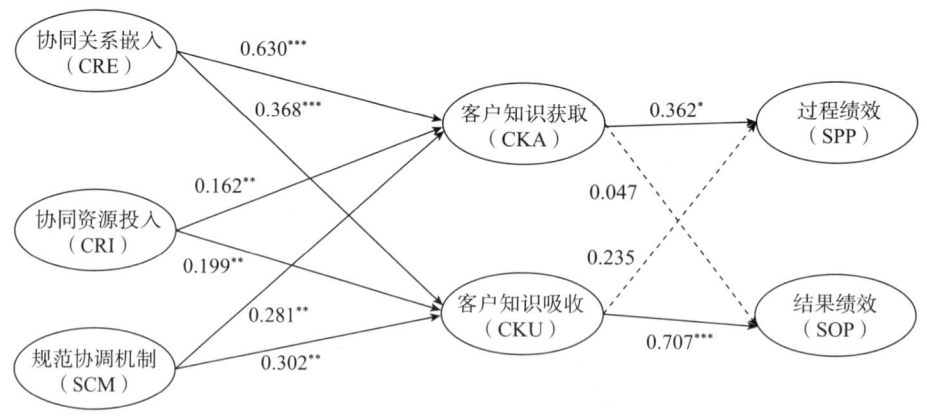

图6.2 本节模型的检验结果

注：*p<0.1，**p<0.05，***p<0.01。

6.2.2 中介作用检验

基于 6.2.1 节结构方程模型分析结果，得出客户协同创新的各维度对客户知识获取和客户知识吸收具有显著的正向影响，客户知识获取、客户知识吸收分别对服务创新过程绩效和结果绩效有显著的正向影响。为了进一步探究客户知识转移对客户协同创新与服务创新绩效关系的中介作用，本节将客户协同创新的协同关系嵌入、协同资源投入和规范协调机制合为一个变量，探讨客户知识转移对客户协同创新和服务创新绩效关系的影响机理。

借鉴 Baron 和 Kenny（1986）和温忠麟（2004）的方法对中介作用进行检验，根据 5.4 节介绍的检验程序，采用 SPSS17.0 软件进行多元线性回归分析，对假设 H8a、H8b 进行检验。由于 6.2.1 节的检验结果表明：客户知识获取仅对服务创新过程绩效有影响，客户知识吸收仅对服务创新结果绩效有影响。为此，本书在检验客户知识转移的中介作用时，主要关注：客户知识获取对客户协同创新与服务创新过程绩效关系的中介作用，客户知识吸收对客户协同创新与服务创新结果绩效关系的中介作用。

6.2.2.1 客户知识获取对客户协同创新与服务创新过程绩效关系的中介作用

客户知识获取的中介作用检验结果如表 6.5 所示。

表 6.5 客户知识获取的中介作用检验结果

变量	服务创新过程绩效	客户知识获取	服务创新过程绩效
	模型1	模型2	模型3
常数	5.381***	0.957***	4.512***
自变量			
客户协同创新	0.823***	0.809***	0.088
中介变量			
客户知识获取			0.909***
R^2	0.132	0.494	0.240
Adjusted R^2	0.128	0.491	0.232
F – value	30.405***	195.175***	31.394***

注：$*p<0.1$，$**p<0.05$，$***p<0.01$。

客户协同创新对服务创新绩效的影响机理研究

从表 6.5 的回归分析结果可以看出，3 个模型的 R^2 值分别能解释因变量的 13.2%、49.4% 及 24.0%。模型 1 的检验结果表明客户协同创新对服务创新过程绩效具有显著的正向作用，影响系数为 0.823（$p<0.01$）。模型 2 的检验结果表明客户协同创新对客户知识获取具有显著的正向影响，影响系数为 0.809（$p<0.01$）。模型 3 是同时加入自变量（客户协同创新）、中介变量（客户知识获取）考察其对服务创新过程绩效的影响作用，结果表明客户知识获取对服务创新过程绩效有显著的正向影响，影响系数为 0.909（$p<0.01$），而客户协同创新对服务创新过程绩效的影响作用不显著，影响系数为 0.088（$p>0.1$）。综合模型 1~模型 3，客户知识获取在客户协同创新对服务创新过程绩效的关系中起到完全中介作用。也就是说，客户协同创新对服务创新过程绩效的影响是完全通过客户知识获取路径来实现的，假设 H8a 得到实证研究结果的支持。

6.2.2.2　客户知识吸收对客户协同创新与服务创新结果绩效关系的中介作用

客户知识吸收在客户协同创新对服务创新结果绩效的中介作用检验结果如表 6.6 所示。从表 6.6 回归分析结果可以看出，3 个模型的 R^2 值分别能解释因变量的 17.8%、44.1% 及 16.7%。其中，模型 1 检验结果表明客户协同创新对服务创新结果绩效具有显著的正向作用，影响系数为 0.337（$p<0.01$）。模型 2 的检验结果表明客户协同创新对客户知识吸收具有显著的正向影响，影响系数为 0.822（$p<0.01$）。模型 3 是同时加入自变量（客户协同创新）、中介变量（客户知识吸收），考察其对服务创新结果绩效的影响作用，检验结果表明客户知识吸收对服务创新结果绩效有显著的正向影响（影响系数为 0.391，$p<0.01$），而客户协同创新对服务创新结果绩效的影响作用不显著（影响系数为 0.016，$p>0.1$）。综合模型 1~模型 3，客户知识吸收在客户协同创新对服务创新结果绩效的关系中起到完全中介作用。也就是说，客户协同创新对服务创新结果绩效的作用是完全通过客户知识吸收路径来实现的，假设 H8b 得到实证研究结果的支持。

表 6.6　客户知识吸收的中介作用检验结果

变量	服务创新结果绩效	客户知识吸收	服务创新结果绩效
	模型 1	模型 2	模型 3
常数	2.997***	0.786***	2.689***
自变量			

续表

变量	服务创新结果绩效	客户知识吸收	服务创新结果绩效
	模型1	模型2	模型3
客户协同创新	0.337***	0.822***	0.016
中介变量			
客户知识吸收			0.391***
R²	0.178	0.441	0.167
Adjusted R²	0.173	0.438	0.159
F-value	16.883***	157.937***	20.006***

注：*p<0.1，**p<0.05，***p<0.01。

6.3 知识特性的调节作用检验

在前一节验证的客户协同创新对客户知识转移影响关系基础上，本节进一步考察知识特性（知识可表达性和嵌入性）在此影响模型中的调节作用。鉴于潜变量的调节作用模型标准化估计比显变量的调节作用模型标准化估计要复杂得多，而分层回归分析能够允许研究者分别控制变量进入的顺序，是检验交互效应常用的工具。因此，本书主要采用分层回归分析方法来对调节作用进行检验，具体检验步骤见5.4节。

6.3.1 知识可表达性的调节作用检验

在进行多元回归分析前，需要检验回归模型是否存在多重共线性、序列相关和异方差问题（马庆国，2002）[243]。多重共线性主要通过方差膨胀因子（VIF）来判断，经检验各回归模型VIF值均小于3，远小于方差膨胀因子的可接受水平（VIF<10）和评判标准（VIF<4），因此研究涉及的变量之间不存在严重的多重共线性。序列相关采用Durbin-Watson（DW）值来判断，经检验各回归模型DW值均在1.5~2，满足评判基准（DW值：1.5~2.5），因此，研究的各模型不存在序列相关。异方差问题主要通过散点图（横轴：标准化预测值，纵轴：标

准化残差值）来判断，经检验各回归模型的散点图均呈无序状，可以判定研究模型不存在异方差问题。

在此基础上，对客户知识可表达性在客户协同创新对客户知识获取之间关系中的调节作用进行检验，分析结果如表 6.7 所示。

表 6.7 知识可表达性的调节作用检验结果

	因变量：客户知识获取					
	模型 1	模型 2	模型 3	模型 4	模型 5	模型 6
常数	-0.245	-0.165	-0.133	-0.215	-0.043	-0.171
控制变量						
企业规模	-0.029	-0.025	0.009	0.012	-0.012	0.003
项目类型	0.034	0.030	0.014	0.018	0.004	0.003
项目持续时间	0.055	0.042	0.009	0.016	0.007	0.007
自变量						
协同关系嵌入（CRE）	0.631***	0.560***				
协同资源投入（CRI）			0.390***	0.395***		
规范协调机制（SCM）					0.331***	0.373**
调节变量						
知识表达性（KA）	0.162**	0.175***	0.340**	0.323***	0.385***	0.337***
交互项						
CRE×KA		-0.156**				
CRI×KA				0.089*		
SCM×KA						0.158***
R^2	0.455	0.442	0.454	0.569	0.406	0.442
Adjusted R^2	0.435	0.423	0.432	0.551	0.385	0.418
ΔR^2	—	0.022***	—	0.012***	—	0.036***

注：*$p<0.1$，**$p<0.05$，***$p<0.01$。

首先，对知识可表达性在协同关系嵌入与客户知识获取间关系的调节作用进行验证。表 6.7 模型 1 的回归结果表明，协同关系嵌入对客户知识获取的主效应显著（β=0.631，p<0.01），知识可表达性对客户知识获取的主效应显著（β=0.162，p<0.05）。模型2将协同关系嵌入、知识可表达性及两者间的交互项同时代入回归模型，此时交互作用显著（β=-0.156，p<0.05），说明知识可表达性对协同关系嵌入与客户知识获取间关系的调节作用显著。

其次，为了进一步形象地说明此调节作用，按照 Aiken 和 West（1991）所建议的步骤作图[244]，并参照斜率比较方法进行比较。由图6.3可以看出，在知识可表达性较低时，协同关系嵌入与客户知识获取的斜率明显大于知识可表达性较高时，说明知识可表达性在协同关系嵌入对客户知识获取的关系间起着反向调节作用。当服务创新所需的知识可表达性较低时，协同关系嵌入对客户知识获取的正向影响越强，假设 H9a 得到支持。

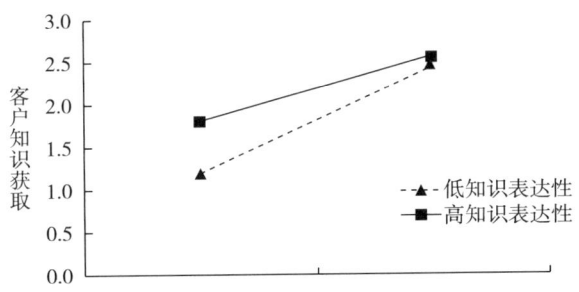

图6.3 知识可表达性对协同关系嵌入与客户知识获取关系之间的调节作用

同理，表6.7模型3的回归分析结果表明协同资源投入对客户知识获取的主效应显著（β=0.390，p<0.01），知识可表达性对客户知识获取的主效应显著（β=0.340，p<0.05）。模型4中，协同资源投入与知识可表达性的交互项显著（β=0.089，p<0.1），说明知识可表达性对协同资源投入与客户知识获取间关系的调节作用显著。为了形象地说明此调节作用，绘制图6.4，可以看出当知识表达性较高时，协同资源投入与客户知识获取的斜率明显大于知识表达性较低时，说明知识可表达性在协同资源投入与客户知识获取关系之间起着正向调节作用。当服务创新所需的知识表达性较高时，协同资源投入对客户知识获取的促进作用更强，假设 H9b 得到支持。

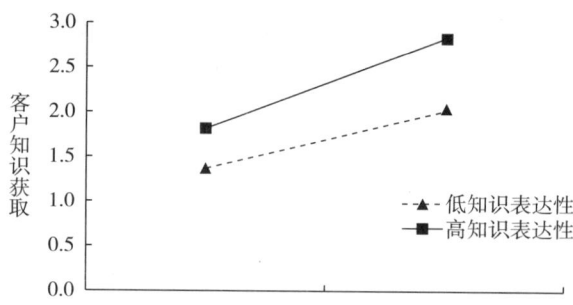

图 6.4 知识可表达性对协同资源投入与客户知识获取关系之间的调节作用

最后，采用同样的方法检验知识可表达性在规范协调机制对客户知识获取之间关系的调节作用。表 6.7 模型 5 的回归分析结果表明，规范协调机制对客户知识获取的主效应显著（$\beta=0.331$，$p<0.01$），知识可表达性对客户知识获取的主效应显著（$\beta=0.385$，$p<0.01$）。模型 6 中，规范协调机制与知识可表达性的交互项显著（$\beta=0.158$，$p<0.01$），说明知识可表达性对规范协调机制与客户知识获取间关系的调节作用显著。进一步地绘制图 6.5，可以看出当知识表达性较高时，规范协调机制与客户知识获取的斜率明显大于知识表达性较低时，说明知识可表达性在规范协调机制与客户知识获取关系之间起着正向调节作用。当服务创新所需的知识表达性较高时，规范协调机制对客户知识获取的促进作用更强，假设 H9c 得到支持。

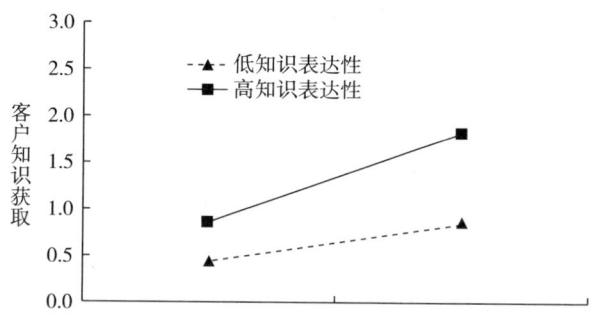

图 6.5 知识可表达性对规范协调机制与客户知识获取关系之间的调节作用

6.3.2 知识嵌入性的调节作用检验

在对知识嵌入性的调节作用进行检验前，需要对回归模型的多重共线性、序列相关和异方差问题进行检验。按照 6.3.1 的检验思路，分别对各回归模型的 VIF 值、DW 值和散点图进行检验，检验结果满足相应的标准，表明适合进行回归分析。接着采用同样的方法，对客户知识嵌入性在客户协同创新对客户知识吸收关系中的调节作用进行检验。回归分析结果如表 6.8 所示。

表 6.8 知识嵌入性对客户协同创新与客户知识吸收关系的调节作用检验结果

	因变量：客户知识吸收					
	模型 1	模型 2	模型 3	模型 4	模型 5	模型 6
常数	0.090	-0.011	0.089	0.060	-0.048	-0.023
控制变量						
企业规模	0.041	0.052	0.020	0.035	0.014	-0.013
项目类型	-0.014	-0.013	-0.002	-0.003	0.018	0.017
项目持续时间	-0.050	-0.046	-0.012	-0.024	-0.025	-0.027
自变量						
协同关系嵌入（CRE）	0.389***	0.277**				
协同资源投入（CRI）			0.237***	0.161***		
规范协调机制（SCM）					0.245**	0.245***
调节变量						
知识嵌入性（KE）	0.479***	0.348***	0.500***	0.386***	0.550***	0.546***
交互项						
CRE × KE		0.311***				
CRI × KE				0.216***		
SCM × KE						-0.032
R^2	0.474	0.511	0.426	0.470	0.442	0.443
Adjusted R^2	0.450	0.484	0.398	0.440	0.427	0.426
ΔR^2	—	0.037***	—	0.044***	—	ns

注：*$p<0.1$，**$p<0.05$，***$p<0.01$。

首先，检验知识嵌入性在协同关系嵌入对客户知识吸收间关系的调节作用。表 6.8 模型 1 的回归结果表明，协同关系嵌入对客户知识吸收的主效应显著（$\beta = 0.389$，$p<0.01$），知识嵌入性对客户知识吸收的主效应显著（$\beta = 0.479$，$p<0.01$）。模型 2 中，协同关系嵌入与知识嵌入性的交互项显著（$\beta = 0.311$，$p<0.01$），说明知识嵌入性对协同关系嵌入与客户知识吸收之间关系的调节作用显著。进一步绘制图 6.6，可以看出知识嵌入性较高时，协同关系嵌入与客户知识吸收的斜率明显大于知识嵌入性较低时，说明知识嵌入性在协同关系嵌入与客户

知识吸收关系之间起着正向调节作用。当服务创新所需的知识嵌入性较高时,协同关系嵌入对客户知识吸收的促进作用更强,假设 H10a 得到支持。

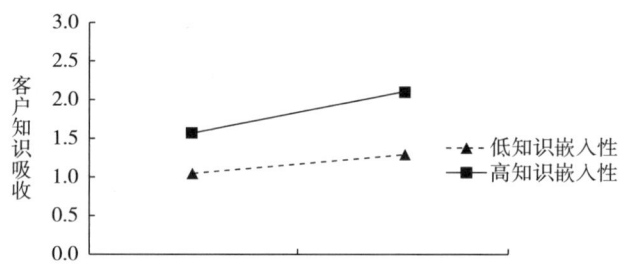

图 6.6　知识嵌入性在协同关系嵌入对客户知识吸收关系之间的调节作用

采用同样的方法检验知识嵌入性在协同资源投入对客户知识吸收之间关系的调节作用。表 6.8 模型 3 的回归分析结果表明,协同资源投入对客户知识吸收的主效应显著($\beta = 0.237$,$p < 0.01$),知识嵌入性对客户知识吸收的主效应显著($\beta = 0.500$,$p < 0.01$)。模型 4 中,协同资源投入与知识嵌入性的交互项显著($\beta = 0.216$,$p < 0.01$),说明知识嵌入性对协同资源投入与客户知识吸收之间关系的调节作用显著。进一步绘制图 6.7,可以看出,知识嵌入性较高时,协同资源投入与客户知识吸收的斜率明显大于知识嵌入性较低时,说明知识嵌入性在协同资源投入与客户知识吸收关系之间起着正向调节作用。当服务创新所需的知识嵌入性较高时,协同资源投入对客户知识吸收的促进作用更强,假设 H10b 得到支持。

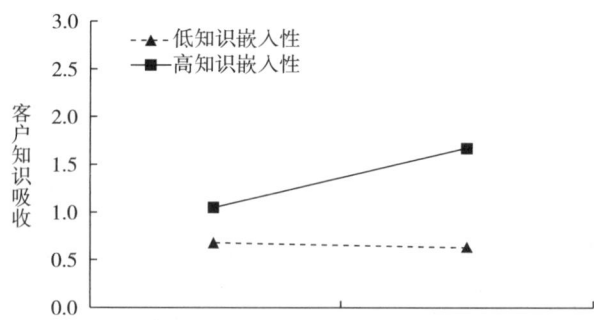

图 6.7　知识嵌入性在协同资源投入对客户知识吸收关系之间的调节作用

最后，采用同样的方法，检验知识嵌入性在规范协调机制对客户知识吸收之间关系的调节作用。表6.8模型5的回归分析结果表明，规范协调机制对客户知识吸收的主效应显著（$\beta = 0.245$，$p < 0.05$），知识嵌入性对客户知识吸收的主效应显著（$\beta = 0.550$，$p < 0.01$）。模型6中，规范协调机制与知识嵌入性的交互项不显著（$\beta = -0.032$，$p > 0.1$），说明知识嵌入性对规范协调机制与客户知识吸收关系的调节作用不显著。假设H10c未得到支持。

6.4 假设检验结果讨论

6.4.1 客户协同创新维度之间关系及其对服务创新绩效的影响

客户协同创新是吸纳外部客户资源进行创新的协同工作系统。建立及管控此类系统的运作及效果，需要明确其基本要素构成、相互作用关系及其对系统目标的影响。以此为出发点，本书选择在知识密集型服务业这一研究背景下，探讨客户协同创新各维度间的关系及其对服务创新绩效的影响。具体研究结论如下：

首先，本书揭示了客户协同创新各维度，即协同关系嵌入、协同资源投入和规范协调机制对服务创新绩效存在不同程度的影响关系。具体而言，协同关系嵌入、规范协调机制对服务创新绩效均有显著的正向影响，而协同资源投入对服务创新绩效的影响关系不显著。相比以往国内外学者基于技术创新背景，分别探讨了协同关系嵌入对企业创新绩效的影响（Uzzi，2003；Dyer and Sigh，1998；Andersson and Forsgren，2002；Varis and Littunen，2010；Ming，2013）；协同资源投入对企业创新绩效的影响（Lengnick-Hall，2000；Chen，2011；Millissa and Cheung，2001；Ursula and Grisseman，2012）、规范协调机制（Steensma，2000；Cavusgil，Deligonul and Zhang，2004）对企业创新绩效的影响，本书的贡献体现在：①从协同视角，揭示了客户协同创新各维度间相互作用而实现协同效应的机理，一定程度上解答了客户协同创新对服务创新绩效关系不一致结论的原因，完善了客户协同创新对服务创新绩效的认识；②将客户协同创新理论拓展到服务创新领域，特别是知识密集型服务业，为KIBS企业开展客户协同创新活动提供了理论指导。

　　进一步地，协同关系嵌入、规范协调机制对服务创新绩效的路径系数分别为 0.248、0.386，这表明 KIBS 企业在开展服务创新时，规范协调机制对创新绩效的正向影响更强。这是由本书情境独有特征所决定的。KIBS 企业的客户多为组织客户，其开展的服务创新大多是组织客户的专门定制化服务，双方之间的互动或交流需要围绕组织客户的实际问题咨询、解答及产品改进等。为此，企业通过与客户制定规范和契约、应对未知结果的程序及补救策略、利益共享和风险分担等规范协调机制，以指导和约束企业与组织客户的行为，进而对双方的互动和知识共享提供了法律保障，有利于降低服务创新的不确定性和复杂性。因此，服务企业通过与客户制定规范协调机制，有助于提升企业服务创新的绩效。

　　其次，本书证实了客户协同创新各维度间的相互作用关系，弥补了关于客户协同创新各维度间关系缺乏实证检验研究的现状。研究结果表明，协同关系嵌入、规范协调机制对协同资源投入有显著的正向相关性。这表明 KIBS 企业与客户建立良好的合作关系，并通过规范化协调机制来指导和约束双方的行为，则客户更愿意积极地参与服务创新过程中，进行信息资源分享和创新任务分担，从而对服务创新绩效产生积极的影响。同时，研究结果也说明，客户协同创新各维度要素之间是通过相互作用、相互配合来产生协同效应的，后续研究需要将这些维度要素全部纳入分析体系，进而保证研究的可靠性。

　　与理论预期不同的是，数据分析结果表明，协同资源投入对服务创新绩效的影响关系不显著。也就是说，企业通过提高客户的协同资源投入水平，并不一定能促进服务创新绩效的提升。一种可能的原因是：协同资源投入与服务创新绩效并不是简单直接相关，而是通过各种中介因素起作用，并且在不同情境和环境影响下，两者间的关系机制也会发生变化。范秀成（2012）指出，客户协同资源投入，对企业而言就是一把利弊并存的"双刃剑"[146]，其更多地受到情境化因素的影响，并呼吁未来研究深入不同情境，深层次挖掘协同资源投入的效用。另一种可能的原因是：笔者认为可以借鉴信息处理理论的分析思路[48]，从信息处理需求和信息处理能力两方面来解释。首先，协同资源投入表现为企业的信息处理需求，而企业对客户知识的消化、吸收和应用，则更多体现为企业的信息处理能力。协同资源投入越多，则客户传递给企业的信息内容越复杂，相应地，对企业的信息处理能力要求越高。若企业的信息处理能力难以与信息处理需求相匹配，则意味着企业项目成员在面对这些错综复杂的客户信息和知识碰撞时，将不知所措,难以将客户知识转化为对创新项目有用的知识,这种高度的客户资源投入行为反而会扰乱创新项目的正常进行,从而会降低服务创新绩效。因此,在 KIBS 服务创新情境下,一味地要求客户进行资源投入,难以保障创新战略目标的顺利实现,只有充分考虑企业自身知识处理能力和协同资源投入的匹配性,才能根据客户知识和需求的变化作出快速响应。

6.4.2 客户知识转移对客户协同创新与服务创新绩效关系的中介作用

继证实客户协同创新各维度对服务创新绩效存在正向作用关系后,本书进一步地揭示了客户协同创新各维度对服务创新绩效的路径作用机理。基于客户知识转移角度,本书揭示了客户协同创新各维度对服务创新绩效的影响是通过客户知识转移的两个核心过程(客户知识获取和客户知识吸收)产生作用的。实证结果表明:客户协同创新三个维度(协同关系嵌入、协同资源投入、规范协调机制)对客户知识获取和吸收均有显著的正向影响;客户知识获取对服务创新过程绩效有显著的正向影响,客户知识吸收对服务创新结果绩效有显著的正向影响;客户知识获取和吸收完全中介了客户协同创新与服务创新绩效的关系。

6.4.2.1 客户协同创新是客户知识转移的重要前因变量

具体来说,协同关系嵌入、协同资源投入和规范协调机制对客户知识获取、客户知识吸收均有显著的正向影响,进而影响服务创新绩效的提升。以往学者在讨论客户知识转移的影响因素时,主要从客户主体特性、知识接收企业特性、知识特性及转移渠道四个方面展开研究[75][166][168][169][170][177][178][179]。鲜有学者关注服务创新中客户知识转移的形成机制,即客户协同创新的影响。为此,本书在知识密集型服务业背景下,实证检验了客户协同创新与客户知识转移的关系,结果表明通过客户协同创新活动能够帮助企业实现对客户知识的快速搜索、获取、消化和吸收,进而提升客户知识转移的效率和质量。这一研究结论,一方面,在 KIBS 行业背景下发展了客户知识转移的前因,完善了现有客户知识转移理论框架;另一方面,填补了现有研究对客户知识转移形成机制讨论不充分的不足。

具体而言:①协同关系嵌入与客户知识转移正相关。这表明在服务创新过程中,企业与客户保持良好的信任关系和互惠互利的氛围,能够促进客户的交流意愿和互动频率,有助于客户知识特别是隐性知识的获取和吸收。本书有力地支持

Uzzi（2003）[213]、Kahn（1997）、Strambach（2001）[101]的研究成果，表明协同关系嵌入是提升客户知识转移的重要前因变量。②协同资源投入与客户知识转移正相关。这表明在服务创新过程中，客户愿意为完成各阶段创新任务而共享其核心技术、知识资源和社会资源，将有利于企业和客户形成共同的语言基础和知识基础。若客户愿意加入任务小组、在线社区或集体讨论，与项目团队一起解决项目过程中遇到的问题，将会为企业获取、吸收及应用客户知识，提供条件。本书有力地支持Fang（2008）[32]、张若勇（2007）[49]、卢俊义（2012）[50]的研究，表明协同资源投入是提升客户知识转移的重要前因变量。③规范协调机制与客户知识转移正相关。这表明企业与客户合作开展创新项目时，通过建立合同规范和契约（如项目组织、标准、合同等）、协商沟通机制等程序和规则，保证双方有章可循地协商、调解、调整和处理可能发生的冲突、分歧等，这为双方经济行为和交往提供了法律约束和制度框架，有助于消除客户关于核心知识泄露和知识溢出的顾虑，从而更有效地转移客户知识。研究结论表明，规范协调机制是提升客户知识转移的重要前因变量。

进一步地，研究发现，客户协同创新的三个维度对客户知识转移的影响程度是不同的。从结构方程模型中的关系路径系数来看，协同关系嵌入、协同资源投入和规范协调机制对客户知识获取的路径系数 β 值分别为 0.630（$p<0.01$）、0.162（$p<0.05$）、0.281（$p<0.05$），这三者对客户知识吸收的路径系数 β 值分别为 0.368（$p<0.01$）、0.199（$p<0.05$）、0.302（$p<0.05$）。这表明协同关系嵌入对客户知识转移的路径系数最大，协同关系嵌入比协同资源投入和规范协调机制更能促进客户知识转移的效率和质量提升。这一结论也符合客户知识转移产生和变化的机理。在客户协同创新过程中，基于信任、互惠的强关联关系氛围使双方都愿意分享关键信息和资源，从而拓宽项目团队进行知识学习的视野，使以前难以获得的知识能够充分获取和吸收，并加以有效利用。同时，密切的协同关系有助于企业快速响应客户和整个市场的变化，并在平时的互动沟通中积累知识资产，从而为积极有效地获取更多知识，开展下一轮创新做好准备。因此，协同关系嵌入对客户知识转移的正向影响更强。

6.4.2.2 客户知识转移是客户协同创新与服务创新绩效关系的关键中介变量

其中，客户知识获取在客户协同创新与服务创新过程绩效关系中起到完全中介作用，客户知识吸收在客户协同创新与服务创新结果绩效关系中起到完全中介作用。具体来说，客户协同创新包含的协同关系嵌入、协同资源投入和规范协调机制，有效地推动了客户知识向企业组织转移的效率和质量，即将关于客户的知识、客户拥有的知识以及企业与客户互动产生的新知识有效地转变为企业知识，并通过快速消化、吸收、整合、应用于企业服务创新活动中，从而推动服务创新项目的顺利开展并保证创新性结果。这一研究结论，一方面，拓展了 Fang[32]、张若勇[49]及卢俊义[50]等针对客户参与的研究，丰富了现有客户协同创新理论框架；另一方面，系统地剖析并检验了客户知识转移在客户协同创新对服务创新绩效关系的作用路径，打开了客户协同创新对服务创新绩效的影响机理"黑箱"，补充和完善了客户协同创新对服务创新绩效关系的研究成果。

与理论预期不同的是，客户知识获取和吸收对服务创新绩效的影响关系仅得到部分验证。具体来说，客户知识获取对过程绩效有显著的正向影响，而对结果绩效的影响关系不显著；客户知识吸收对结果绩效有显著的正向影响，而对过程绩效的影响不显著。一种可能的解释是，过程绩效重点关注企业创新项目的进度、成本、质量等方面，提升企业的短期绩效；而结果绩效重点关注企业创新项目的产品新颖性和市场新颖性，提升企业的长期竞争力。这两种绩效对客户知识转移的需求不同，过程绩效强调对已有服务的改进和创新，需要项目成员及时、有效地进行客户知识获取，以快速地设计和改进服务，进而保证服务创新项目的顺利实施；结果绩效强调生产出行业新颖的、具有发展前景的、满足新出现市场需求的创新性服务，需要项目成员对客户知识进行深度挖掘和创新性应用，力求摆脱和超越原有的知识基础。这一结论发现，能够帮助企业根据自身绩效要求，以选择合适的客户知识转移战略。

6.4.3 知识特性对客户协同创新与客户知识转移关系的调节作用

继实证出客户知识转移是客户协同创新各维度要素作用于服务创新绩效的关键中介路径后，本书进一步分析了服务创新所需知识特性的差异对此作用成效的影响。知识可表达性和嵌入性反映了服务创新所需客户知识的本质属性，是影响客户协同创新过程中知识转移作用成效的重要情境变量。

首先，知识可表达性在客户协同创新各维度与客户知识获取间关系中起到关键的调节作用。实证结果表明：知识可表达性反向调节了协同关系嵌入对客户知识获取的关系，正向调节了协同资源投入、规范协调机制对客户知识获取的关系。也就是说,若客户知识模糊不清(不易表达),常用的语言、文字、符号等方式都不能准确地表达其精髓时,只能通过项目成员和客户的接触与互动,共享双方的心智模式、经验分享和传承等获取此类知识。在此情境下,项目成员与客户保持彼此信任、亲密、团结和互动的协同关系,将有利于此类知识的获取;反之,若客户知识可表达性较高,客户很容易通过多种途径将此类知识提供给项目成员,而规范协调机制也很容易将此类知识的获取流程和规则写入契约条款中,保证项目成员对此类知识的获取。

其次,知识嵌入性在客户协同创新各维度与客户知识吸收间关系中起到关键的调节作用。实证结果表明:知识嵌入性正向调节了协同关系嵌入、协同资源投入对客户知识吸收的关系,但规范协调机制对客户知识吸收的关系不受知识嵌入性调节作用的影响。也就是说,成功的知识转移,要求传递给接收方的知识,有适宜的情境和相关条件的支持,知识嵌入性越高,其复杂程度、对应用情境的要求越高,对其吸收需要具备的相关资源、工具、网络等就会越系统与完备。协同关系嵌入有利于营造出与客户相似的任务、技术、人员和关系网络环境,从而满足客户知识对应用情境的要求;协同资源投入为双方集合资源、才干和能力,从而为吸收知识创造了条件,使知识接收企业能很好地消化、吸收和应用复杂嵌入性知识,提升服务创新绩效。

与理论预期不同的是,知识嵌入性在规范协调机制与客户知识吸收关系中的调节作用未得到支持。本书认为主要原因在于:①服务创新过程中,企业会制定出一整套规范、成熟的、与客户合作的行为规范和合同契约,并有专人负责获取和吸收客户知识,知识嵌入性情境在其中的影响变得微乎其微;②规范协调机制反映的是事前的标准和程序,因此不管创新过程中所需的知识嵌入性如何变化,都将很难影响规范协调机制对客户知识吸收的影响。

通过以上分析可知,客户协同创新的各维度对客户知识转移的促进作用,会受到知识特性的影响。Zander 和 Kogut(1995)[170]、Cumming 和 Teng(2003)[180]、Alavi 和 Leidner(2001)[178]、左美云(2004)[169]、肖小勇和文亚青(2005)[179]等在各自的研究成果中指出,知识内隐性、复杂性、嵌入性、专属性等知识特性对知识转移有显著的直接影响。仅有部分学者,如 Grant(2000)[69]、Lam(1997)[224]、Nielsen(2005)[225]、周密(2015)[219]等关注不同的知识特性情境,研究结果表明,创新所需的知识情境改变了知识发送方的认知和行为,并间接地影响关系双方知识转移行为的效率和效果。本书通过对知识可表达性和知识嵌入性在客户协同创新对客户知识转移间关系的调节作用展开研究,研究结论,一方面,从知识特性视角,揭示了知识特性对客户知识转移的作用机理,丰富了客户协同创新对客户知识转移影响作用的研究;另一方面,深化了企业管理者对客户协同创新作用情境的理解,为企业管理者根据具体创新项目的知识情境特征,构建相应的客户协同管理模式,提供了决策支持。

6.4.4 基于知识类型的客户协同创新模式比较

在上一节分析的基础上,本节将聚焦于不同知识类型下客户协同创新模式的比较。由于服务创新项目不同阶段的任务和目标存在较大差异,相应地,任务进程中被转移的客户知识类型和特性也存在不同。因此,为了进一步探究知识类型对客户协同创新模式的影响,本书按照知识可表达性和嵌入性两个属性,对服务创新所需的客户知识进行分类,并具体分析了不同知识类型下的客户协同创新强度,从而帮助企业管理者构建恰当的客户协同模式。

6.4.4.1 服务创新所需的知识分类

根据调节变量知识可表达性和知识嵌入性的均值,本书将服务创新项目所需的知识类型划分为四组,具体如图6.8所示。

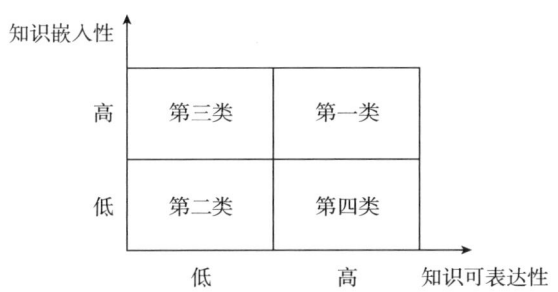

图6.8 知识情境分类

第一类,高嵌入性的显性知识。这种类型的客户知识可表达性较高,知识嵌入性也较高,服务创新中的表现形式为背景文件、规划、需求报告等。这类知识已被客户主体意识到并精确地提炼出来,可以清晰、准确地进行表述。其往往掌握在客户(组织机构)或个人(档案、计划)手中,常用的获取方式有购买知识产品、授权使用。这种类型知识占样本总数的36%。

第二类，低嵌入性的隐性知识。这种类型的客户知识可表达性较低，知识嵌入性较低，服务创新中的表现形式为消费行为数据、消费反馈数据、消费咨询数据。它具有较高的准确性和一定的可表达性，并且其实用性也已达到较强的水平。这种类型知识占样本总数的13%。

第三类，高嵌入性的隐性知识。这种类型的客户知识可表达性较低，知识嵌入性较高。这类知识主要包括客户的观点想法、情绪态度、口碑、灵感、体验、经验等，具有一定的扩散范围，接受对象需具有相似或相同的背景，是客户难以言传的隐性知识。常用的获取方式是通过聊天、研讨会以及共同设计等方式，观察、体验、模仿和不断实践。这种类型知识占样本总数的15%。

第四类，低嵌入性的显性知识。这种类型的客户知识可表达性较高，知识嵌入性较低，服务创新中的表现形式为描述客户的基本情况，如客户个体或组织的历史购买信息、人文统计信息、经验、技能、制度等显性知识，业已形成的知识体系。这些知识主要帮助企业了解目标市场的基本情况，寻找最有价值的客户群体。通过对目标客户的需求特征进行分析，能够更好地设计服务方案。这种类型知识占样本总数的35%。

6.4.4.2 客户协同创新维度的差异性分析

在对服务创新所需的知识类型进行划分的基础上，本书进一步考察不同知识类型情境下客户协同创新的要素差异性。

首先，运用单因素方差分析，判断不同知识情境下的客户协同创新维度的均值是否存在差异，如果 $p < 0.05$，则表明有显著差异。表6.9 的结果表明，协同关系嵌入、协同资源投入和规范协调机制在高嵌入性的显性知识情境、低嵌入性的隐性知识情境、高嵌入性的隐性知识情境和低嵌入性的显性知识情境下有显著差异。

表6.9 不同知识情境下客户协同创新各维度均值的方差分析

知识情境 维度均值	高嵌入性的 显性知识情境	低嵌入性的 隐性知识情境	高嵌入性的 隐性知识情境	低嵌入性的显 性知识情境	F值	p值
协同关系嵌入	6.24	4.91	5.87	5.51	21.649	0.00
协同资源投入	5.66	4.29	5.30	5.01	13.13	0.00
规范协调机制	5.87	4.75	5.27	5.24	9.239	0.00

其次，采用 Tamhane T2 方法进行多重检验，分析得出两两情境下，这 3 个维度比较的 p 值，如表 6.10 所示。结果反映出：第 1 类知识情境和第 2 类知识情境、第 4 类知识情境在客户协同创新的各维度上均有显著的差异；第 1 类知识情境和第 3 类知识情境在规范协调机制上有差异；第 2 类知识情境、第 3 类知识情境和第 4 类知识情境均在协同关系嵌入和协同资源投入上有差异。

表 6.10　两两情境下的客户协同创新维度差异性 p 值多重比较

维度	第 1 类和第 2 类	第 1 类和第 3 类	第 1 类和第 4 类	第 2 类和第 3 类	第 3 类和第 4 类
协同关系嵌入	0.000	0.275	0.000	0.000	0.040
协同资源投入	0.000	0.584	0.000	0.010	0.040
规范协调机制	0.000	0.090	0.010	0.440	0.270

6.4.4.3　不同知识情境下客户协同创新模式构建

结合表 6.9、表 6.10，得出不同知识情境下客户协同创新的维度特点和强度特征。高嵌入性的显性知识情境下，客户协同创新模式为高强度的协同关系嵌入、高强度的协同资源投入、高强度的规范协调机制；低嵌入性的隐性知识情境下，客户协同创新模式为低强度的协同关系嵌入、低强度的协同资源投入、低强度的规范协调机制；高嵌入性的隐性知识情境下，客户协同创新模式为高强度的协同关系嵌入、高强度的协同资源投入、中等强度的规范协调机制；低嵌入性的显性知识情境下，客户协同创新强度为中等强度的协同关系嵌入、中等强度的协同资源投入、中等强度的规范协调机制。具体如表 6.11 所示。

表 6.11　不同知识情境下的客户协同创新强度

知识情境　维度强度	高嵌入性的显性知识情境	低嵌入性的隐性知识情境	高嵌入性的隐性知识情境	低嵌入性的显性知识情境
协同关系嵌入	高	低	高	中
协同资源投入	高	低	高	中
规范协调机制	高	低	中	中

本章小结

面对复杂多变的市场环境,现代服务企业通过邀请客户参与协同创新已经不是一种主观选择,而是一条必由之路。如何充分地发挥客户协同创新的积极作用,提升服务创新绩效,已经成为服务企业普遍关注的话题。本书结合知识密集型服务业的服务创新项目数据,探讨了客户协同创新—客户知识转移—服务创新绩效之间的关系,分析了知识特性在客户协同创新与客户知识转移关系中发挥的调节作用。研究结果表明,本书构建的理论模型是基本成立的。在23条研究假设中,有19条得到了支持,4条未得到支持,具体检验结果如表6.12所示。最后,本章对研究假设结果进行了讨论分析。

表6.12 模型假设被支持的情况汇总

假设	假设内容	被支持情况
H1a	协同关系嵌入→服务创新绩效(+)	支持
H1b	协同资源投入→服务创新绩效(+)	不支持
H1c	规范协调机制→服务创新绩效(+)	支持
H2a	协同关系嵌入→协同资源投入(+)	支持
H2b	规范协调机制→协同资源投入(+)	支持
H3a	协同关系嵌入→客户知识获取(+)	支持
H3b	协同关系嵌入→客户知识吸收(+)	支持
H4a	协同资源投入→客户知识获取(+)	支持
H4b	协同资源投入→客户知识吸收(+)	支持
H5a	规范协调机制→客户知识获取(+)	支持
H5b	规范协调机制→客户知识吸收(+)	支持
H6a	客户知识获取→服务创新过程绩效(+)	支持
H6b	客户知识获取→服务创新结果绩效(+)	不支持
H7a	客户知识吸收→服务创新过程绩效(+)	不支持
H7b	客户知识吸收→服务创新结果绩效(+)	支持
H8a	客户知识获取中介"客户协同创新→服务创新绩效"	支持

续表

假设	假设内容	被支持情况
H8b	客户知识吸收中介"客户协同创新→服务创新绩效"	支持
H9a	知识表达性调节"协同关系嵌入→客户知识获取（-）"	支持
H9b	知识表达性调节"协同资源投入→客户知识获取（+）"	支持
H9c	知识表达性调节"规范协调机制→客户知识吸收（+）"	支持
H10a	知识嵌入性调节"协同关系嵌入→客户知识吸收（+）"	支持
H10b	知识嵌入性调节"协同资源投入→客户知识吸收（+）"	支持
H10c	知识嵌入性调节"规范协调机制→客户知识吸收（-）"	不支持

第 7 章 结论与展望

外部环境的复杂多变，促使服务企业纷纷发起持续不断的创新，以积极地应对此变化。同时，越来越多的企业意识到单靠自身力量实现创新目标，将变得越来越困难，吸纳客户资源参与服务创新项目，已被企业界及学术界认为是可行的战略选择。为了保障客户协同创新模式的有效实施，服务企业需要对客户协同创新的概念内涵、关键要素，客户协同创新对服务创新绩效的作用机理，及客户协同创新活动实施特点等有清晰的认识。然而，现有理论难以有效解答上述问题，理论研究严重滞后于企业实践需求，这既是服务企业有效开展客户协同创新活动的"瓶颈"，也是难题。

本书试图完善现有研究的不足，并尝试解答客户协同创新影响服务创新绩效的机理问题。在整合协同、资源依赖、价值共创和知识基础等理论的基础上，本书构建了客户协同创新对服务创新绩效的影响机理概念模型，通过对来自国内知识密集型企业的 202 个服务创新项目数据进行实证检验，研究结果显示，绝大多数研究假设获得了数据支持。本章将对全书进行归纳总结，阐述本书的主要结论、创新点及实践意义，在此基础上，给出本书的研究局限和未来研究方向。

7.1 主要研究结论

本书围绕"客户协同创新对服务创新绩效的影响机理"这一焦点问题，采用理论分析、案例研究、实证分析等研究方法，运用 SPSS、AMOS 等数据分析软件，逐层深入地论述、解答了以下四个研究问题：①客户协同创新的维度构成是

第 7 章 结论与展望

什么？②客户协同创新维度间关系及其对服务创新绩效的影响？③客户知识转移是如何在客户协同创新对服务创新绩效的关系中发挥关键中介作用的？④不同知识特性对此作用机制的影响关系有哪些变化？通过开展这四个相互联系的子研究，从不同视角逐层深入地剖析了客户协同创新影响服务创新绩效的机理，丰富了客户协同创新、客户知识转移和服务创新领域的理论研究，为企业科学地管理客户协同创新活动，促进客户知识转移，提供了具体的策略建议。具体来说，本书的研究结论为：

第一，从协同系统视角，对客户协同创新进行了定义，辨析并实证了客户协同创新的维度构成。首先，本书通过理论分析，得出客户协同创新是一种吸纳外部客户资源进行创新的协同工作系统。基于协同理论和已有定义，本书将客户协同创新界定为客户以其独有信息知识（结构）和创新技能等，嵌入到企业创新过程中形成社会化关系网络，借助多种网络化协同工作环境、创新工具及知识融合等手段，通过客户和企业专业设计人员的互惠知识共享、协调及互动等行为，来整合资源实现资源的优化配置，形成协同效应及优势，以实现产品或服务创新成功的目的。其次，本书采用理论分析、案例研究和实证分析相结合的方法，探索并验证了客户协同创新的维度构成。本书分析得出，客户协同创新的维度构成为协同关系嵌入、协同资源投入和规范协调机制。其中，协同关系嵌入是指客户与创新组织及成员之间形成协同工作网络，并通过创新进程中关系质量的强化，提升创新绩效。要素具体包括互惠利益、互动频繁性、相互信任。协同资源投入是指客户以多种载体形式的专门资源（如信息、知识、人力、技能、技术等），通过多种参与方式与创新项目成员合作，共同创造新知识，并合作完成创新任务，以达成预期目标。要素包括信息资源分享、协同任务分担。规范协调机制是指企业与客户建立协同规范性契约（如项目组织、标准、合同等），以及协同创新过程中的协调沟通机制，以保障双方有章可循地协商、调解、调整和处理可能发生的冲突、分歧等，顺利完成创新项目。要素包括合同契约和规范、沟通协商机制、风险管控方式等。

第二，证实了客户协同创新三个维度间、客户协同创新对服务创新绩效的影响作用，并比较了三个维度对服务创新影响的强度差异。结构方程模型检验结果表明：协同关系嵌入、规范协调机制对服务创新绩效具有显著的正向影响，这与大部分学者的研究相一致；不同的是，协同资源投入对服务创新绩效的影响不显著，说明企业通过提高客户的协同资源投入水平，并不一定能够促进服务创新绩效的提升。进一步地,规范协调机制对服务创新绩效的路径系数明显大于协同关系嵌入的路径系数,说明规范协调机制对服务创新绩效的影响更强,这是由于知识密集型服务企业的客户多为组织客户,其开展的服务创新大多是组织客户的专门定制化服务,关系双方制定的规范、契约、协调协商机制及风险管控方式等,为保证服务创新的顺利进行,提供了法律基础和制度框架。此外,研究结果还证实客户协同创新各维度之间也存在相互的影响关系,即协同关系嵌入、规范协调机制对协同资源投入有积极的正向影响。这说明服务创新过程中,企业若注重与客户保持良好的关系,及建立规范的契约和协调机制,将有助于客户信息资源分享,并与项目成员共同完成服务创新任务。

第三,证实了客户知识转移对客户协同创新与服务创新绩效关系的中介作用。结构方程模型表明,客户协同创新的三个维度协同关系嵌入、协同资源投入和规范协调机制能够在不同程度上促进服务企业的客户知识获取和知识吸收水平,客户知识获取对服务创新过程绩效有显著的正向影响,客户知识吸收对服务创新结果绩效有显著的正向影响。另外,通过对客户协同创新、客户知识转移和服务创新绩效的多元回归分析,结果表明,客户协同创新通过影响客户知识获取,进而促进了服务创新过程绩效的提升;客户协同创新通过影响客户知识吸收,进而促进了服务创新结果绩效的提升。这表明,客户知识获取和客户知识吸收在客户协同创新对服务创新绩效的作用过程中起到完全中介作用。

第四,揭示了知识特性在客户协同创新与客户知识转移关系中起调节作用。本书将知识可表达性和知识嵌入性作为调节变量,分层回归分析结果表明,知识可表达性在协同关系嵌入、协同资源投入、规范协调机制与客户知识获取关系中的调节作用显著;知识嵌入性在协同关系嵌入、协同资源投入与客户知识吸收关系中的调节作用显著,而在规范协调机制与客户知吸收关系中的调节作用不显著。也就是说,服务创新过程所需的知识可表达性较高时,会减弱协同关系嵌入对客户知识获取的促进作用,但会增强协同资源投入、规范协调机制对客户知识获取的促进作用;服务创新过程所需的知识嵌入性较高时,会增强协同关系嵌入、协同资源投入对客户知识吸收的促进作用,但对规范协调机制与客户知识吸收的影响作用不显著。进一步地,考虑服务创新所需知识特性及项目特点,本书将服务创新所需的知识情境划分为四种类型,即高嵌入性的显性知识、低嵌入性的隐性知识、高嵌入性的隐性知识、低嵌入性的显性知识。此外,本书具体分析了不同知识情境下客户协同创新维度强度存在的差异性,进而构建了协同关系嵌入、协同资源投入和规范协调机制维度设置模式，以期促进知识转移效率及创新绩效的提升。

7.2 研究创新点

本书从企业开展服务创新实践的现实需求出发，以协同理论为基础，结合知识密集型服务企业背景，系统地解析了客户协同创新的维度构成，并深入探讨了客户协同创新三个维度间以及客户协同创新与服务创新绩效间的影响关系；打开了客户协同创新影响服务创新绩效的机理"黑箱"，从客户知识转移视角，揭示了客户知识转移在客户协同创新与服务创新绩效关系中发挥的中介作用；特别针对服务创新所需的知识内容及特性差异，引入知识特性这一情境变量，揭示了其在客户协同创新与客户知识转移关系间的调节作用。与现有研究相比，本书具有以下创新点：

第一，辨析并实证了客户协同创新的维度构成，且开发出相应的测量量表。本书在客户协同创新的维度构成、测量方法和应用实践方面，较之现有研究有所深入，为探究客户协同创新对服务创新绩效的影响提供了分析依据。首先，现有研究对客户协同创新维度构成及测量的说法不一，主要基于客户参与创新、共同生产、客户互动等单一视角展开分析，难以系统地反映客户协同创新的本质特征。因此，本书基于"协同系统"视角，在对客户协同创新概念进行界定的基础上，通过理论分析、多案例研究及实证分析相结合的方法，分析得出客户协同创新是由协同关系嵌入、协同资源投入和规范协调机制三个维度，及维度所包含的八个要素，这些维度和要素分别反映了系统的关系、行为和控制层面特征，是构建客户协同创新模式的基本要件。其次，国内相关研究的测量量表主要是在参考和借鉴国外成熟量表基础上进行修改和设计的，国外量表适不适合本土化情境值得考虑。为此，本书立足于中国管理情境，选择知识密集型服务业为研究背景，自行设计和开发了客户协同创新的测量量表。同时，借助探索性因子分析、验证性因子分析、信度和效度分析等多种统计方法，证实了该测量量表具有良好的信度、效度和稳定性。这为后续相关研究提供了工具支持，也为本土服务企业设计和管理客户协同创新维度和要素，提升服务创新绩效提供了理论依据。

第二，提出并验证了客户协同创新各维度之间、客户协同创新与服务创新绩效的影响，尤其是三个维度对服务创新绩效影响的强度差异。本书揭示了客户协同创新各维度之间相互作用而实现协同效应的机理，深化了现有研究对客户协同创新影响服务创新绩效的认识，也为企业差异化管理客户协同创新活动，提供了更具运营性的建议。现有研究虽然指出了客户协同创新对企业创新绩效有多种可能的影响，但在服务创新背景下两者的影响关系有待回答。本书对比分析了客户协同创新各维度对服务创新绩效的不同影响，发现协同关系嵌入、规范协调机制对服务创新绩效有显著的正向影响，并且规范协调机制的影响作用更强；协同资源投入对服务创新绩效的影响不显著。这一结论完善了现有研究对客户协同创新影响服务创新绩效的认识。此外，现有研究重点关注了客户协同创新不同维度对企业创新绩效的影响，忽视了客户协同创新各维度之间关系的探讨。本书通过研究发现了三维度之间的相关关系，即协同关系嵌入、规范协调机制对协同资源投入有显著的正向影响，表明客户协同创新各维度是通过相互作用、相互配合来产生协同效应的，后续研究需要将这些维度全部纳入分析体系，进而保证相关研究的可靠性。

第三，从项目层面，系统地剖析并检验了客户知识转移在客户协同创新与服务创新绩效关系间的中介作用，揭示了客户协同创新作用于服务创新绩效的机理。现有研究主要基于企业层面，构建了"客户参与—知识转移—创新绩效"的理论框架，缺乏从项目层面，更为深入、全面地探讨客户协同创新各维度如何通过客户知识转移的不同过程，进而影响不同创新绩效的关键路径。本书以"客户协同创新"为分析对象，聚焦于服务创新项目层面，揭示了客户协同创新作用于服务创新绩效的机理。研究结果表明，客户协同创新不是参与性合作，而是基于协同关系嵌入、协同资源投入和规范协调机制维度设置的协同工作系统，其通过知识获取和知识吸收两条路径，分别对服务创新过程及结果绩效产生了正向影响。此外，以往学者在讨论客户知识转移的影响因素时，主要从客户主体特征、知识接收企业特征、知识特性及转移渠道四个方面展开研究，鲜有学者关注服务创新过程中客户知识转移的形成机制。为此，本书首次在知识密集型服务业背景下，提出并验证了协同关系嵌入、协同资源投入和规范协调机制有助于知识转移的发生，进而会对服务创新绩效产生影响。本书将已有理论框架拓展为"客户协同创新—客户知识转移—创新绩效"，突出了客户协同创新三个维度设置对知识转移的促进作用，深化了对客户知识转移形成机制的理解，也为企业探究客户协同创新活动机理,把握关键路径作用提供了理论依据。

第四,分析并揭示出知识特性作为影响客户协同创新的关键情境因素,对知识转移效率产生了重要影响。现有研究虽强调了知识特性对知识转移有影响,但并未深入分析知识特性影响知识转移效率及效果的作用机理。本书结合现有研究和创新实践,选取知识可表达性和知识嵌入性两类知识特性变量,验证了其对客户协同创新与知识转移关系之间的调节作用。研究结果表明,当创新所需知识的可表达性较高时,协同资源投入、规范协调机制对客户知识获取的影响会增强,但协同关系嵌入对客户知识获取的影响会减弱;当创新所需知识的嵌入性较高时,协同关系嵌入、协同资源投入对客户知识吸收的影响会增强。同时,考虑创新项目所需知识类型及特性,本书构建了客户协同创新三维度设置模式,以期促进知识转移效率及创新绩效的提升。本书揭示了知识特性对客户知识转移的作用机理,深化了关于客户协同创新作用情境的认识,为企业针对创新项目及知识特性,制定和管理客户协同创新模式,提供了决策支持。

7.3 实践意义

本书研究结论为开展客户协同创新本土化研究提供了基础,也为企业有效组织客户创新资源,构建客户协同创新管理体系,提供了理论指导。

7.3.1 服务企业在邀请或吸纳客户参与创新项目时,需要基于项目全生命周期阶段任务及知识情境,设计及规划出包含三种协同要素的协同模式

本书从企业的服务创新项目层面出发,展开对客户协同创新的深层次思考,从多角度刻画客户协同创新活动,以帮助企业建立并深入认识和管理其客户协同创新模式。借鉴维度分析结果,客户协同创新的维度构成为协同关系嵌入、协同资源投入和规范协调机制以及八个要素,这些维度和要素是构建客户协同创新模式不可或缺的基本要件。为此,在吸纳外部客户资源的创新项目实施方案中,其项目组织规划、项目任务划分、任务需求资源规划、项目实施等环节,需要包含三个维度及基本要素的合理导入设计。

客户协同创新对服务创新绩效的影响机理研究

首先，项目团队成员要注重培育与客户的良好关系。在创新项目启动之初，项目团队需要展示给客户良好的企业形象和专业知识技能，树立以客户为中心的理念，赢得客户的信任。在项目进行过程中，企业需要营造出信任、开放、深度合作及有益于情感交流的氛围，并与客户广泛开展互动活动（免费讲座、专业知识培训、茶话会等），增进与客户的情感联系。在项目退出市场后，还要倾听客户的抱怨和投诉，为下一轮服务创新和改进提供基础。比如，本书案例 A 证券公司着重从以下方面与客户建立良好的关系：①公司会按照客户的潜在/实际价值，对客户进行细分，针对不同细分客户采取分级互动服务策略。公司将稀缺服务、核心服务、优质服务，依次配置给核心客户、高端客户和普通客户。同时，针对不同级别的客户也提供不同的互动服务，如多对一、一对一和一对多。②公司还专门设立客户服务中心和在线呼叫中心，及时解答客户业务咨询，重视客户投诉处理工作。此外，还会定期举办投资知识及投资风险教育专题讲座，特别是对新开户的客户进行必要的讲座或培训，提高其对证券市场、证券公司以及投资风险的认识。③对客户进行回访，及时了解客户的需求，并据此做出有针对性的改进措施。正是这种与客户良好的关系，企业当年创新性服务产品的销售收入显著提升，远远高于原来的通道式服务。

其次，项目成员需要强化客户参与的深度和广度。在项目启动之初，企业应主动挖掘并邀请领先客户积极参与到服务创新过程中，将项目团队提供的内部信息资源与领先客户提供的外部资源进行整合，发现隐性的、潜在的、从未考虑的客户需求，以驱动新产品和服务的研发。需求分析阶段，项目成员需要与客户进行频繁的互动，以全面、系统地了解客户需求，并反复确认客户的需求；方案设计阶段，项目成员需要邀请客户在真实环境下试运行，以贴近客户真实使用的情况。还可以借助虚拟客户社区、企业 2.0 等技术，邀请客户参与并自由地产生新产品创意，学习客户的知识。典型的案例是海尔的卡萨帝社区（www.casarte.cn），社区成员可以自己定制和家居风格及空间相得益彰的成套家电，客户可以自由地发表创意，志同道合的客户常常讨论并分享创意。

再次，企业需要加强规范协调机制的设计。在创新项目立项之初，企业需要制定相应的项目计划书、项目合同等规范性契约、规则或制度，以保障双方能有章可循地协调、调解和处理可能导致的冲突和分歧。此外，为了降低市场投放不确定性风险，还需明确双方合作的激励措施（如价格折扣、额外服务及保证、免费试用新服务产品等）、惩罚措施（如核心知识泄露的追责、滥用知识的惩罚等)。

最后,本书还证明了客户协同创新三个维度对服务创新绩效的影响作用,并非完全一致,这使企业管理客户协同创新活动,更具可运营性和针对性,企业需要根据自身的实际情况进行差异化投入。

7.3.2 企业需要提高客户知识获取和知识吸收的水平,从而更好地发挥客户知识转移的关键路径作用

应用本书的中介作用,可以解释管理实践中看似矛盾的现象:一方面,客户介入服务生产对服务创新的重要性,日益受到服务企业的重视;另一方面,他们仍然选择低客户介入的传统服务生产方式。造成极大反差的原因是,很多企业在开展客户协同创新活动时,忽略了对客户知识的有效转移,缺乏对客户知识的有效获取和吸收,当面临错综复杂的信息和知识碰撞时,会不知所措,这种高度的客户协同反而会扰乱经营的效率,进而削弱创新的效果。因此,企业需要提高客户知识获取及吸收的能力,从而实现对客户知识这一战略性资源的有效利用。

在客户知识获取方面:首先,企业应该主动挖掘并加入到客户自发建立的各类社区之中,使客户能自由地进行知识共享。其次,企业还可以搭建界面友好、功能强大的虚拟社交平台、在线论坛、协同创新平台等,并建立相应的激励机制,鼓励客户转移信息和创新成果。此外,企业还需建立现实的沟通平台和渠道,与客户进行互动,如面对面地沟通、电话交谈、现场观察、市场调研等获取客户知识。

在客户知识吸收方面:首先,企业可借助先进的信息技术与信息系统(如决策支持系统、数据库等),将各种显性客户知识进行整合,并借助知识推理工具、商业智能手段(如关联规则挖掘、客户行为预测等),挖掘和产生新的客户知识。其次,企业内部需要建立知识共享的文化氛围,将员工掌握的知识在整个创新项目组进行共享,并能够与企业的高层管理者、技术研发人员、销售人员等进行沟通和分享,加强对客户知识的消化、吸收、整合及应用,最终形成决策性知识。

7.3.3 企业需要针对不同的创新任务和知识情境,设计配套的客户协同模式

借鉴调节作用分析结果,可知服务创新所需的知识可表达性和嵌入性不同,

客户协同创新对客户知识转移的促进作用也有差别。在服务创新所需知识的可表达性较高时，项目成员很容易获得创新所需的客户知识，对外部信息和资源的需求也很容易获取到。相应地，项目成员不需要与客户保持紧密的协同关系，只需要设定相应的规范协调机制和资源投入方式，客户按照标准和规则进行知识转移即可。而当服务创新所需知识的可表达性较低时，客户知识往往存在个人头脑中，具有隐性特征，企业项目成员需要更加主动、积极地接近外部可利用的客户信息和知识，并与客户保持良好的关系联系，使客户愿意分享核心技术和隐性知识，进而满足项目开发所需的关键知识需求，并与已有知识相结合来提供更好的解决方案。

对于嵌入在不同载体的客户知识，需要不同的知识转移情境和吸收渠道，如果选择不当，会产生相反的作用。对于嵌入成员个人的隐性知识、嵌入组织活动和网络的知识都属于复杂嵌入知识，采用传统的信息沟通方式，将很难达到目的。因此，项目成员对这类知识的吸收，主要依赖于人际互动。良好的协同关系嵌入，为服务创新营造出一种更加信任、开放、互动的外部情境，是吸收复杂嵌入知识的重要途径。而客户愿意分享信息资源和任务协作，则为项目成员和客户互动和交流，创造了更多的机会，能保证双方集合不同资源、能力和才干于合作创新中，有利于对复杂嵌入知识的吸收。对于嵌入到工具、嵌入到个人的显性知识属于简单嵌入知识，通过制定相应的合同规范和沟通协商机制，基本能保证这些知识的良好吸收。

此外，由于服务创新任务不同，企业在构建相应的客户协同创新模式方面会有所不同。对于探索性创新任务，其核心在于获取和创造新知识，力求摆脱和超越企业现有的知识基础；对于开发性创新任务，属于小幅度、渐进的创新，需要对现有知识进行提炼、整合、强化和改进。两类创新所需学习和运用的客户知识内容及类型结构有不同，若创新所需的客户知识为高嵌入性的显性知识，项目团队需要在关系嵌入、资源投入、规范协调机制三方面都加大协同力度；若创新需的客户知识为低嵌入性的显性知识，项目团队需要在关系嵌入、资源投入、规范协调机制三方面的协同力度为一般水平；若创新所需的客户知识为高嵌入性的隐性知识，项目团队需要在关系嵌入、资源投入两方面加大协同力度，而规范协调机制协同力度一般即可；若创新所需的客户知识为低嵌入性的隐性知识，项目团队将很容易获取和吸收这类知识，此时这三方面的协同力度保持很低水平。

7.4 研究局限及未来研究方向

依据规范的实证研究范式,本书通过理论和文献分析、总结和运用,构建了理论模型。与此同时,采用多种数据分析方法,对理论模型进行了检验,分析结果基本与理论预期相一致,实现了预期目标。但是本书在样本收集、研究设计、分析方法等方面仍存在一些不足和局限,有待后续研究对相关问题进行更加深入的探讨。

首先,本书在实证样本收集方面存在局限性。本书的样本仅针对知识密集型服务业,还需将研究背景拓展到其他需要客户协同的制造行业,以验证研究结论的普适性。另外,基于成本和效果考虑,样本数据主要来源于陕西省、广东省、北京市和上海市,难以排除该区域企业固有特性的影响,为此还需要对其他地区的企业样本进行广泛收集。

其次,本书在客户协同创新的维度构成研究部分,还存在以下不足之处:①案例研究部分,对访谈数据的初始编码、聚焦编码和理论编码,可能存在解读不充分的问题。虽然,笔者为了深入了解此课题研究,曾在某知识密集型企业实习 4 个月,并亲身参与了两个服务创新项目的开发。此外,还参与了案例研究研讨班,进行了大量的案例研究方法训练,但客观上其研究技能仍有待提升。②实证研究部分,本书通过探索性因子分析和验证性因子分析,得到客户协同创新的维度构成,但没有继续收集数据来分析本书维度与其他相关研究得到的维度之间存在的联系和差别,有待后续研究进一步探讨。

再次,本书在问卷调查研究部分,还存在以下不足之处:第一,共同方法变异(CMV)是本书的局限之一。为了降低由单一来源调查导致的 CMV 问题,本书在问卷编排设计、问卷发放及数据收集等阶段,对其进行控制。验证性因子分析结果显示本书的变量间相互独立,表明本书研究结论不受 CMV 的影响。但为了从根本上消除 CMV 的影响,建议后续研究采用配对样本、客观数据、多数据源等方法收集数据。第二,本书使用的是横截面数据,变量间的因果关系难以得到验证。后续研究可以采用分时段数据收集、数学建模、案例研究等方法,进一步讨论本书的问题。

最后，本书没有研究客户协同创新在服务创新不同阶段中的具体作用。在新服务开发的不同阶段，来自客户信息的重要性程度是不同的，客户协同所起到的作用也会有所不同。例如，Gruner 和 Homburg（2000）[119]认为，在新服务开发的最初和最后阶段，客户信息和知识的影响最为关键。因此，后续研究需要将服务创新过程划分阶段，并具体研究不同阶段中，客户协同各维度对服务创新绩效的影响和作用机制。

在本书研究基础上，笔者认为后续研究可以沿着以下方向进行展开：

首先，后续研究可以分别从企业和客户两个层面，对客户协同创新与服务创新绩效的影响关系进行考量。如从客户的角度考察其参与服务创新的意愿和能力，以及客户协同创新对客户满意度、忠诚度及持续购买行为的影响等。随着服务业的持续发展，可以将个人客户和组织客户进行区分和对比，从而对本书提出的模型进行进一步的完善和优化。此外，还可以尝试进行跨文化的对比分析，将更多的情境因素考虑进来。

其次，客户协同创新是一个行动系统，本身是一个形成与演化的过程，后续研究需要继续考虑不同创新阶段，客户协同创新各维度影响服务创新绩效的作用机制。这不仅可以发现客户协同创新的规律，也能深入剖析客户协同创新对服务创新绩效的动态作用机制。同时，后续研究还需收集一些企业的实际运行数据，对构建的模型进行实证检验，进一步论证本书构建模型的正确性。

此外，信息技术及基于 Web 2.0 的新型社交平台迅速发展，改变了企业与客户协同的模式。在此背景下，企业如何借助新型社交平台与客户进行交流和合作，促进客户积极地贡献知识和集体智慧，成为客户协同创新领域研究的热点问题。

最后，本书主要从客户知识转移视角来切入，后续研究需要引入其他知识管理相关变量，如知识共享、知识整合、知识转化等，对客户协同创新影响服务创新绩效的过程机理进行深入研究，并需要引入时间框架对其进行纵向研究。

附录 A

"客户协同创新的维度构成"调查问卷

亲爱的女士/先生：

您好！感谢您抽出宝贵的时间参与此次问卷调查。这是一份研究企业创新过程中客户如何参与创新并进行互动的调查问卷，旨在为提升企业创新能力和绩效提供决策支持。在您开始答题前，请仔细阅读填写说明：

- 本问卷数据仅供学术研究，并且采用不记名方式进行，答案无对错之分，不涉及企业机密和个人隐私，请您根据个人的真实感受和想法回答全部问题。
- 所有问题的回答都以数字表示（如下），作答时请选择合适的数字。
"1 非常不符合，2 不符合，3 有点不符合，4 保持中立，5 有点符合，6 符合，7 非常符合"
- 本书的创新项目是指企业为了创造价值而进行的有目的的创新活动，包括新产品开发、原有产品改进、提供咨询性解决方案、开辟新市场、组织结构或流程创新等。
- 本书的客户既可以是组织客户（如甲方），也可以是个人客户。

一、企业基本信息（请在所选答案前打"√"或以醒目的方式标注）

1. 企业所有制性质：□国有/国有控股　□民营　□外商独资　□中外合资

□其他

2. 企业当前员工数：□50人及以下　　□51~150人　　□151~500人

　　　　　　　　　　□501~1000人　　□1001人以上

3. 企业成立年限：□10年及以内　□11~15年　□16~20年

　　　　　　　　□21~25年　　□26年及以上

4. 企业主营业务所属行业：

□金融（银行业、保险业、证券业等）

□信息与通信服务业（通信及增值服务、计算机及软件服务等）

□科技服务业（研究与试验服务、专业技术服务、科技交流服务等）

□商务服务业（法律服务、管理咨询、市场调查、会计服务等）

□其他，请注明_____

5. 企业所在地：_____省

二、请您回忆过去三年内，您亲身参与或印象深刻的需要与客户合作完成的创新项目，并根据该项目开发过程中与客户合作创新的行为活动经历来填写问卷。

1. 该项目属于什么类型的项目？

□定制化软件/系统集成　　□技术咨询/设计

□服务产品研发　　　　　□管理咨询

□其他，请注明_____

2. 该项目投入资金规模：

□10万元及以下　　□10万~50万元　　□50万~150万元

□150万~300万元　　□300万元以上

3. 该项目成员数：

□5人及以下　□6~10人　□11~15人　□16~20人　□21人及以上

4. 该项目持续时间为：

□1~3个月　□4~6个月　□7~12个月　□13~24个月　□25个月及以上

5. 该项目中您的职位：

□项目经理　　□项目核心技术成员　　□项目技术支持成员

附录 A

三、请您根据项目的实际情况进行选择，在相应的数值上标注红色或以醒目的方式"√"标注。

非常不符合	不符合	有点不符合	保持中立	有点符合	符合	非常符合
1	2	3	4	5	6	7

客户愿意把自己拥有的专业技术、信息、知识和经验等传递给项目团队	1	2	3	4	5	6	7
客户愿意投入资金、设备、技术和人员等一种或多种资源，来保证项目的顺利进行	1	2	3	4	5	6	7
客户愿意为企业联系和提供外部资源，来保证项目的顺利进行	1	2	3	4	5	6	7
客户与项目团队紧密配合共同解决项目开展遇到的问题	1	2	3	4	5	6	7
客户会尽力帮助和支持项目工作的开展	1	2	3	4	5	6	7
客户参与项目的相关活动是项目顺利进行的重要部分	1	2	3	4	5	6	7
企业和客户事先在合同、正式协议等书面契约中制定相关规则和标准来控制和协调双方的冲突、分歧等	1	2	3	4	5	6	7
企业和客户共同制定和完善关于项目合作细节有关的合作规则和程序，避免双方发生冲突、分歧等	1	2	3	4	5	6	7
企业与客户签订的合同、正式协议等书面契约是处理双方冲突、分歧的最有力工具	1	2	3	4	5	6	7
当双方发生冲突、分歧和不一致时，客户与项目团队可以很好地进行沟通和协商解决	1	2	3	4	5	6	7
当双方发生冲突、分歧和不一致时，客户与项目团队发挥人的主观能动性，并建立良好的人际关系来协调和处理	1	2	3	4	5	6	7
当项目开发过程中发生突发情况或事件时，企业和客户会相互告知并积极应对项目变化	1	2	3	4	5	6	7
企业和客户有长久的合作意愿和关系	1	2	3	4	5	6	7
企业和客户互动很密切，从而保证项目的顺利进行	1	2	3	4	5	6	7
企业和客户具有良好的人际关系，从而保证项目的顺利进行	1	2	3	4	5	6	7
项目开发过程中，企业与客户的关系是互惠互利的，可以说是"双赢"	1	2	3	4	5	6	7
项目开发过程中，企业和客户对双方的关系感到满意	1	2	3	4	5	6	7

———问卷填写完成结束，请您重新确认一下是否有漏答的题目———

非常感谢您的热心参与和积极配合！如果您对我们的研究结果感兴趣，您可以留下联系方式，我们会将最终的研究结论反馈给您！

您的 E-mail：_____

附录 B

"客户协同创新对服务创新绩效的影响机理研究"调查问卷

亲爱的女士/先生：

您好！非常感谢您抽出宝贵的时间参与此次问卷调查。本问卷旨在调查和研究知识密集服务业中"客户协同创新对服务创新绩效的影响机理"，为提升企业创新能力和绩效提供决策支持。本问卷数据仅供学术研究，并且采用不记名方式进行，答案无对错之分，也不会提及企业机密和个人隐私。在您开始答题前，请阅读填写说明，并根据真实感受和想法回答全部问题。非常感谢您的合作，在此深表谢意！

★★★答题前请先阅读填写说明★★★

请您选择一个最符合您在通常情形下最直接的想法、感觉或行为的选项。如果您做的是电子版请将相应数字颜色改成红色，或以其他醒目的方式（如"√"）标注。
1. 本书的创新项目是指企业为了创造价值而进行的有目的的创新活动，包括新产品开发、原有产品改进、提供咨询解决方案、开辟新市场、组织结构或流程创新等。
2. 本书的客户既可以是组织客户（如甲方），也可以是个人客户。
3. 所有问题的回答都以数字表示（如下），作答时请选择合适的数字。
"1 非常不符合，2 不符合，3 有点不符合，4 保持中立，5 有点符合，6 符合，7 非常符合"

附录 B

一、企业基本信息（请将所选答案标成红色或以醒目的方式"√"标注）

题目	选项
企业所有制性质	1. 国有/国有控股　2. 民营　3. 外商独资　4. 中外合资　5. 其他
企业当前员工数	1. 50 人及以下　2. 51~150 人　3. 151~500 人　4. 501~1000 人　5. 1001 人以上
公司成立年限	1. 10 年及以内　2. 11~15 年　3. 16~20 年　4. 21~25 年　5. 26 年以上
企业主营业务所属行业	1. 金融（银行业、保险业、证券业等） 2. 信息与通信服务业（通信及增值服务、计算机及软件服务等） 3. 科技服务业（研究与试验服务、专业技术服务、科技交流服务等） 4. 商务服务业（法律服务、管理咨询、市场调查、会计服务等） 5. 其他，请注明_____
企业所在地	_____省

二、请您回忆过去三年中，您亲身参与或印象深刻的需要与客户合作完成的创新项目，并根据该项目开发过程中与客户合作创新的行为活动经历来填写问卷。

项目类型	1. 定制化软件/系统集成　2. 技术咨询/设计　3. 服务产品研发　4. 管理咨询　5. 其他，请注明_____
项目资金规模	1. 10 万元及以下　2. 10 万~50 万元　3. 50 万~150 万元　4. 150 万~300 万元 5. 300 万元以上
项目成员数	1. 5 人及以下　2. 6~10 人　3. 11~15 人　4. 16~20 人　5. 21 人及以上
项目持续时间	1. 1~3 个月　2. 4~6 个月　3. 7~12 个月　4. 13~24 个月　5. 25 个月及以上
您的职位	1. 项目经理　2. 项目核心技术成员　3. 项目技术支持成员

三、根据每项描述与您参与该项目的实际情况进行比较，在相应的数字上打"√"。

1. 该项目开发过程中，请根据与客户合作的行为活动经历具体填写：

题目	非常不符合——非常符合						
企业和客户有长久的合作意愿和关系	1	2	3	4	5	6	7
企业和客户互动很密切,从而保证项目的顺利进行	1	2	3	4	5	6	7
企业和客户具有良好的人际关系,从而保证项目的顺利进行	1	2	3	4	5	6	7
项目开发过程中,企业与客户的关系是互惠互利的,可以说是"双赢"	1	2	3	4	5	6	7
项目开发过程中,企业和客户对双方的关系感到满意	1	2	3	4	5	6	7
当项目开发过程中发生突发情况或事件时,企业和客户会相互告知并积极应对项目变化	1	2	3	4	5	6	7
客户愿意把自己拥有的专业技术、信息、知识和经验等传递给项目团队	1	2	3	4	5	6	7
客户愿意投入资金、设备、技术和人员等一种或多种资源,来保证项目的顺利进行	1	2	3	4	5	6	7
客户愿意为企业联系和提供外部资源,来保证项目的顺利进行	1	2	3	4	5	6	7
客户与项目团队紧密配合共同解决项目开展遇到的问题	1	2	3	4	5	6	7
客户会尽力帮助和支持项目工作的开展	1	2	3	4	5	6	7
企业和客户事先在合同、正式协议等书面契约中制定相关规则和标准来控制和协调双方的冲突、分歧等	1	2	3	4	5	6	7
企业和客户共同制定和完善关于项目合作细节有关的合作规则和程序,避免双方发生冲突、分歧等	1	2	3	4	5	6	7
企业与客户签订的合同、正式协议等书面契约是处理双方冲突、分歧的最有力工具	1	2	3	4	5	6	7

2. 该项目开发过程中,请结合客户知识转移的实际情况来填写:

题目	非常不符合——非常符合						
项目团队具备完善、有效的客户知识获取流程	1	2	3	4	5	6	7
项目团队能快速地获取与项目有关的客户需求、体验、评价等知识	1	2	3	4	5	6	7
项目团队通过客户知识的获取了解行业内领先的技术、产品或服务现状	1	2	3	4	5	6	7
项目团队具备完善、有效的客户知识获取技术	1	2	3	4	5	6	7
项目团队与客户经常通过正式或非正式渠道进行交流,来促进客户知识的有效吸收	1	2	3	4	5	6	7
项目团队会定期或不定期地组织会议,对外部获取的客户知识进行沟通和交流,以促进客户知识的吸收与转化	1	2	3	4	5	6	7
项目团队能很快地将获取的客户知识转化为本企业员工易于理解的方式	1	2	3	4	5	6	7
项目团队能够将企业现有的知识以及从客户那获取的新知识进行整合	1	2	3	4	5	6	7
项目团队擅长对客户知识进行分析和深入挖掘,形成新的创意、想法等	1	2	3	4	5	6	7
项目团队有效地将客户知识应用到项目创新中	1	2	3	4	5	6	7

3. 该项目开发过程所需的客户知识特性情况描述,具体填写:

题目	非常不符合——非常符合						
该创新项目所需关于客户的信息和知识,可以通过与客户直接交流来获得,而不用与客户一起体验和学习	1	2	3	4	5	6	7
该创新项目所需关于客户的信息和知识能够很容易地用图表、文字等多种表达形式,传递、共享给项目成员	1	2	3	4	5	6	7
项目团队能够识别客户的哪种知识是项目所需的关键信息和知识	1	2	3	4	5	6	7
该创新项目所需关于客户的信息和知识需要找到适当的客户成员来获取	1	2	3	4	5	6	7
该创新项目所需关于客户的信息和知识需要被授权进入客户(企业)的数据库、信息系统、相关网站、专业技术等来获取	1	2	3	4	5	6	7
该创新项目所需关于客户的信息和知识需要通过了解和分析客户(企业)的任务活动、工作流程、管理规则等来获取	1	2	3	4	5	6	7
该创新项目所需关于客户的信息和知识需要客户(企业)提供良好的工作环境(如多个部门的密切配合)	1	2	3	4	5	6	7

4. 请根据该项目完成的实际情况,具体填写:

题目	非常不符合——非常符合						
该创新项目的完成时间满足或早于原先计划的时间目标	1	2	3	4	5	6	7
该创新项目的实际成本满足或低于原先计划的预算成本	1	2	3	4	5	6	7
该创新项目的完成质量满足或高于原先计划的质量目标	1	2	3	4	5	6	7
该创新项目的完成有助于大幅度地提高企业的收益	1	2	3	4	5	6	7
该创新项目开发出的服务产品对本行业而言很新颖	1	2	3	4	5	6	7
该创新项目开发出的服务产品为本行业发展提供了新的思路	1	2	3	4	5	6	7
该创新项目开发出的服务产品为其他产品的开发提供了新思想	1	2	3	4	5	6	7
该创新项目开发出的服务产品能够开拓新市场或新机会	1	2	3	4	5	6	7

————问卷到此结束,请您再次检查一遍是否有漏答的题目————

再次感谢您的热心参与和积极合作!如果您对我们的研究结果感兴趣,您可以留下联系方式,我们会将最终的研究结论反馈给您!

您的 E‐mail:_____

参考文献

[1] 陶峻. 知识密集型服务企业的知识能力研究[M]. 北京：经济管理出版社，2013：1-2.

[2] 夏杰长，姚战琪，李勇坚. 中国服务业发展报告2014[M]. 北京：社会科学文献出版社，2014：3-5.

[3] Rodríguez-Escudero A. I. Customer Involvement in New Service Development: An Examination of Antecedents and Outcomes[J]. The Journal of Product Innovation Management, 2009, 26 (5): 536-550.

[4] 李朝明. 基于动态能力的企业协同知识创新[M]. 北京：清华大学出版社，2013：12-15.

[5] 原毅军. 服务创新与服务业的升级发展[M]. 北京：科学出版社，2014：22-23.

[6] Vargo, S. L., Maglio, P. P. and Akaka, M. A. On Value and Value Co-Creation: A Service Systems and Service Logic Perspective[J]. European Management Journal, 2008, 26 (3): 145-152.

[7] Vargo, S. L. and Lusch, R. F. Evolving to a New Dominant Logic for Marketing[J]. Journal of Marketing, 2004, 68 (1): 1-17.

[8] Gentle, C., Spiller, N. and Noci, G. How to Sustain the Customer Experience: an Overview of Experience Components that Co-create Value with the Customer[J]. European Management Journal, 2007, 25 (5): 395-410.

[9] 麦卡菲. 企业2.0：企业社会化协作趋势与工具[M]. 于蓬波等译. 北京：机械工业出版社，2011：1-2.

[10] Prahalad, C. K. and Ramaswamy, V. The New Frontier of Experience Inno-

vation [J]. MIT Sloan Management Review, 2003, 44 (4): 11 - 18.

[11] Ramaswamy, V. Co - creating Value through Customers' Experiences: The Nike Case [J]. Strategy & Leadership, 2008, 36 (5): 9 - 14.

[12] Charles, R. Greer and David Lei. Collaborative Innovation with Customers: A Review of the Literature and Suggestions for Future Research [J]. International Journal of Management Reviews, 2012, 14 (2): 63 - 84.

[13] Michel, S., Brown, S. W., et al. An Expanded and Strategic View of Discontinuous Innovations: Deploying a Service - dominant Logic [J]. Journal of the Academic Marketing Science, 2008, 36 (1): 54 - 66.

[14] David Romero, Arturo Molina. Collaborative Networked Organizations and Customer Communities: Value Co - creation and Co - innovation in the Networking Era [J]. Production Planning & Control, 2011, 22 (5): 447 - 472.

[15] 陈劲,阳银娟. 协同创新的理论基础与内涵[J]. 科学学研究, 2012 (2): 161 - 164.

[16] Larsen, J. N. Knowledge, Human Resources and Social Practice: The Knowledge Intensive Business Service firm as a Distributed Knowledge System [J]. The Service Industries Journal, 2001, 21 (1): 81 - 102.

[17] Spender, J. C., Grant, R. Knowledge and the firm: Overview [J]. Strategic Management Journal, 1996, 17 (5): 5 - 9.

[18] Von Hippel E. Lead Users: A Source of Novel Product Concepts [J]. Management Science, 1986, 32 (7): 791 - 805.

[19] Thomke, S., Hippel, E. V. Customers as Innovators: A New Way to Create Value [J]. Harvard Business Review, 2002, 80 (4): 74 - 81.

[20] 陈伟. 客户协同产品设计中的多主体冲突消解研究及应用[D]. 重庆大学博士学位论文, 2013.

[21] 马家齐. 协同产品创新中概念设计过程建模及关键技术研究[D]. 重庆大学博士学位论文, 2012.

[22] 邢青松. 客户协同产品创新效率及其关键影响因素研究[D]. 重庆大学博士学位论文, 2012.

[23] 王小磊. 客户协同产品创新中冲突协调与消解的关键技术研究[D]. 重庆大学博士学位论文, 2010.

[24] Bateson, J., E., G. Self – Service Consumer: An Exploratory Study [J]. Journal of Retailing, 1985, 61 (9): 49 – 76.

[25] Grönroos, C. and Ravald, A. Service as Business Logic: Implications for Value Creation and Marketing [J]. Journal of Service Management, 2011, 22 (1): 5 – 22.

[26] Fang, E. Creating Customer Value through Customer Participation in B2B Markets: A Value Creation and Value Sharing Perspective [J]. University of Missouri – Columbia, USA, 2004: 1 – 144.

[27] Claycomb, C., Lengnick – Hall, C. A. and Inks L. W. The Customer as a Productive Resources: A Pilot Study and Strategic Implications [J]. Journal of Buisness Strategies, 2001, 18 (1): 47 – 68.

[28] Ennew, C. T. and Binks, M. R. Impact of Participative Service Relationships on Quality, Satisfaction and Retention: An Expolratory Study [J]. Journal of Business Research, 1999, 46 (2): 121 – 132.

[29] 彭艳君. 顾客参与量表的构建和研究[J]. 管理评论, 2008 (3): 78 – 85.

[30] Kanho. Effects of a Self – help Program Including Stretching Exercise on Symptom Reduction in Patients with Fibromyalgia [J]. Taehan the Korean Nurse, 1998, 37 (1): 78 – 80.

[31] Ennew, C. T. and Binks, M. R. Impact of Participative Service Relationships on Quality, Satisfaction and Retention: An Exploratory Study [J]. Journal of Business Research, 1999, 46 (2): 121 – 132.

[32] Fang, E. Customer Participate and the Trade – off between New Product Innovativeness and Speed to Market [J]. Journal of Marketing, 2008 (72): 90 – 104.

[33] Alam, I. An Explorator Investigation of User Involvement in New Service Development [J]. Jomal of the Academy of Marketing Science, 2002, 30 (3): 250 – 261.

[34] Horst V. D. User Involvement in New ICT Service Development, A Comparison of User Involvement in Business vs Private Users Oriented Precompetitive Cases [D]. Netherlands: Utrecht University, 2008.

[35] Lovelock, C. H. and Young, R, F. Look to Customers to Increase Produc-

tivity [J]. Harvard Business Review, 1979, 57 (3): 168 – 178.

[36] Chan K., Yim C. and Lam, S. Is Customer Participation in Value Creation a Double – edged Sword? Evidence from Professional Financial Services across Cultures [J]. Journal of Marketing, 2010, 74 (3): 48 – 88.

[37] Dabholkar, P. A. How to Improve Perceived Service Quality by Increasing Customer Participation [C]. Developments in Marketing Science [J]. B. J. Dunlap. (eds.), Cullowhee, NC: Academy of Marketing Science, 1990 (13): 483 – 487.

[38] Bendapudi, N. and Leone R. P. Psychological Implications of Customer Participation in Co – production [J]. Journal of Marketing, 2003, 67 (1): 14 – 28.

[39] De Ruyter K., Bloemer Josee. Customer Loyalty in Extended Service Settings: The Interaction between Satisfaction, Value Attainment and Positive Mood [J]. International Journal of Service Industry Management, 1999, 10 (3): 320 – 336.

[40] Y. Youngdahl W E. and Kellogg D. L. Revisiting Customer Participation in Service Encounters: Does Customer Matter? [J]. Journal of Operation Management, 2003, 21 (1): 109 – 120.

[41] 汪涛, 望海军. 顾客参与一定会导致顾客满意吗?——顾客自律倾向及参与方式的一致性对满意度的影响[J]. 南开管理评论, 2008 (3): 15 – 22.

[42] Ives, B. and Olson, M. H. User Involvement and MIS Success: A Review of Research [J]. Management Science, 1984 (30): 586 – 603.

[43] Kimmy, W. C., Yin, C. K. and Lam S. S. K. Is Customer Participation in Value Creation a Double – edged Sword? Evidence from Professional Financial Services Across Cultures [J]. Journal of Marketing, 2010, 74 (3): 48 – 64.

[44] Fodness, D., Pitegoff, B. E. and Sautter, E. T. From Customer to Competitor: Consumer Cooption in the Service Sector [J]. Journal of Services Marketing, 1993, 7 (3): 18 – 25.

[45] Nambisan, S. Designing Virtual Customer Environments for New Product Development: Toward a Theory [J]. Academy of Management Review, 2002, 27 (3): 392 – 413.

[46] Martin, C. R. Retail Service Innovations Inputs for Success [J]. Journal of Retailing and Consumer Services, 1999, 3 (2): 63 – 71.

[47] 范钧, 邱瑜, 邓丰田. 顾客参与对知识密集型服务业新服务开发绩效

的影响研究[J].科技进步与对策,2013(16):71-78.

[48] 王琳,魏江.顾客互动对新服务开发绩效的影响——基于知识密集型服务企业的实证研究[J].重庆大学学报(社会科学版),2011,15(1):35-41.

[49] 张若勇,刘新梅,张永胜.顾客参与和服务创新关系研究:基于服务过程中知识转移的视角[J].科学学与科学技术管理,2007(10):92-97.

[50] 卢俊义,王永贵.顾客参与服务创新与创新绩效的关系研究——基于顾客知识转移视角的理论综述与模型构建[J].管理学报,2011(10):1566-1574.

[51] 姚山季,王永贵.顾客参与新产品开发及其绩效影响:关系嵌入的中介机制[J].管理工程学报,2012(4):39-48,83.

[52] Ming-Ji, James Lin, Chin-Hua Huang. The Impact of Customer Participation on NPD Performance: The Mediating Role of Inter-organisation Relationship [J]. Journal of Business & Industrial Marketing, 2013, 28(1): 3-15.

[53] Carbonell, P. et al. Customer Involvement in New Service Development: An Examination of Antecedents and Outcomes [J]. Journal of Product Innovation Management, 2009, 26(5): 536-550.

[54] Joseph, M. Bonner. Customer Interactivity and new Product Performance: Moderating Effects of Product Newness and Product Embeddedness [J]. Industrial Marketing Management, 2010(39): 485-492.

[55] Lagrosen, S. Customer Involvement in New Product Development: A Relationship Marketing Perspective [J]. European Journal of Innvation Management, 2005, 8(4): 424-436.

[56] Cragin. The Determinants of New Product Acceptance in Industrial Channels [D]. Oklahoma: The Oklahoma State University, 2003.

[57] Gerard, A. Athaide and Rodney L. Stump. A Taxonomy of Relationship Approaches During Product Development in Technology-Based Industrial Markets [J]. Journal of Product Innovation Management, 2003, 16(5): 469-482.

[58] 王莉,罗瑾琏.产品创新中顾客参与程度与满意度的关系——基于高复杂度产品的实证研究[J].科研管理,2012,33(12):1-9.

[59] 何建民,常传武,刘业政.客户网上参与产品开发的"动机—行为"模型研究[J].中国管理科学,2011(5):173-181.

[60] 杨波,刘伟. 领先用户在线参与新产品开发的动机研究[J]. 预测,2011,30(2):66-70.

[61] Fuller, J. Refining Virtual Co-creation from a Consumer Perspective [J]. California Management Review, 2010 (52): 98-122.

[62] Nambisan, S. and Baron, R. A. Interactions in Virtual Customer Environments: Implications for Product Support and Customer Relationship Management [J]. Journal of Interactive Marketing, 2007 (21): 42-62.

[63] Luthje, C. Characteristics of Innovating Users in a Consumer Goods Field: An Empirical Study of Sports-related Product Consumers [J]. Technovation, 2004 (24): 683-695.

[64] 陈劲,童亮,徐忠辉. 移动电话业创新源和领先用户研究[J]. 科研管理,2003(3):25-31.

[65] Ojanen, V. and Hallikas, J. Inter-organisational Routines and Transformation of Customer Relationships in Collaborative Innovation [J]. International Journal of Technology Management, 2009 (45): 306-322.

[66] Etgar, M. A Descriptive Model of the Consumer Co-Production Process [J]. Journal of the Academy of Marketing Science, 2008 (36): 97-108.

[67] Payne, A. F., Storbacka, K. and Frow, P. Managing the Co-Creation of value [J]. Journal of the Academy of Marketing Science, 2008 (36): 83-96.

[68] Christian Grönroos. A Service Perspective on Business Relationships: The Value Creation, Interaction and Marketing Interface [J]. Industrial Marketing Management, 2011 (40): 240-247.

[69] Von Hippel, E. Democratizing Innovation: The Evolving Phenomena of User Innovation [J]. Journal of fur Betriebswirtschaft, 2005 (55): 63-78.

[70] 叶兴波,刘景江,魏梅. 粘着信息与用户创新工具箱:一个研究综述[J]. 科研管理,2004(3):100-105.

[71] 单初,刘昌屏. 浅谈基于"工具箱"的用户创新模式[J]. 科技进步与对策,2003(15):122-123.

[72] 杨育,郭波,尹胜等. 客户协同创新的内涵与概念框架及其应用研究[J]. 计算机集成制造系统,2008(5):944-950.

[73] 朱秀梅,姜洋. 知识管理过程对服务产品开发绩效的影响研究[J]. 管

理工程学报, 2011, 25 (4): 113.

[74] 张红琪, 鲁若愚. 顾客知识管理对服务创新能力影响的实证研究[J]. 科学学与科学技术管理, 2012 (8): 66-73.

[75] 王涛. 产业集群内企业间知识转移影响因素研究[D]. 山东大学博士学位论文, 2012.

[76] Teece, D. J. Competition, Cooperation, and Innovation Organizational Arrangements for Regimes of Rapid Technological Progress [J]. Journal of Economic Behavior and Organization, 1992, 18 (1): 1-25.

[77] Sven, A. Carlsson. Knowledge Managing and Knowledge Managing System in Inter-organizational Networks [J]. Knowledge and Process Management, 2003, 10 (3): 194-206.

[78] Rachelle, C. Sampson. Organizational Choice in R&D Alliance: Knowledge Based and Transaction Cost Perspective [J]. Managerial and Decision Economics, 2004 (25): 421-436.

[79] 魏江, 陶颜, 王琳. 知识密集型服务业的概念与分类研究[J]. 中国软科学, 2007 (1): 33-41.

[80] Miles, I., Kastrinos, N., etc. Knowledge Intensive Business Services [M]. EIMS Publication, 1995 (15): 25-90.

[81] Bogers, M., Afuah, A. and Bastian, B. Users as Innovators: A Review, Critique, and Future Research Directions [J]. Journal of Management, 2010, 36 (4): 857-875.

[82] Ansoff, H. I. Corporate Strategy: An Analytic Approach to Business Policy for Growth and Expansion [M]. Penguin Books, 1965.

[83] Haken. 协同学: 大自然构成的奥秘[M]. 凌复华译. 上海: 上海译文出版社, 2013: 5-12.

[84] 陈劲, 王方瑞. 突破全面创新: 技术和市场协同创新管理研究[J]. 科学学研究, 2005 (1): 249-254.

[85] 张巍, 张旭梅, 肖剑. 供应链企业间的协同创新及收益分配研究[J]. 研究与发展管理, 2008 (4): 81-88.

[86] 解学梅. 中小企业协同创新网络与创新绩效的实证研究[J]. 管理科学学报, 2010 (8): 51-64.

[87] 唐丽艳, 王国红, 张秋艳. 科技型中小企业与科技中介协同创新网络的构建[J]. 科技进步与对策, 2009 (20): 79-82.

[88] 原长弘, 孙会娟. 政产学研用协同与高校知识创新链效率[J]. 科研管理, 2013 (4): 60-67.

[89] 王翠霞. 国家创新系统产学协同创新机制研究[D]. 浙江大学博士学位论文, 2014.

[90] Nonaka, I. and Takeuchi, H. Knowledge-creating Company [J]. Bloomsbury Business Library-Management Library, 2007.

[91] Pfeffer, J. and Salanckik, G. R. The External Control of Organizations: A Resource Dependence Perspective [M]. New York: Harper & Row, 1978.

[92] 吴小节, 杨书燕, 汪秀琼. 资源依赖理论在组织管理研究中的应用现状评估——基于111种经济管理类学术期刊的文献计量分析[J]. 管理学报, 2015 (1): 61-71.

[93] Doorn, V. J., et al. Customer Engagement Behavior: Theoretical Foundations and Research Directions [J]. Journal of Service Research, 2010, 13 (3): 253-266.

[94] Nambisan S. and Baron, R. A. Virtual Customer Environments: Testing a model of Voluntary Participation in Value Co-Creation Activities [J]. Journal of Product Innovation Management, 2009, 26 (4): 388-406.

[95] 普拉哈拉德, 拉马斯瓦米. 消费者王朝——与顾客共创价值[M]. 北京: 机械工程出版社, 2005.

[96] 王新新, 潘洪涛. 社会网络环境下的体验价值共创: 消费体验研究最新动态[J]. 外国经济与管理, 2011 (5): 17-24.

[97] 贾薇. 顾客参与对顾客价值创造的影响机理研究[D]. 哈尔滨工业大学博士学位论文, 2010.

[98] Luisa Andreu. Value Co-Creation Among Retailers and Consumers: New Insights into the Furniture Market [J]. Journal of Retailing and Consumer Services, 2010, 17 (4): 241-250.

[99] Muller, E., Zenker, A. Business Services as Actors of Knowledge Transformation: The Role of KIBS in Regional and National Innovation Systems [J]. Research Policy, 2001, 30 (9): 1501-1516.

[100] Nonaka, I., Byosiere, P., Borucki, C. C., et al. Organizational Knowledge Creation Theory: A first Comprehensive Test [J]. International Business Review, 1994, 3 (4): 337 – 351.

[101] Strambach, S. Innovation Processes and the Role of Knowledge – Intensive Business Services (KIBS) [M]. Innovation Networks, 2001: 53 – 68.

[102] Levitt, T. Production – line Approach to Service [J]. Harvard Business Review, 1972, 50 (5): 41 – 52.

[103] Lovelock, C. H., Young, R. F. Look to Consumers to Increase Productivity [M]. Harvard Business Review, 1979, 57 (3): 9 – 20.

[104] Fitzsimmons, J. A. Consumer Participation and Productivity in Service Operations [M]. Interfaces, 1985, 15 (3): 60 – 67.

[105] Kelley, S. W., Donnelly, J. H. Jr., etc. Customer Participation in Service Production and Delivery [J]. Journal of Retailing, 1990, 66 (3): 315 – 325.

[106] P. Silpakit, R. P. Fisk. Participating the Service Encounter: A Theoretical Framework [J]. Journal of Retailing, 1985, 15 (3): 70 – 80.

[107] Bettencourt, L., Ostrom, A., Brown, S. and Roundtree, R. Client Co – Production in Knowledge Intensive Business Services [J]. California Management Review, 2002, 44 (4): 100 – 128.

[108] Grönroos, C. and Ravald, A. Service as Business Logic: Implications for Value Creation and Marketing [J]. Journal of Service Management, 2011, 22 (1): 5 – 7.

[109] Kuusisto, J. and Viljamaa, A. Knowledge – intensive Business Services and Coproduction of Knowledge – the Role of Public Sector [J]. Frontiers of E, 2004.

[110] Chen J., Tsou H. and Ching R. K. H. Co – Production and Its Effects on Service Innovation [J]. Industrial Marketing Management, 2011, 40 (8): 1331 – 1346.

[111] Schultze, U. and Bhappu, A. D. Internet – based Customer Collaboration: Dyadic and Community – based Modes of Co – Production [C]. Emerging E – collaboration Concepts and Application Hershey [M]. PA: Cyber Tech Publishing, 2007.

[112] 李清政, 徐朝霞. 顾客共同生产对服务创新绩效的影响机制——基于知识密集型服务企业在 B2B 情境下的实证研究[J]. 中国软科学, 2014 (8): 120 – 130.

[113] 周冬梅,鲁若愚. 服务创新中顾客参与的研究探讨:基本问题、研究内容、研究整合[J]. 电子科技大学学报(社会科学版),2009(3):26-31,46.

[114] Ngo, L. V. and O'Cass A. Innovation and Business Success: The Mediating Role of Customer Participation [J]. Journal of Business Research, 2013, 66 (8): 1134-1142.

[115] Matting, J., Sanden, B. and Edvardsson, B. New Service Development: Learning from and with Customers [J]. International Journal of Service Industry Management, 2004, 15 (5): 479-498.

[116] 王琳. KIBS 企业——顾客互动对服务创新绩效的作用机制研究[D]. 浙江大学博士学位论文,2011.

[117] Lloyd, A. E. The Role of Culture on Customer Participation in Services [D]. Hong Kong Polytechnic University, 2003.

[118] Youngdahl, W. E. and Kellogg, D. L. The Relationship Between Service Customers' Quality Assurance Behaviors, Satisfaction, and Effort: A Cost of Quality Perspective [J]. Journal of Operations Management, 1997, 15 (1): 19-32.

[119] Gruner, K. E., Homburg, C. Does Customer Interaction Enhance New Product Success? [J]. Journal of Business Research, 2000, 49 (1): 1-14.

[120] Lüthje, C. Characteristics of Innovation Users in a Consumer Goods Field: An Empirical Study of Sport-related Product Consumers [J]. Technovation, 2004, 24 (9): 683-695.

[121] Luteberget, A. Customer Involvement in New Service Development: How Does Customer Involvement Enhance New Service Success? [D]. Agder University College, Norway, 2005: 1-90.

[122] 苏楠,吴贵生. 领先用户主导创新:自主创新的一种新模式——以神华集团高端液压支架自主创新为例[J]. 科学学研究,2011(5):771-776,800.

[123] Wang, C. C. and Lai, C. Y. Kownledge Contribution in the Online Virtual Community: Capability and Motivation [J]. KSEM, 2006 (1): 442-453.

[124] Jeppesen, L. B. and Frederiksen, L. Why Do Users Contribute to Firm-hosted User Communities? The Case of Computer-controlled Music Instruments [J]. Organization Science, 2006, 17 (1): 45-63.

[125] Fuller, J., Bartl, M., Ernst, H. and Muhlbacher, H. Community

Based Innovation: How to Integrate Members of Virtual Communities into New Product Development [J]. Electronic Commerce Research, 2006 (6): 57 – 73.

[126] Fuller, J. Refining Virtual Co – Creation from a Consumer Perspective [J]. California Management Review, 2010, 52: 98 – 122.

[127] 王莉,王方华,张朋柱. 基于 TAM – VCE 模型的客户网上参与产品开发意愿[J]. 管理科学学报, 2008, 11 (1): 49 – 58.

[128] 常静, 杨建梅. 百度百科用户参与行为与参与动机关系的实证研究 [J]. 科学学研究, 2009, 27 (8): 1213 – 1219.

[129] 杨波, 刘伟. 领先用户在线参与新产品开发的动机研究[J]. 预测, 2011, 30 (2): 66 – 70.

[130] Feng, T., L. Sun, et al. Customer Orientation for Decreasing Time – to – market of new Products: IT Implementation as a Complementary Asset [J]. Industrial Marketing Management, 2012, 41 (6): 929 – 939.

[131] Grissemann, U., A. Plank, et al. Enhancing Business Performance of Hotels: The Role of Innovation and Customer Orientation [J]. International Journal of Hospitality Management, 2013, 33 (1): 347 – 356.

[132] Lengnick – Hall C. A. Customer Contributions to Quality: A Different View of the Customer – Oriented Firm [J]. Academy of Management Review, 1996, 21 (3): 791 – 824.

[133] Hsieh, A. T. and Chang, W. T. The Effect of Consumer Participation on Price Sensitivity [J]. The Journal of Consumer Affairs, 2004, 38 (2): 282 – 296.

[134] Dabholkar, P. A. How to Improve Perceived Service Quality by Increasing Customer Participation [C]. Developments in MarketingScience [J]. B. J. Dunlap (Eds.), Cullowhee, NC: Academy of Marketing Science, 1990 (13): 483 – 487

[135] Bendapudi, N. and Leone, R. P. Psychological Implications of Customer Participation in Co – production [J]. Journal of Marketing, 2003, 67 (1): 14 – 28.

[136] 王晶, 程丽娟, 宋庆美. 基于顾客参与的定制满意度研究[J]. 管理学报, 2008, 5 (3): 391 – 395.

[137] Grissemann, U. S., Stokburger – Sauer N. E. Customer co – creation of Travel Services: The Role of Company Support and Customer Satisfaction with the Co – Creation Performance [J]. Tourism Management, 2012, 33 (6): 1483 – 1492.

[138] Casaló, L., Flavián, C. and Guinalíu, M. The Impact of Participation in Virtual Brand Communities on Consumer Trust and Loyalty: The Case of Free Software [J]. Online Information Review, 2007, 31 (6): 775-792.

[139] Chen, J., Ching, R. K. H., Luo, M. M., et al. Virtual Experiential Marketing on Online Customer Intentions and Loyalty [C]. Hicss, 2008: 2163-2191.

[140] 马文聪, 朱桂龙. 供应商和客户参与技术创新对创新绩效的影响 [J]. 科研管理, 2013, 34 (2): 19-26.

[141] Bowen, J. and Ford, R. C. Managing Service Organizations: Does Having a "Thing" Make a Difference? [J]. Journal of Management, 2002, 28 (3): 447-469.

[142] Enkel, E., Kausch, C. and Gassmann, O. Managing the Risk of Customer Integration [J]. European Management Journal, 2005, 23 (2): 203-213.

[143] 杨育, 梁学栋, 李晓利等. 面向客户协同创新实现的风险管理及评价 [J]. 计算机集成制造系统, 2010, 16 (5): 1020-1025.

[144] Chan, K. and Yim, C. and Lam, S. Is Customer Participation in Value Creation a Double-edged Sword? Evidence from Professional Financial Services across Cultures [J]. Journal of Marketing, 2010, 74 (3): 48-88.

[145] 范秀成, 杜琰琰. 顾客参与是一把"双刃剑"——顾客参与影响价值创造的研究述评 [J]. 管理评论, 2012, 24 (12): 75-89.

[146] Sandén, B. and Matthing, J., Bo E. New Service Development: Learning from and with Customers [J]. International Journal of Service Industry Management, 2004, 15 (5): 479-498.

[147] 汪涛, 郭锐. 顾客参与对新产品开发作用机理研究 [J]. 科学学研究, 2010, 28 (9): 1383-1387.

[148] Fidel, P., Schlesinger, W. and Cervera, A. Collaborating to Innovate: Effects on Customer Knowledge Management and Performance [J]. Journal of Business Research, 2015, 68 (7): 1426-1428.

[149] Racela, O. C. Customer Orientation, Innovation Competencies, and Firm Performance: A Proposed Conceptual Model [J]. Procedia-Social and Behavioral Sciences, 2014, 148 (148): 16-23.

[150] Chen, C. F. and Wang, J. P. Customer Participation, Value Co-creation

and Customer Loyalty – A Case of Airline Online Check – in System [J]. Computers in Human Behavior, 2016 (62): 346 – 352.

[151] Zhang, M., Guo, L., Hu, M., et al. Influence of Customer Engagement with Company Social Networks on Stickiness: Mediating Effect of Customer Value Creation [J]. International Journal of Information Management, 2016 (62): 15 – 24.

[152] Bonner. Increased Mortality, Hypoactivity, and Hypoalgesia in Cannabinoid CB1 Receptor Knockout Mice [J]. Proceedings of the National Academy of Sciences of the United States of America, 1999, 96 (10): 5780 – 5786.

[153] Cheung, M. F. Y. and To W. M. Customer Involvement and Perceptions: The Moderating Role of Customer Co – Production [J]. Journal of Retailing & Consumer Services, 2010, 18 (4): 271 – 277.

[154] Heirati, N., O'Cass, A., Schoefer, K., et al. Do Professional Service Firms Benefit from Customer and Supplier Collaborations in Competitive, Turbulent Environments? [J]. Industrial Marketing Management, 2016 (1): 50 – 58.

[155] 戴智华, 彭云峰, 马王杰等. 考虑客户参与的新产品开发创新绩效研究[J]. 系统管理学报, 2014 (6): 778 – 787.

[156] 张磊, 王小磊, 李志蜀等. 归并请求模式及其在客户协同产品创新平台中的应用[J]. 计算机集成制造系统, 2010, 16 (3): 513 – 520.

[157] Gebert, H., Geib, M., Kolbe, L. Towards Customer Knowledge Management Integrating Customer Relationship Management and Knowledge Management Concepts [C] //The Second International Conference on Electronic Business [M]. Taipei: National Chiao Tung University Press, 2002.

[158] 郭清, 樊治平, 郑苗等. ECCRM 中的客户知识管理[J]. 东北大学学报, 2004, 25 (3): 299 – 302.

[159] 欧伟, 冯博, 樊治平. 客户知识管理能力: 关键要素识别、测评与提升策略[M]. 北京: 经济科学出版社, 2008: 34 – 35.

[160] Alba, J. W. Dimensions of Consumer Expertise. Or Lack Thereof [J]. Advances in Consumer Research Association for Consumer Research, 2000, 27 (1): 1 – 9.

[161] Polanyi, M. The Tacit Dimension [M]. Garden City, New York: Doubleday & Co., 1966.

[162] Garcia – Murillo, M. and Annabi, H.. Customer Knowledge Management

[J]. The Journal of the Operational Research Society, 2002, 53 (8): 875-884.

[163] Smith, H. A. and Mckeen, J. D. Developments in Practice Customer Knowledge Management: Adding Value for Our Customers [J]. Communications of the Association for Information Systems, 2005.

[164] Teece, D. Technology Transfer by Multinational Firms: The Resource Cost of Transferring Technological Know-how [J]. The Economic Journal, 1977 (87): 242-261.

[165] Kogut, B. and Zander, U. Knowledge of the Firm, Combinative Capabilities, and the Replication of Technology [J]. Social Science Electronic Publishing, 1992, 37 (7): 17-35.

[166] Davenport, T. and Prusak, L. Learn How Valuable Knowledge Is Acquired, Created, Bought and Bartered [J]. Australian Library Journal, 1998, 47 (3): 268-272.

[167] Szulanski, G. Exploring Internal Stickiness: Impediments to the Transfer of Best Practice Within the Firm [J]. Strategic Management Journal, 1996 (1): 27-44.

[168] 左美云. 知识转移与企业信息化[M]. 北京: 科学出版社, 2004: 12-13.

[169] Zander, U. and Kogut, B. Knowledge and the Speed of the Transfer and Imitation of Organizational Capabilities: An Empirical Test [J]. Organization Science, 1995, 6 (1): 76-92.

[170] Grayson Jackson and C. O'Dell. Mining Your Hidden Resources [J]. Otology & Neurotology, 1998, 26 (4): 695-698.

[171] Grant, R. M. Prospering in Dynamically-competitive Environments: Organizational Capability as Knowledge Integration [J]. Organization Science, 1996, 7 (4): 375-387.

[172] Shannon, C. E. and Weaver, W. A Mathematical Theory of Communication, 1948 [J]. Bell System Technical Journal, 1948, 27 (3): 3-55.

[173] 汪应洛, 李勖. 知识的转移特性研究[J]. 系统工程理论与实践, 2002, 22 (10): 8-11.

[174] 徐金发, 许强, 顾惊雷. 企业知识转移的情境分析模型[J]. 科研管

理, 2003, 24 (2): 54-60.

[175] Nonaka, I. and Toyama, R. The Knowledge-creating Theory Revisited: Knowledge Creation as a Synthesizing Process [M] // The Essentials of Knowledge Management [R]. Palgrave Macmillan UK, 2015.

[176] Winter, S. G. Knowledge and Competence as Strategic Assets [J]. Strategic Management of Intellectual Capital, 1987, 10 (4): 159-184.

[177] Alavi, M. and Leidner, D. E. Review: Knowledge Management and Knowledge Management Systems: Conceptual Foundations and Research Issues [J]. Mis Quarterly, 2001, 25 (1): 107-136.

[178] 肖小勇, 文亚青. 组织间知识转移的主要影响因素[J]. 情报理论与实践, 2005, 28 (4): 355-358.

[179] Cummings, J. L. and Teng, B. S. Transferring R&D Knowledge: The Key Factors Affecting Knowledge Transfer Success [J]. Journal of Engineering & Technology Management, 2003, 20 (1-2): 39-68.

[180] Eisenhardt, K. M. Building Theories from Case Study Research [J]. Academy of Management Review, 1989, 14 (4): 532-550.

[181] Yin, R. K. Case Study Research: Design and Methods [M]. 重庆: 重庆大学出版社, 2010.

[182] Benbasat, I. and Mead, M. The Case Research Strategy in Studies of Information Systems [J]. MIS Quarterly, 1987, 11 (3): 369-386.

[183] 万映红, 岳英, 姜立权. 探究服务关系下顾客隐性需求的新视角——顾客心理契约中服务商责任[J]. 预测, 2011, 30 (5): 6-12.

[184] 吴明隆. 结构方程模型[M]. 重庆: 重庆大学出版社, 2009: 7-10.

[185] 井辉, 席酉民. 组织协调理论研究回顾与展望[J]. 管理评论, 2006, 18 (2): 50-56.

[186] Thompson, J. Organizations in Action [M]. New York: McGraw-Hill, 1967.

[187] Fenema, Paul C. Van. Coordination and Control of Globally Distributed Software Projects. Rotterdam: PH. D thesis of Erasmus Research Institute of Management, Erasmus University, 2002.

[188] 赵阳, 刘益, 张磊楠. 市场导向、协调机制与知识获取的影响作用研

究[J]. 科技进步与对策, 2010 (3): 109 - 111.

[189] 陈晓萍, 徐淑英, 樊景立. 组织与管理研究的实证方法[M]. 北京: 北京大学出版社, 2012.

[190] Mathieu, J. E., Farr, J. L. Further Evidence for the Discriminant Validity of Measures of Organizational Commitment, Job Involvement, and Job Satisfaction [J]. Journal of Applied Psychology, 1991, 76 (1): 127 - 133.

[191] Voss, C. Towards a Classification of Service Processes [J]. International Journal of Service Industry Management, 1992, 3 (3): 62 - 75.

[192] C. Storey, D. Kelly. Measuring the Performance of New Service Development Activities [J]. Service Industries Journal, 2001, 21 (2): 71 - 90.

[193] 王琳, 魏江, 胡胜蓉. 服务创新分类研究[J]. 技术经济, 2009, 28 (2): 7 - 12.

[194] Jaw, C., Lo, J. Y. and Lin, Y. H. The Determinants of New Service Development: Service Characteristics, Market Orientation, and Actualizing Innovation Effort [J]. Technovation, 2010, 30 (4): 265 - 277.

[195] Seybold, P. B. Outside Innovation: How Your Customers Will Co - Design Your Company's Future [J]. Online, 2006 (2): 62.

[196] 吴晓波, 韦影. 制药企业技术创新战略网络中的关系性嵌入[J]. 科学学研究, 2005, 23 (4): 561 - 565.

[197] 王哲. 西方权变理论对我国管理的启示[J]. 管理现代化, 1995 (1): 41 - 42.

[198] Grant, R. M. and Baden - Fuller C. Knowledge and Economic Organization: An Application to the Analysis of Interfirm Collaboration [M]. Knowledge Creation [R]. Palgrave Macmillan UK, 2000.

[199] Birkinshaw, J., Nobel, R., Ridderstråle J. Knowledge as a Contingency Variable: Do the Characteristics of Knowledge Predict Organization Structure? [J]. Organization Science, 2002, 13 (3): 274 - 289.

[200] Bresman, H., Birkinshaw, J. and Nobel, R. Knowledge Transfer in International Acquisitions [J]. Journal of International Business Studies, 1999, 30 (3): 439 - 462.

[201] Badaracco, J. The Knowledge Link: How Firms Compete Through Strate-

gic Alliances [M]. Harvard Business School Press, 1985.

[202] Weiss, L. Collection and Connection: The Anatomy of Knowledge Sharing in Professional Service Firms [J]. Organization Development Journal, 1999, 17 (4): 61 – 77.

[203] Lam, A. Tacit Knowledge, Organizational Learning and Societal Institutions: An Integrated Framework [J]. Organization Studies, 2000, 21 (3): 487 – 513.

[204] Burt, R. S. V. The Strength of Weak Tie [J]. American Journal of Sociology, 1992 (78): 1360 – 1374.

[205] Granovetter. Strength of Weak Ties [J]. American Journal of Sociology, 1973, 78 (6): 1360 – 1380.

[206] Dyer, J. H and H. Sigh. The Relational View: Cooperative Strategy and Sources of Inter Organizational Competitive Advantage [J]. Academy of Management Review, 1998, 23 (4): 660 – 679.

[207] Andersson, U., Forsgren, M. and Holm, U. The Strategic Impact of External Networks: Subsidiary Performance and Competence Development in Multinational Corporation [J]. Strategic Management Journal, 2002, 23 (11): 979 – 996.

[208] Varis, M. and Littunen, H. Types of Innovation, Sources of Information and Performance in Entrepreneurial SMEs [J]. European Journal of Innovation Management, 2010, 13 (13): 128 – 154.

[208] 蔺雷, 吴贵生. 服务创新: 研究现状、概念界定及特征描述[J]. 科研管理, 2005, 26 (2): 1 – 6.

[210] Steensma, H. K. The Influence of National Culture on the Formation of Technology Alliances by Entrepreneurial Firms [J]. Academy of Management Journal, 2000, 43 (5): 951 – 973.

[211] Granovetter, M. Economic Institutions as Social Constructions: A Framework for Analysis [J]. Acta Sociologica, 1992, 35 (35): 3 – 11.

[212] Uzzi, B., Lancaster, R. Relational Embeddedness and Learning: The Case of Bank Loan Managers and Their Clients. [J]. Management Science, 2003, 49 (4): 383 – 399.

[213] Cavusgil, S. T., Deligonul S., Zhang, C. Curbing Foreign Distributor

Opportunism: An Examination of Trust, Contracts, and the Legal Environment in International Channel Relationships [J]. Journal of International Marketing, 2013, 12 (2): 7-27.

[214] Yli-Renko H., Autio, E. and Sapienza, H. J. Social Capital, Knowledge Acquisition, and Knowledge Exploitation in Young Technology-based Firms [J]. Strategic Management Journal, 2001, 22 (6): 587-613.

[215] Zahra, S. A. and George, G. Absorptive Capacity: A Review, Reconceptualization and Extension [J]. Academy of Management Review, 2002, 27 (2): 185-203.

[216] 解学梅, 左蕾蕾. 企业协同创新网络特征与创新绩效: 基于知识吸收能力的中介效应研究[J]. 南开管理评论, 2013, 16 (3): 47-56.

[217] 陶颜, 魏江, 王甜. 金融服务创新过程中的知识转移分析[J]. 大连理工大学学报（社会科学版）, 2007, 28 (1): 11-16.

[218] 周密, 赵文红, 宋红媛. 基于知识特性的知识距离对知识转移影响研究[J]. 科学学研究, 2015, 33 (7).

[219] Sundbo, J., Gallouj, F., et al. Innovation as a Loosely Coupled System in Services [J]. International Journal of Services Technology & Management, 1998, 1 (1): 15-36.

[220] Argote, L. and Ingram, P. Knowledge Transfer: A Basis for Competitive Advantage in Firms [J]. Organizational Behavior & Human Decision Processes, 2000, 82 (1): 150-169.

[221] Darr, E. D., Argote, L., Epple, D. The Acquisition, Transfer, and Depreciation of Knowledge in Service Organizations: Productivity in Franchises [J]. Management Science, 1995, 41 (11): 1750-1762.

[222] Bettenhausen, K. and Murnighan, J. K. The Emergence of Norms in Competitive Decision-Making Groups [J]. Administrative Science Quarterly, 1985, 30 (30): 350-372.

[223] Lam, A. Embedded Firms, Embedded Knowledge: Problems of Collaboration and Knowledge Transfer in Global Cooperative Ventures [J]. Organization Studies, 1997, 18 (6): 973-996.

[224] Nielsen, B. B. The Role of Knowledge Embeddedness in the Creation of Synergies in Strategic Alliances [J]. Journal of Business Research, 2005 (58):

1194 - 1204.

［225］赵书松，廖建桥. 知识嵌入性视角的知识共享研究［J］. 情报杂志，2009, 28 (4): 112 - 118.

［226］Churchill, G. A Paradigm for Developing Better Measures Constructs of Marketing ［J］. Journal of Marketing Research, 1979, 16 (1): 64 - 73.

［227］Dunn, S. C., Seaker, R. F. and Waller, M. A. Latent Variable in Business Logistics Research: Scale Development and Validation ［J］. Journal of Business Logistics, 1994, 15 (2): 145 - 172.

［228］Craig, C. S. and Douglas, S. P. International Marketing Research ［M］. John Wiley and Sons Chichester, 2005.

［229］Sanden, S. The customer's Role in New Development ［D］. Ph. D., Karlstad University, 2007.

［230］Fowler, F. J. Survey Research Methods ［M］. Newbury Park, CA: Sage, 1988: 55 - 68.

［231］Lane, P. J., Pathak, S. The Reification of Absorptive Capacity: A Critical Review and Rejuvenation of the Construct ［J］. Academy of Management Review, 2006, 31 (31): 833 - 863.

［232］Kim J. B., Sarraf, P. Nutritional and Insulin Regulation of Fatty Acid Synthetase and Leptin Gene Expression Through ADD1/SREBP1 ［J］. Journal of Clinical Investigation, 1998, 101 (1): 1 - 9.

［233］Lichtenthaler, U. Absorptive Capacity, Environmental Turbulence, and the Complementarity of Organizational Learning Processes ［J］. Academy of Management Journal, 2013, 56 (6): 1830.

［234］李怀祖. 管理研究方法论［M］. 西安：西安交通大学出版社，2004.

［235］Macallum, R. C., Browne, M. W. and Sugawara, H. M. Power Analysis and Determination of Sample Size for Covariance Structure Modeling. ［J］. Psychological Methods, 1996, 1 (2): 130 - 149.

［236］Armstrong, J. S. and Overton, T. S. Estimating Nonresponse Bias in Mail Surveys ［M］. Social Science Electronic Publishing, 1977.

［237］彭台光，高月慈，林珍琴. 管理研究中的共同方法变异：问题本质、影响、测试和补救［J］. 管理学报，2006 (23): 112 - 117.

[238] Podsakoff, P. M., MacKenzie, S. B., Lee J - Y, et al. Common Method Biases in Behavioral Research: A Critical Review of the Literature and Recommended Remedies [J]. Journal of Applied Psychology, 2003, 88 (5): 879.

[239] Sanchez, J. I., Brock, P. Outcomes of Perceived Discrimination Among Hispanic Employees: Is Diversity Management a Luxury or a Necessity? [J]. Academy of Management Journal, 1996, 39 (3): 704 - 719.

[240] Ghiselli, E. E, Campbell, J. P. and Zedeck, S. Measurement Theory for Behavioural Sciences [J]. Contemporary Sociology, 1982, 11 (3): 119 - 145.

[241] Baron, R. M. and Kenny, D. A. The Moderator - mediator Variable Distinction in Social Research [J]. Journal of Personality and Social Psychology, 1986 (51): 1173 - 1182.

[242] 马庆国. 管理统计[M]. 北京: 科学出版社, 2002.

[243] Aiken, L. S. and West, S. G. Multiple Regression: Testing and Interpreting Interactions [J]. Institute for Social and Economic Research, 1991 (1): 7 - 14.